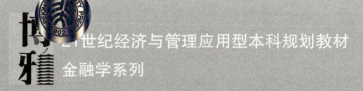

21世纪经济与管理应用型本科规划教材
金融学系列

证券投资学

Security Investment

朱孟进 邵明杰 主 编
刘吉斌 刘 彬 副主编

图书在版编目(CIP)数据

证券投资学/朱孟进,邵明杰主编. —北京:北京大学出版社,2014.3
(21世纪经济与管理应用型本科规划教材·金融学系列)
ISBN 978-7-301-23840-0

Ⅰ. ①证… Ⅱ. ①朱… ②邵… Ⅲ. ①证券投资-投资分析-高等学校-教材 Ⅳ. ①F830.91

中国版本图书馆CIP数据核字(2014)第018954号

书　　　名:	证券投资学
著作责任者:	朱孟进　邵明杰　主编　刘吉斌　刘　彬　副主编
责 任 编 辑:	姚大悦
标 准 书 号:	ISBN 978-7-301-23840-0/F·3848
出 版 发 行:	北京大学出版社
地　　　址:	北京市海淀区成府路205号　100871
网　　　址:	http://www.pup.cn
电 子 信 箱:	em@pup.cn　QQ:552063295
新 浪 微 博:	@北京大学出版社　@北京大学出版社经管图书
电　　　话:	邮购部 62752015　发行部 62750672　编辑部 62752926　出版部 62754962
印 刷 者:	北京大学印刷厂
经 销 者:	新华书店
	787毫米×1092毫米　16开本　15.25印张　359千字
	2014年3月第1版　2017年6月第3次印刷
印　　　数:	6001—9000册
定　　　价:	32.00元

未经许可,不得以任何方式复制或抄袭本书之部分或全部内容。
版权所有,侵权必究
举报电话:010-62752024　电子信箱:fd@pup.pku.edu.cn

丛书出版前言

《国家中长期教育改革和发展规划纲要(2010—2020年)》指出,目前我国高等教育还不能完全适应国家经济社会发展的要求,学生适应社会和就业创业能力不强,创新型、实用型、复合型人才紧缺。所以,在此背景下,北京大学出版社响应教育部号召,在整合和优化课程、推进课程精品化与网络化的基础上,积极构建与实践接轨、与研究生教育接轨、与国际接轨的本科教材体系,特策划出版"21世纪经济与管理应用型本科规划教材"。

"21世纪经济与管理应用型本科规划教材"注重系统性与综合性,注重加强学生分析能力、人文素养及应用性技能的培养。本系列包含三类课程教材:通识课程教材,如《大学生创业指导》等,着重于提高学生的全面素质;基础课程教材,如《经济学原理》《管理学基础》等,着重于培养学生建立宽厚的学科知识基础;专业课程教材,如《组织行为学》《市场营销学》等,着重于培养学生扎实的学科专业知识以及动手能力和创新意识。

本系列教材在编写中注重增加相关内容以支持教师在课堂中使用先进的教学手段和多元化的教学方法,如用课堂讨论资料帮助教师进行启发式教学,增加案例及相关资料引发学生的学习兴趣等;并坚持用精品课程建设的标准来要求各门课程教材的编写,力求配套多元的教辅资料,如电子课件、习题答案和案例分析要点等。

为使本系列教材具有持续的生命力,我们每隔三年左右会对教材进行一次修订。我们欢迎所有使用本系列教材的师生给我们提出宝贵的意见和建议(我们的电子邮箱是 em@pup.cn),您的关注就是我们不断进取的动力。

在此,感谢所有参与编写和为我们出谋划策提供帮助的专家学者,以及广大使用本系列教材的师生,希望本系列教材能够为我国高等院校经管专业的教育贡献绵薄之力。

北京大学出版社
经济与管理图书事业部
2012年1月

前　言

伴随着新中国证券市场的成立，证券投资类课程逐步进入高校课堂，至今已有近二十个年头。它不仅成为经管类本科生和研究生的主修课程，也受到了其他专业学生的普遍欢迎，可见该课程的实用性和帮助性非常大。很多高校将之列为金融学专业核心课程。

北京大学出版社与我们相约编写"21世纪经济与管理应用型本科规划教材"之《证券投资学》，我们认为是一件非常有意义的事。一是它将立足于应用型本科学生，随着国内高等教育大众化的发展，越来越多的高等院校选择了以培养应用型人才为主的方向，对这类学生而言，他们更为注重的是证券投资的方法应用而不是理论学习，但目前针对这类需要而编写的教材不多；二是编者在浙江大学宁波理工学院已带过十年的证券投资类课程，对一些理论和实践上的问题有较多的了解和思考，也比较了解学生的兴趣点和求知点，这对编写本教材是很有帮助的；三是我们编写团队中的老师，也都是证券市场的投资者，十几年来与中国股市共同成长，收获了成功也经历过失败，有着丰富的实战经验和自己的领悟判断能力，这样编写的教材一定是生动而丰富的。

本书的主要特点，一是加入了大量的案例分析、知识链接以及实战分析，便于读者在学习的同时掌握实际操作的手法；二是摒弃了大量的数学推导、模型演算，代之以通俗易懂的结论描述、举例说明，更加适合于应用型本科学生的专业技能要求。

参加本书编写的专家学者有浙江大学宁波理工学院的朱孟进、刘吉斌、刘彬，宁波大学科技学院的邵明杰，浙江万里学院的徐新华。太平洋证券公司的陆志刚则对本书的部分章节做了认真审阅。严婷、段凌、应沐阳、杨震宇、孙洁梅也为本书付出了不少的心血，做了很多协助工作，在此一并表示感谢！大家齐心协力、克服重重困难，历经两年终于成书。

本书的出版还要感谢北京大学出版社李娟老师的关注和努力，在此深表谢意。编写过程中，我们参考了大量的教材、专著和论文，在此向有关作者表示感谢。限于作者水平，本书难免会有缺点错误，希望读者不吝赐教，以帮助我们进一步改进。

朱孟进

2014年2月

本书结构图

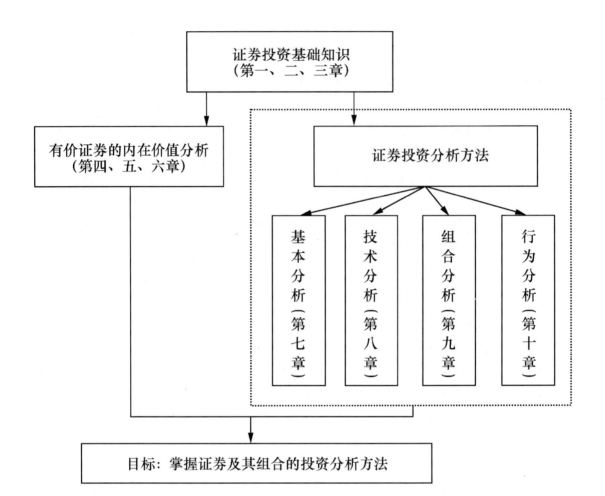

目 录 Contents

◆ **第一章 证券** / 1
　　第一节　证券概述 / 2
　　第二节　股票 / 4
　　第三节　债券 / 9
　　第四节　证券投资基金 / 13
　　第五节　衍生证券 / 17

◆ **第二章 证券市场** / 21
　　第一节　证券市场概述 / 22
　　第二节　证券市场主体 / 36
　　第三节　证券市场中介 / 39
　　第四节　证券市场监管 / 44

◆ **第三章 证券投资流程和规则** / 49
　　第一节　股票投资流程与规则 / 50
　　第二节　债券投资流程与规则 / 60
　　第三节　其他证券的投资流程与规则 / 64

◆ **第四章 债券投资价值分析** / 69
　　第一节　货币的时间价值 / 70
　　第二节　债券的收益 / 75
　　第三节　债券的估值 / 79

◆ **第五章 股票投资价值分析** / 85
　　第一节　股票的收益 / 86
　　第二节　股票的估值 / 87
　　第三节　除权除息 / 91
　　第四节　股票价格指数 / 94

◆ **第六章 其他投资工具价值分析** / 101
　　第一节　证券投资基金 / 102
　　第二节　金融期货 / 106
　　第三节　期权 / 109
　　第四节　可转换证券 / 114
　　第五节　优先认股权 / 115

◆ **第七章 证券投资基本分析** / 118
　　第一节　宏观经济分析 / 119
　　第二节　行业分析 / 125
　　第三节　公司基本面分析 / 129
　　第四节　公司财务分析 / 133

◆ **第八章 证券投资技术分析** / 145
　　第一节　技术分析概述 / 146
　　第二节　技术分析理论 / 149
　　第三节　技术分析指标 / 185

◆ **第九章 证券投资组合分析** / 201
　　第一节　证券投资组合概述 / 202
　　第二节　均值—方差投资组合理论 / 203
　　第三节　资本资产定价模型 / 210
　　第四节　套利定价模型 / 213

◆ **第十章 行为金融分析** / 217
　　第一节　有效市场假说及缺陷 / 218
　　第二节　证券市场中的异象 / 221
　　第三节　行为投资决策与管理理论 / 228
　　第四节　行为金融的发展方向 / 230

◆ **参考文献** / 232

第一章

证券

> 知识与技能目标

本章的主要目标是向读者介绍各类有价证券的基本概念、特征和分类情况,学完本章后,读者将能够:

1. 掌握证券的基本概念。
2. 了解证券在经济生活中的广泛应用。
3. 区别各种类型的证券。

> 案例导入

从开户、销户看股市悲欢

2006年以来我国股市行情回暖,吸引了大量投资者踊跃入市。特别是2007年1月至5月,沪深股市开户数屡创历史新高。在很短的时间内,8 000万户、9 000万户、1亿户大关连连被突破。从公司白领到普通工人,从退休老人到家庭主妇……"谈股论金"成为街头巷尾最热络的话题。不少人见面的第一句话就是:"股票涨了没有?"有的全家老小齐上阵,有的卖房借钱去炒股……不少人惊呼:"这是一个全民炒股的时代!"

(来源:摘自《上海证券报》,2007年9月19日。)

在今年跌跌不休的市道里,部分股民在承受了长时间的亏损煎熬后,选择了离开。记者在走访证券公司营业部时深刻体会到各家券商"开户降低、销户增多"的窘境。昔日繁华的证券公司交易厅,如今门可罗雀,好不容易见到一个客户,还有可能是来询问有关销户流程的。一位股民跟记者讲,前几天他来证券公司营业部了解转融通的事,看到了无奈的一幕:一客户来销户,证券公司为了挽留他,三个客户经理围着这位客户转,苦口婆心劝了半天,但最后还是没能留住人,这位客户依然选择了销户。在经历了无数次"被折磨""狠割肉"的痛苦之后,不少股民终于梦醒,他们对 A 股市场不再抱有幻想,拿着早已剩下不多的钱,选择了销户退出的道路。

(来源:摘自《钱江晚报》,2012 年 9 月 11 日。)

编者按:时隔 5 年,股市经历了从 2007 年 10 月指数最高 6 124 点,到 2012 年 9 月 2 029 点的窘境。投资者也从 5 年前热血沸腾地投入股市,到 5 年后心灰意冷地退出。股市演绎了惊心动魄的轨迹,也造就了许多投资者悲欢离合的人生。如果投资者在进入股市之前,能了解相关的专业知识,做好充分的心理准备,那么,面对股市起伏时就会平静许多、智慧许多。

第一节 证券概述

一、证券

什么是证券?提到这个问题,很多人头脑中都会出现股票、债券、基金等字眼。但事实上,它们仅仅是证券的一部分。

如果要给证券下一个定义,从广义上来说,证券是指各类记载并代表一定权利的法律凭证。它表示其持有人有权依据该凭证记载的内容而取得相应的财产权益。从广义上来说,只要能依此取得财产权利的法律凭证,都是证券。因此,股票、债券、借条、收据、支票等都属于证券。那么,我们有必要给证券做一个分类。

按照国家法律是否限制其流通,我们把证券分为两大类:有价证券和非有价证券。前者是法律允许流通,并允许在流通中增值的证券;而后者是国家限制其自由买卖的证券,如借条、信用证等。有价证券又可以分为资本证券(股票、债券、基金等)、货币证券(支票、本票等)和商品证券(提货单、运货单等),如图 1-1 所示。狭义上的证券就是指资本证券。

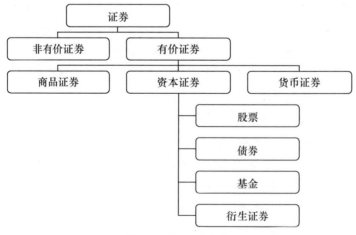

图 1-1 证券的分类

本书所研究的证券投资分析,仅仅局限于资本证券的范畴,它包括股票、债券、基金和衍生证券。资本证券具有这样一些特点:

(1) 权利性。证券代表了一种对财产的所有权或债权,即证券的持有人是某项特定财产的持有人或债主。正因为有了这样的权利,证券持有人才可以享有对特定财产的经营权、收益权、处置权等。

(2) 收益性。取得收益是证券投资的主要目的。收益主要来自两部分:一是证券发行人派发的股息、利息、红利等收益;二是通过在证券市场上买进卖出而获得的证券价差收益。

(3) 风险性。投资证券有可能取得高收益,但也面临着达不到预期回报甚至亏损的风险,这种未来回报的不确定性可以看作证券的风险所在。

(4) 流通性。证券可以在特定的市场上转让流通,一来方便投资者实现买卖的价差收益,二来给予投资者用脚投票的权利,真正实现资源的有效配置。可以说,没有流通性,证券就失去了存在的意义。

知识链接

用手投票还是用脚投票

如果上市公司出现问题,投资者大部分选择用脚投票,即把股票抛售后一走了之。不过,上周五出现了一个很意外的事件,在格力电器的股东大会上,以基金为代表的机构投资者采取用手投票的方式,否决了大股东推选的一位董事会人选,自己推选的一位董事会人选则获得通过。

事情的起因是 5 月 25 日格力电器举行的股东大会上,一项议案是董事会换届选举,大股东珠海格力集团有限公司推选了四位董事候选人,其中,一直在珠海国资委工作的周少强刚刚被任命为珠海格力集团有限公司党委书记、总裁。基金不满意大股东空降管理者的做法,认为周少强缺乏家电行业工作的经验,担心会影响以后企业的经营成长。于是,在上周五的股东大会投票中,基金投出了反对票,使得周少强最终只获得所持表决权的 36.6%,未能达到要求而落选,而耶鲁大学(QFII 机构)和鹏华基金联合推荐的董事候选人冯继勇则获得高票通过,这在境内资本市场尚属首次。

基金用手投票,吹响了主动参与上市公司治理的号角,对完善公司治理结构具有重要意义。在海外,机构投资者对上市公司治理非常关注,对经营者的变动更是十分关心,并积极参与,这次耶鲁大学提出董事候选人就是一个典型案例。显然,机构投资者的股东意识正在觉醒,从用脚投票到用手投票,是一个进步。

(来源:新浪财经,http://finance.sina.com.cn/stock/t/20120529/141912171736.shtml,2012 年 5 月 29 日。)

二、证券投资

所谓证券投资,是指个人或法人对证券的购买行为,这种行为会使投资者在证券持有期内获得与其承担风险相称的收益。在现代社会中,证券投资在投资活动中占有突出的地位。证券投资可使社会上的闲散货币转化为产业资本,可使储蓄转化为投资,对促进资金的合理流动、资源的有效配置和经济增长有重要作用。

证券投资是以有价证券的存在和流通为前提条件的,是一种金融投资,它和实物投资之间既有密切联系,又存在一定的区别:

(1)证券投资所形成的资金运动是建立在金融资产基础上的,是一种虚拟资产,投资于证券的资金通过金融资产的发行转移到实物部门,满足实物部门对货币资金的需求。实物投资是对现实的物质资产的投资,它的投入会形成社会资本存量和生产能力的增加,并可直接增加社会财富或者提供社会所需要的服务。

(2)证券投资与实物投资是互补的。在无法满足实物投资巨额资本的需求时,往往要借助于证券投资。证券投资的资金来源主要是社会储蓄,这部分社会储蓄是通过证券市场间接投资于实物资产的。证券市场自身机制的作用,不仅使社会资金在盈余单位和不足单位之间重新配置,解决了资金供求的矛盾,而且还会促使社会资金流向经济效益好的部门和企业,提高资金的利用效率。高度发达的证券投资使实物投资更加便捷,通过证券投资可以使实务部门筹集到所需资本。

第二节 股 票

一、股票的概念

股票是股份证书的简称,是股份公司为筹集资金而发行给股东作为持股凭证并借以取得股息和红利的一种有价证券。每股股票都代表股东对企业拥有一个基本单位的所有权。股票是股份公司资本的构成部分,可以转让、买卖或作价抵押。

股份公司将全部资本分成许多等值的单位,叫做"股份"。"股份"是股份公司资本的基本单位和股东法律地位的计量单位,每一股份代表对公司资产占有一定的份额。将"股份"印成书面形式,并在上面记载表明其价值的事项及有关股权等条件的说明,就成了股票。股份有限公司按照公司法的规定,为筹集资金向社会发行股票,股票的持有人就是公司的投资者,即股东。拥有某种股票,就证明该股东对公司的净资产占有一定份额的所有权,股东以其所持有的股份为限对公司承担有限责任。图1-2是1984年发行的、新中国成立以后第一只真正意义上的股票——上海飞乐音响公司股票。

股票的用途主要有三点:其一是作为一种出资证明,当一个自然人或法人向股份有限公司参股投资时,便可获得股票作为出资的凭据;其二是股票的持有者可凭借股票来证明自己的股东身份,参加公司的股东大会,对公司的经营发表意见;其三是股票持有人凭借股票可获得一定的经济利益,参加公司的利润分配,也就是通常所说的分红。

投资者获取股票通常有四种途径:其一是作为股份有限公司的发起人而获得股票,如我国许多上市公司都由国有独资企业转为股份制企业,原企业的部分财产就转为股份有限公司的股本,相应地,原有企业就成为股份有限公司的发起人股东。其二是在股份有限公司向社会募集资金而发行股票时,自然人或法人出资购买股票,这种股票通常被称为原始股。其

图 1-2　上海飞乐音响公司股票

注：此处隐去了股东户名。
来源：百度图片网。

三是在二级流通市场上通过出资的方式受让他人手中持有的股票，这种股票一般称为二手股票，这种形式也是我国股民获取股票最普遍的形式。其四是他人赠与或依法继承而获得股票。

不论股票的持有人是通过何种途径获得股票的，只要他是股票的合法拥有者并持有股票，就表明他是股票发行企业的股东，就享有相应的权利与义务。

二、股票的特征

股票是投入股份公司资本份额的证券化，代表对一定经济利益的分配请求权。股票的持有人凭股票可获得一定的经济利益并享有相应的权利，所以股票是一种有价证券，是一种虚拟资本。它具有以下一些特征：

（一）收益性

收益性是指股票会给持有人带来收益的特性。股票的收益性主要表现在股票的持有人都可按股份有限公司的章程从公司领取股息和红利，从而获取购买股票的经济利益，这也是股票购买者向股份有限公司投资的基本目的，是股份有限公司发行股票的必备条件。如我国就规定，一个公司的股票在证券交易所挂牌前三年必须连续盈利，这就为上市股票的收益性提供了一定的保障，因为盈利是股票分红的必要前提条件。股票收益性的另一个表现就是投资者可以在证券市场上交易股票，通过先低买后高卖，或先高卖后低买（有做空机制的市场）的方式实现股票价差收益。这也是股票能吸引投资者从而募集到资金的最主要因素。

（二）风险性

风险性指股票未来的收益具有不确定性。第一，影响公司经营的因素繁多且变化不定，其每年的经营业绩都不确定，而股票的股息和红利是根据公司具体盈利水平和报酬上的剩余性来决定的,盈利多,股息红利就可多发;经营不佳盈利少,股东的收益就少甚至无利可分。第二,当投资者购买的是二级市场上流通的股票时,股票的价格除受公司的经营业绩影响外,还要受众多其他因素的影响,比如相关的政治、经济、社会、心理等因素。当股票的价格下跌时,股票持有者会因股票的贬值而蒙受损失。但二级市场股价的波动并不影响上市公司的经营和业绩,如果股民购买股票的目的是取得上市公司的股息红利,则二级市场上股价的波动对其经济利益并无实质性的影响。

(三) 流通性

流通性指股票发行后可以在指定市场上交易买卖。经国家证券管理部门或证券交易所同意后,股票可以在证券交易所流通或进行柜台交易,股票的持有者就可将股票按照相应的市场价格转让给第三者,将股票所代表着的股东身份及各种权益出让给受让者。当持有的股票是可流通股时,其持有人可在任何一个交易日到市场上将其兑现,这就是股票的流通性。这一特征弥补了股票期限上的永久性的不足,也是股份公司能在社会公众中广泛募集资金的一个重要原因。股东无权向公司索回股本,当股东需要现金时可随时出售股票,这使股票成为流动性很强的投资工具。一个国家或地区的证券市场越发达,股票的流动性就越强。股票的转让及随之而来的股东变更,并不改变股份公司的资本额,也不影响股份公司的稳定性。

(四) 参与性

参与性指股票持有人有权参与公司经营管理的权力。根据公司法的规定,股票的持有者就是股份有限公司的股东,股票代表的所有权是一种综合权利。股东有权出席股东大会、参加公司董事机构的选举及公司的经营决策。也正因为如此,股东的投资意志和经济利益才能通过其行使的股东参与权而得到强化。如1995年年中,沪深股市上市公司的多起分红方案和配股议案被股东大会推翻,从而维护了股东的经济利益。就法律性质而言,除优先股外,每一股份所具有的权利原则上是相等的,虽然股东参与股东大会的权利不受所持股票多寡的限制,但参与经营决策的权利大小是要取决于其持有的股票份额的,因此,在总股本一定的条件下,拥有股票数越多,所占股权比例就越大。一般来说,当股东持有的股票数额达到决策所需的相对多数时,他就成为股份有限公司的决策者。

(五) 永久性

永久性指股票所代表的股东与股份公司之间是一种长久的、不会到期的关系。股票是一种无期限的法律凭证,它没有期限,没有约定的到期日,它反映的是股东与股份公司之间比较稳定的经济关系。在向股份公司参股投资而取得股票后,任何股东都不能退股,股份公司也不对股东偿还本金,股票的有效存在是与股份有限公司的存续相联系的,即股票是与发行公司共存亡的。对于股票持有者来说,只要其持有股票,其股东身份和股东权益就不能改变。若要改变其股东身份,要么将股票转售给第三人,要么等待公司的破产清盘。但股份公司在破产、清偿或因故解散的情况下,依照法定程序宣布结束时,不能理解为股票到期,股东得到的清偿也不一定等于他投入的本金。

三、股票的分类

一个股份有限公司可以根据不同的筹资需要,适应不同的投资人不同的偏好,发行不同类型的股票。不同类型的股票包含的权益不同,承担的风险不同,股票的形式也就多种多样。

(一)普通股与优先股

这是根据股票权益的不同而进行的划分,是最常见的分类法。

1. 普通股

所谓普通股,是指持有这种股票的股东都享有同等的权利,他们都能参与公司的经营决策,其所分取的股息红利随着公司经营利润的多寡而变化。相对于优先股股票,普通股的主要特点如下:

(1)普遍性。普通股股票是股票中最普通、最重要的股票种类,是股份有限公司发行的标准股票。股份公司最初发行的股票一般都是普通股股票,且由于它在权利及义务方面没有特别的限制,其发行范围最广且发行量最大,故股份公司绝大部分的资金一般都是通过发行普通股股票筹集而来的。

(2)风险性。持有此类股票的股东获取的经济利益是不稳定的,它不但要随公司的经营水平而波动,且其收益顺序比较靠后,这就是股份公司必须在偿付完公司的债务和所发行的债券利息以及优先股股东的股息以后才能给普通股股东分红。

(3)优先认股权。当股份公司为增加公司资本而决定增资扩股时,现有普通股股东都有权按低于市价的某一特定价格及其持股比例优先购买一定数量的新发行的股票,以保证普通股股东在股份有限公司中的控股比例不变,维持其在公司的权益。如我国的上市公司在配股时,都是按比例先配给现有的普通股股东。当普通股股东不愿或无力参加配股时,可放弃配股或按相应的规定将配股权利转让与他人。

(4)参与经营决策权。普通股股东通过参加股东大会来参与股份公司的重大经营决策。一般来说,股份公司每一年度都至少要召开一次股东大会,在遇到重大事件时还要召开临时股东大会。在股东大会上,股东除了听取公司董事会的业务和财务报告外,还可对公司的经营管理发表意见,参加公司董事会和监事会的选举。投票原则采取"一股一票"制,即普通股股东每持有一股便有一个投票权,以体现股权的统一性。投票的方式则分为普通投票制和累计投票制。

知识链接

普通投票制和累计投票制

假设公司要选举 10 位董事。

采用普通投票制,股东每持有一股就有一个投票权,而且必须对每位董事的空缺进行分散投票。例如,张三持有 100 股,则他共可投 1 000 票(100×10),每个董事的空缺他都可以投 100 票。

采用累计投票制,股东可以把自己的投票权累计起来,集中投选某一位候选人。例如,张三持有 100 股,共可投 1 000 票(100×10),他可以集中这 1 000 票来投向一个董事的空缺,选举他认为合适的一位或数位董事人选。

显然,采用累计投票制更有利于保护中小投资者的权益。

（5）参与盈余分配权。股东具有分配公司盈余和剩余资产的权利。在经董事会决定之后，普通股股东有权按顺序从公司经营的净利润中分取股息和红利。公司剩余利润的分配一般按普通股股份总数等分，普通股股东以其拥有的股份获取相应份额的股利。股利水平不受任何比率的限制，它随公司剩余利润的多寡而变动。在股份有限公司解散清算时，如果偿还所有债务后还有剩余财产，普通股股东有权按顺序和比例分配公司的剩余资产，分得数额取决于剩余财产的多少。

知识链接

上市公司股利分配常见形式

上市公司的净利润在提取公积金和弥补亏损后才能用以分配股利。分配股利实行同股同利、股东平等原则。股利主要有以下几种：

（1）现金股利。它是以现金形式支付的股息和红利，是最普遍、最基本的方式。

（2）股票股利。它是公司用增发股票的方式来支付的股利，实际上是一部分收益的资本化，它增加了公司的股本。

（3）财产股利。它是公司以现金以外的财产支付的股利。最常见的财产包括其他公司的有价证券、本公司的债券等。

2. 优先股

所谓优先股，是指持有该种股票的股东，其权益要受一定的限制但拥有特别权利。优先股拥有股权和债务的双重性质。优先股股东的特别权利就是可优先于普通股股东以固定的股息分取公司收益并在公司破产清算时优先分取剩余资产，但一般不能参与公司的经营活动，其具体的优先条件必须由公司章程加以明确。一般来说，优先股主要有以下特点：

（1）股息通常是固定的。公司在付给普通股股东股息之前，必须先按固定的股息率支付优先股股息。股息率是以面值的百分比表示的，对于无面值的优先股，股息常以固定的金额表示。但优先股的股息不因公司获利而提高，因此优先股的优越性只有在公司获利不多的情况下才能充分体现。

（2）清偿顺序先于普通股。当股份有限公司因解散、破产等原因进行清算时，在偿还全部债务和付清清理费用之后，优先股股东可先于普通股股东分取公司的剩余资产得到清偿。

（3）股东一般不享有公司经营参与权。优先股股票不包含表决权，优先股股东无权过问公司的经营管理，但在涉及优先股股票所保障的股东权益时，优先股股东可发表意见并享有相应的表决权。

（4）股票可由公司赎回。由于股份有限公司需向优先股股东支付固定的股息，优先股股票实际上是股份有限公司的一种举债集资的形式，但优先股股票又不同于公司债券和银行贷款，这是因为优先股股东分取收益和公司资产的权利只能在公司满足了债权人的要求之后才能行使。优先股股东不能要求退股，却可以依照优先股股票上所附的赎回条款，由股份有限公司予以赎回。大多数优先股股票都附有赎回条款。

（二）我国股票特有的分类

国内企业发行的股票，按照市场属性的不同可分为 A 股、B 股、"新三板"股和境外上市股票。

A 股股票是指在上海证券交易所、深圳证券交易所流通，且以人民币为计价币种的股票，这种股票按规定只能由我国居民或法人购买，所以我国投资者通常所言的股票一般都是指 A 股股票。A 股股票又分为社会公众股和职工内部股两类，其中社会公众股是由股份有限公司向社会公开招募发行的股票，而内部职工股严格来说是由股份有限公司的职工按有关规定购买的股票，其购买方式、购买价格及上市流通条件都与社会公众股有所不同。

B 股股票是以人民币为股票面值、以外币为认购和交易币种的股票。B 股股票在上海和深圳两个证券交易所上市流通，其中上海证券交易所是以美元标价，深圳证券交易所则以港币标价。B 股原来是境外投资者向我国的股份有限公司投资而形成的股份，2001 年 2 月以后，B 股对境内持有外汇的居民开放。

"新三板"指中关村科技园区[①]非上市股份有限公司进入代办股份系统进行转让试点，因为挂牌企业均为高科技企业而不同于原转让系统内的退市企业及原 STAQ、NET 系统挂牌公司，故形象地称为"新三板"。"新三板"股则是指在这个市场中交易的股票，主要是未上市的高新技术企业定向发行的股票。目前机构投资者和个人投资者都可以参与"新三板"交易。

境外上市股票是指我国的股份有限公司在境外发行并上市的股票，目前主要有在香港证券交易所流通的 H 股、在美国证券交易系统流通的 N 股、在新加坡上市的 S 股。境外上市股票采取记名形式，以人民币表明面值，以外币认购。

第三节 债　　券

一、债券的概念

债券是一种有价证券，是社会各类经济主体如政府、金融机构、企业等为筹措资金而向债券购买者出具的，承诺按一定利率定期支付利息并到期偿还本金的债权债务凭证，它是一种重要的信用工具。债券作为一种债权债务关系的法律凭证，包括以下一些基本要素：

（一）票面价值

债券的票面价值简称面值，是指债券发行时设定的票面金额，是债券发行人承诺在债券到期日偿还给债券持有人的金额，我国发行的债券一般是每张面值 100 元人民币。债券的票面价值包括两点：其一是币种，即以何种货币作为债券价值的计量标准，若在境内发行，其币种自然就是本国货币，若到国际市场上筹资，则一般以债券发行地国家的货币或国际通用货币如美元、英镑等币种为其计量标准；其二是票面金额，根据发行时的具体情况而定。票面金额不同，对于债券的发行成本、发行数额和持有者的分布都有影响。票面金额较小，就方便收入低的小额投资者购买，市场就广阔一些，但票券印刷及发行工作量大，有可能增加

[①] 2012 年 8 月 3 日，中国证监会宣布"新三板"首批扩大试点，新增上海张江、武汉东湖、天津滨海三个国家级高新区。

发行费用;票面金额过大,就会超过小额投资者的能力范围,销售面就窄,购买者就只能局限于少数大投资者。

(二) 偿还期限

债券的偿还期限是从债券发行日起至约定的偿清本息之日的时间间隔。偿还日期也称为到期日,在到期日,债券的发行人偿还所有本息,债券代表的债权债务关系终止。债券的偿还期限各有不同,一般分为三类:一是偿还期限在 1 年以内的,为短期;二是偿还期限在 1 年以上、10 年以内的,为中期;三是期限在 10 年以上的,为长期。债券的偿还期限主要由债券的发行者根据所需资金的使用情况来确定,要考虑资金的使用方向、市场利率变化、债券的变现能力等。

(三) 票面利率

利息是债券发行人付给债券持有人的报酬,债券的票面利率是债券每年应付利息与债券票面价值的比率,通常用百分数表示。一种债券的利率为 10%,即表示每认购 100 元债券,每年便可得到 10 元的利息。利率是债券票面要素中不可缺少的内容,在实际经济活动中,债券利率有多种形式,如单利、复利和贴现利率等。债券利率主要受借贷资金市场利率水平、发行者的资信情况、偿还期限、利息计算方式和资本市场资金供求情况的影响。

(四) 付息方式

债券的付息方式是指发行人在债券的有限期间内,何时和分几次向债券持有者支付利息。付息方式既影响债券发行人的筹资成本,也影响投资者的投资收益。一般把债券利息的支付分为到期一次性还本付息和分期付息两大类。

(五) 其他要素

除了上述要素以外,债券票面上有时还包含其他一些要素,如有的债券附有一定的选择权,即发行契约中赋予债券发行人或者持有人具有某种选择的权利,包括附有赎回选择权条款的债券、附有可转换条款的债券等。也有的债券具有分期偿还的特征,在债券的票面上或发行公告中附有分期偿还时间表等。

债券不同于股票。债券是债权凭证,股票是所有权凭证。两者的主要区别在于:债券有固定的还本期限,而股票的本金是不返还的;债券的还本付息是受法律制约的,举债人需要按期还本付息,而股利的派发则由募股公司的董事会视公司的利润状况而定,派发多少或派与不派,不受法律制约;债券的持有人无权参与募股公司的经营管理决策,而股票持有人则有权参与;只有股份公司有权发行股票,而任何有还款能力的组织或机构都可以发行债券。

二、债券的特征

债券是债务人为筹集资金而向债权人承诺按期交付利息和偿还本金的有价证券。它只是一种虚拟资本,其本质是一种债权债务证书。它有以下四个基本特征:

(一) 偿还性

在历史上,只有无期公债或永久性公债不规定到期时间,这种公债的持有者不能要求清偿,只能按期取得利息。而其他的一切债券都对偿还期限有严格的规定,且债务人必须如期向持有人支付利息。债券的期限结构多种多样,市场上既有 3 个月期的短期债券,也有 30—40 年的长期债券,也有永远不到期的永久债券。

（二）流动性

流动性是指债券能迅速和方便地变现为货币的能力。债券期满后，债券持有人可以按规定向发行人一次性收回本金和利息。在债券到期前，持有者可以随时到证券市场上向第三者出售转让，转让成功后，债券的权利也随之转让。如果债券的发行者即债务人资信程度较高，则债券的流动性就比较强。

（三）安全性

安全性是指债券在市场上能抵御价格下降的性能，一般是指其不跌破发行价的能力。债券的发行人一般是政府、政府机构、银行和大企业，债券发行人的资信度比较高，债券在发行时都承诺到期偿还本息，所以其安全性一般都较高。有些债券虽然流动性不高，但其安全性较好，因为它们经过较长的一段时间后就可以收取现金或不受损失地出售。

虽然如此，债券也有可能遭受不履行债务的风险及市场风险。前一种风险是指债券的发行人不能充分和按时支付利息或偿付本金，这种风险主要取决于发行者的资信程度。一般来说，政府的资信程度最高，其次为金融公司和企业。后一种风险是指债券的市场价格随资本市场的利率上涨而下跌，因为债券的价格是与市场利率呈反方向变动的。当利率下跌时，债券的市场价格便上涨；而当利率上升时，债券的市场价格就下跌。而债券距离到期日越远，其价格受利率变动的影响越大。

（四）收益性

债券的收益性是指债券能为投资者带来一定的收入，即债券投资的回报。债券收益一般表现为两种形式：一是债券利息收入。因债券的风险比银行存款要大，所以债券的利率也比银行高，如果债券到期能按时偿付，购买债券就可以获得固定的、一般是高于同期银行存款利率的利息收入。二是资本损益。指债权人到期收回的本金与买入债券之间，或中途卖出债券与买入债券之间的价差收入。

三、债券的分类

债券的种类繁多，且随着人们对融资和证券投资的需求变化，又不断创造出新的债券形式，本书介绍债券的几种主要分类方法。

（一）按发行主体划分

债券可分为政府债券、金融债券和公司债券三大类。政府债券是由政府发行的，目的是筹措政府建设、战争等资金，如国债、地方政府债，其中国债是所有债券中唯一享有利息免税待遇的，信用度也是最高的，在市场上的流通性也较好。金融债券是由银行或其他金融机构发行的，目的一般是筹集长期资金，如央行票据、政策性银行债、证券公司债等。公司债券则是由上市公司或企业发行的，目的也是筹集长期发展资金，因为企业的资信水平比不上金融机构和政府，所以公司债券的风险相对较大，因而其利率一般也较高。

（二）按发行区域划分

债券可分为国内债券和国际债券两大类。国内债券是由本国的发行主体以本国货币为单位在国内金融市场上发行的债券；国际债券则是本国的发行主体到别国或国际金融组织等，以外国货币为单位在国际金融市场上发行的债券，如外国筹资者在美国发行的美元债券（称为"扬基债券"）、在日本发行的日元债券（称为"武士债券"）。

（三）按期限长短划分

债券可分为短期、中期和长期债券。一般的划分标准是期限在1年以下的为短期债券，通常有3个月、6个月、9个月、12个月等；期限在10年以上的为长期债券；而期限在1年到10年之间的为中期债券。

（四）按利息的支付方式划分

债券一般分为附息债券、贴现债券和息票累计债券。附息债券是在它的券面上附有各期息票的中长期债券，债券的持有者可凭息票在规定期限内到指定的地点领取利息，息票支付间隔一般为半年或一年。贴现债券是在发行时按规定的折扣率将债券以低于面值的价格出售，在到期时持有者仍按面额领回本息，通常期限不超过1年，其票面价格与发行价之差即为利息。与附息债券相似，息票累计债券也规定了票面利率，但是，债券持有人必须在债券到期时一次性获得本息，存续期间没有利息支付。

（五）按发行方式划分

债券可分为公募债券和私募债券。公募债券是指按法定手续，经证券主管机构批准在市场上公开发行的债券，其发行对象是不受限定的广大的投资者，发行者负有信息公开的义务，向投资者提供多种财务报表和资料，以保护投资者利益。私募债券是发行者以与其有特定关系的少数投资者为募集对象而发行的债券，发行范围很小，其投资者大多数为银行或保险公司等金融机构，它不采用公开呈报制度，债券的转让也受到一定程度的限制，流动性较差，但其利率水平一般较公募债券要高。

知识链接

中小企业私募债试点全国铺开

据了解，自2012年5月开始进行的全国中小企业私募债券试点区域已扩容至13个省区市。目前已经获准进行中小企业私募债券试点的13个省区市分别是北京、上海、天津、重庆、广东、山东、江苏、浙江、湖北、安徽、内蒙古、贵州、福建，从首批6个东部沿海经济发达省市向中西部扩展，呈现出全国铺开的局面。

从上海证券交易所公布的私募债备案情况来看，截至2012年9月6日，共有46家企业获得备案。企业所在地主要仍集中在最早开始试点的6省市。

中小企业私募债券是面向非上市企业，以非公开发行方式募集资金的融资工具，是我国为缓解中小企业多、融资难以及民间资本多、投资难"两多两难"问题，促进实体经济发展，专门推出的一项金融创新举措，主要由证券交易所进行备案审查，政策的适用范围是符合工业和信息化部标准、未在沪深证券交易所上市的中小企业，但暂不包括房地产企业和金融企业。它以非公开方式发行，发行利率不超过同期银行贷款基准利率的3倍，期限在1年（含）以上，对发行人没有净资产和盈利能力的门槛要求。

（来源：《中国证券报》，2012年9月12日。）

第四节　证券投资基金

一、证券投资基金的概念

证券投资基金是一种集合投资方式,通过发行基金份额,将众多投资者的资金集中起来,由基金托管人托管,基金管理人管理和运作,主要以投资组合的方法进行证券等金融工具投资,基金持有人利益共享、风险共担。

证券投资基金属于金融信托的一种,反映了投资者与基金管理人、基金托管人之间的委托代理关系。证券投资基金既是投资客体,供投资者选择和购买;同时也是投资主体,将筹集的资金投资于股票、债券等有价证券,成为证券市场上重要的机构投资者;证券投资基金还是专业的投资中介,接受投资者的委托,代理证券投资事宜,并取得相应收入,成为连接公众投资者和筹资者的桥梁。

证券投资基金的参与者包括:基金持有人、基金发起人、基金管理人、基金托管人。基金持有人是指持有基金份额的自然人和法人,是基金的出资人、基金资产的实际所有者和基金投资收益的受益人,享有基金信息的知情权、表决权和收益权。基金发起人是指发起设立基金的机构,它在基金的设立过程中起着重要作用。在我国,根据《证券投资基金管理暂行办法》的规定,基金的主要发起人为证券公司、信托投资公司及基金管理公司,基金发起人的数目为两个以上。基金管理人是指凭借专门的知识与经验,根据法律、法规及基金章程或基金契约的规定,经营管理基金的资产,谋求所管理的基金资产不断增值,实现基金持有人利益最大化的专业金融机构。基金托管人是基金资产的名义持有人与受托保管人。

二、证券投资基金的特征

(一) 集合投资

证券投资基金的特点是将社会零散的资金汇集起来,投资于各种金融工具,以谋取资产的增值。证券投资基金对投资的最低限额要求不高,投资者可以根据自己的经济能力决定购买数量,有些基金甚至不限制投资数额的大小。

(二) 专家理财

证券投资基金主要投资于证券市场并由专业的基金管理公司负责资金的运作和管理。基金管理公司拥有掌握投资分析和投资组合理论并具有丰富投资经验的专业人员,具备先进的研究手段,有能力对巨额投资进行有效管理。

(三) 分散风险

通过汇集众多小投资者的资金,证券投资基金形成了雄厚的资金实力,可以分散投资于不同种类、行业、地区的证券,以分散投资风险,提高投资收益。

(四) 严格监管

为保护证券投资基金投资者的收益,规范证券投资基金的运行,各国都制定了有关证券投资基金的法律法规,设置基金管理人和托管人分离,相互制约、相互监督和制衡的机制,对证券投资基金的投资范围和信息披露进行强制性的规定。

三、证券投资基金的分类

(一) 按组织形式分类

按组织形式分类,证券投资基金可分为公司型基金和契约型基金。公司型基金是指基金本身为一家股份有限公司,公司通过发行股票或受益凭证的方式来筹集资金,运用于证券投资,以股利形式对投资者进行分配的一种基金形式。典型的如美国的共同基金。契约型基金是根据一定的信托契约原理,由基金发起人和基金管理人、基金托管人订立契约而组建的投资基金。基金发起人负责发起设立基金并募集资金;基金管理人负责基金的经营和管理操作;基金托管人负责保管基金资产,办理基金名下的资金往来。国内公开发行的基金目前全部是契约型基金。

(二) 按运作方式分类

按运作方式分类,证券投资基金可分为封闭式基金和开放式基金。封闭式基金是指基金的发起人在设立基金时,限定了基金单位的发行总额、存续时间等,筹足总额后,基金即宣告成立并进行封闭,在一定时期内不再接受新的投资,基金单位的流通采取在证券交易所上市的办法。开放式基金是指基金发行总额不固定,也没有存续期的限定,在基金按规定成立后,投资者可以在规定的场所和开放的时间内向基金管理人申购或赎回基金份额的基金。表 1-1 对封闭式基金和开放式基金进行了比较。

表 1-1 封闭式基金与开放式基金的比较

	封闭式	开放式
基金规模	在存续期内基本不变	随时变化
买卖	在交易所市场交易	向基金管理公司或代理机构申购或赎回
价格形成	主要受市场供求关系影响	以基金单位资产净值为基础
投资策略	长线投资	投资于变现能力强的资产,并需保留足够现金
举例	基金金泰、基金安信	易方达医疗保健基金、国泰中小盘基金

(三) 按投资目标分类

按投资目标分类,证券投资基金可分为成长型基金、收入型基金和平衡型基金。成长型基金追求的是基金资产的长期增值,当期收入不是其考虑的重要因素。为了达到这一目标,基金管理人通常将基金资产投资于信誉度较高、有长期成长前景或长期盈余的成长公司的股票。收入型基金主要投资于可带来现金收入的有价证券,以获取当期的最大收入为目的。一般投资对象是绩优股、债券、可转让大额存单等收入比较稳定的有价证券,虽然成长潜力较小,但风险也较低。平衡型基金是既追求长期资本增值,又追求当期收入的基金,这类基金的投资组合有比较稳定的组合比例,一般是把资产总额的 25%—50% 用于优先股和债券,其余的用于普通股投资。其风险和收益状况介于成长型基金和收入型基金之间。

(四) 按投资标的分类

按投资标的分类,证券投资基金可分为股票基金、债券基金、混合基金、货币市场基金、指数基金、贵金属基金、房地产基金、期货基金、期权基金、认股权证基金等。顾名思义,股票基金就是主要投资于股票的基金,其余类推,不再赘述。但这里需强调的是:我国有关法规规定,基金资产必须有不少于 20% 的资金投资国债。而且,开放式基金为了满足投资者的随时赎回,还必须保留一定的现金,所以,即使是股票基金,也并非所有的资金都拿来买了股票。其余类型同理。

知识链接

紧缩政策推高货币市场基金收益

今年以来紧缩的宏观经济政策加剧了资金面紧张。根据晨星数据,截至 7 月 10 日的前一周,相当比例的货币市场基金 7 日年化收益率超过 4%,也就是超越最新的 1 年期定期存款利率。

货币市场基金被称为"准储蓄"产品,但和银行储蓄的区别却比较明显。对于收益稍高的银行定期储蓄来说,储户急需用钱时往往不能及时取回,能随时存取款的活期储蓄税后利息又极低,而货币市场基金却可以在工作日随时申购、赎回。一般情况下,申请赎回的第二天就可取到钱。对于股民或基民而言,在股市低迷的时候可持有货币市场基金避险,获得稳定收益,当股市转好时则可迅速转换为股票型基金,享受牛市的超额回报,这种快捷便利的转换功能也是银行储蓄所不能提供的。

(来源:凤凰网,http://finance.ifeng.com/fund/jjpl/20111012/4784448.shtml,2011 年 10 月 12 日。)

(五)按募集方式分类

按募集方式分类,证券投资基金可分为公募基金和私募基金。公募基金是指受我国政府主管部门监管的,向不特定投资者公开发行的基金。基金信息公开,受严格监管,投资金额较低,适合中小投资者。目前国内证券市场上的封闭式基金都属于公募基金。私募基金指通过非公开方式,面向少数特定的投资者募集资金而设立的基金,投资者的人数、资格和投资金额受严格控制,投资风险大,适合有较强风险承受能力的投资者。私募基金的信息披露要求也很低。

(六)特殊类型基金

特殊类型基金包括系列基金、基金中的基金、保本基金、交易型开放式指数基金和上市型开放式基金。本章主要介绍交易型开放式指数基金和上市型开放式基金。

1. 交易型开放式指数基金

交易型开放式指数基金(Exchang Traded Funds,ETE),又称交易所交易基金,是一种在交易所上市交易的开放式证券投资基金产品。目前,国内 ETF 家族队伍庞大,其中交易比较活跃的有深市 100ETF(159901)、中小板 ETF(159902)、沪市 50ETF(510050)、180ETF(510180)、红利 ETF(510880)。

- ETF 采用被动投资方式,跟踪、复制所选定的指数,具有指数基金的特点。交易型开放式指数基金综合了封闭式基金和开放式基金的优点,投资者可以在场外市场申购或赎回(类似于开放式基金),也可以在证券交易所买卖(类似于封闭式基金)。不过在申购时用与标的指数相同的一篮子股票换取基金份额,赎回时换回一篮子股票而非现金。

2. 上市型开放式基金

上市型开放式基金(Listed Open-ended Funds,LOF)是指在深圳证券交易所上市交易的开放式证券投资基金。LOF 的投资者既可以通过基金管理人或其委托的销售机构以基金净值进行基金的申购、赎回,也可以通过交易所市场以交易系统撮合成交价进行基金的买入、卖出。它是我国证券市场上出现的基金创新品种。

ETF 与 LOF 的区别如表 1-2 所示。

表 1-2　ETF 与 LOF 的区别

	ETF	LOF
申购、赎回标的	基金份额与"一篮子"股票的交易	基金份额与现金的交易
申购、赎回限制	100 万份以上	无
投资策略	完全被动跟踪指数	主动、被动皆可
上市地点	沪、深交易所	深圳证券交易所
举例	50ETF、180ETF	南方积配、华夏蓝筹

知识链接

索罗斯和他的量子基金

美国金融家乔治·索罗斯管理的投资基金叫"量子基金"。索罗斯的量子基金是高风险基金,在世界范围内投资于股票、债券、外汇和商品。量子美元基金在美国证券交易委员会登记注册,主要采取私募方式筹集资金。据说,索罗斯为之取名"量子",是源于他所赞赏的一位德国物理学家、量子力学的创始人海森堡提出的"测不准定理"。索罗斯认为,就像微粒子的物理量子不可能具有确定数值一样,证券市场也经常处在一种不确定状态,很难去精确度量和估计。

索罗斯一生有诸多投资,其中打败英国央行和狙击泰铢最为著名。1990 年英国加入欧洲汇率体系之后,索罗斯确信处于衰退中的英国无法维持 1 英镑兑换 2.95 马克的汇率水平。他便动用了 100 亿美元进行豪赌,抛售了 70 亿美元的英镑,购入 60 亿美元坚挺的货币马克,并且进行了一系列杠杆操作。最后,索罗斯赢了 20 亿美元,英国 1992 年 9 月 15 日宣布退出欧洲汇率体系。

1997 年 3 月,索罗斯基金开始放空泰铢,随后在国际游资的推动下泰铢狂跌不止,索罗斯管理的基金从中获取暴利。索罗斯飓风很快就扫荡到了印度尼西亚、菲律宾、缅甸、马来西亚等国。印尼盾、菲律宾比索、缅元、马来西亚林吉特纷纷大幅贬值,导致了工厂倒闭、银行破产、物价上涨等一片惨不忍睹的景象。

(来源:节选改编自百度百科。)

第五节 衍生证券

一、衍生证券的概念

衍生证券是一种证券,其价值依赖于其他更基本的标的变量。衍生证券是以杠杆或信用交易为特征,在传统的金融产品如货币、债券、股票等基础上派生出来的具有新的价值的金融工具。衍生证券包括金融远期合约、金融期货、金融期权、互换等品种。衍生证券因其价值取决于其他资产的价格而得名。

衍生证券近三十年里在全球金融市场上取得了快速发展,这主要得益于它具有的一些独特功能:

(1) 套期保值功能。套期保值最基本的做法是利用衍生证券对冲风险,稳定资产组合未来的价值,锁定资产组合的收益。具体来讲,就是通过选择适当的衍生证券,在原始资产组合中加进衍生工具组成新的资产组合,从而将未来的不确定性降到最低点。

(2) 价格发现功能。衍生证券与基础证券的内在联系增加了金融衍生市场的有效性,提高了市场效率。通过无数交易者竞价而形成的交易价格,能真实地反映市场供求关系,属于均衡价格。

(3) 活跃市场功能。衍生证券的杠杆交易特性,是指投资者用少量投入就能撬动大量资金,因此对套期保值者和投机者都有很强的吸引力。他们的大量参与不仅活跃了衍生品市场,也带动了标的证券的市场交易。

二、金融期货

(一) 概念

金融期货(Financial Futures)是指交易双方在金融市场上,以约定的时间和价格,买卖某种金融工具的具有约束力的标准化合约。这里的金融工具包括证券、货币、利率等。金融期货作为期货交易的一种,具有期货交易的一般特点,但与商品期货相比,其合约标的物不是实物商品,而是传统的金融产品。金融期货交易产生于20世纪70年代的美国市场,目前,金融期货交易在许多方面已经走在商品期货交易的前面,占整个期货市场交易量的80%,成为西方金融创新成功的例证。

(二) 分类

金融期货基本上可以分为三种类型:第一类是外汇期货,是交易双方约定在未来某一时间,依据现在约定的比例,以一种货币交换另一种货币的标准化合约。该合约以汇率作为标的物,用来规避汇率风险。它是金融期货中最早出现的品种。第二类是利率期货,是以利率为标的物的期货合约,用来规避利率波动风险,利率期货包括长期利率期货和短期利率期货。第三类是股权类期货,是以单只股票、股票组合或股票价格指数为标的的期货合约。其中,股价指数期货是目前金融期货市场上最热门和发展最快的期货种类。股价指数期货不涉及股票本身的交割,其价格根据股票指数计算,合约以现金清算形式进行交割。截至2016年年底,我国股价指数期货已经有三个品种,分别是沪深300股指期货、中证500股指期货和上证50股指期货。

> 知识链接

沪深300股指期货合约	
合约标的	沪深300指数
合约乘数	每点300元
报价单位(交易代码)	指数点(IF)
最小变动价位	0.2点
合约月份	当月、下月及随后两个季月
交易时间	上午:9:15—11:30,下午:13:00—15:15
最后交易日交易时间	上午:9:15—11:30,下午:13:00—15:00
每日价格最大波动限制	上一个交易日结算价的±10%
最低交易保证金	合约价值的12%
最后交易日	合约到期月份的第三个周五,遇国家法定假日顺延
交割日期(交割方式)	同最后交易日(现金交割)
上市交易所	中国金融期货交易所

(来源:中国金融期货交易所。)

三、金融期权

(一) 概念

期权(Option)是一种选择权,指一种能在未来某特定时间以特定价格买入或卖出一定数量的某种特定商品的权利。金融期权(Financial Option)指以金融商品或金融期货合约为标的物的期权交易。具体来说,期权购买者在向出售者支付一定费用后,就获得了能在规定期限内以某一特定价格向出售者买进或卖出一定数量的某种金融工具的权利。

期权交易是一种权利的买卖,而不是现实金融资产的买卖,期权的买方在买入期权后,便取得了选择权。在约定的期限内,期权的买方既可行权买入或卖出标的资产,也可放弃行使权利。当买方选择行权时,卖方必须履约。可见,期权的交易是一种权利的单方面有偿让渡,这种权利仅属于买方。与期货交易相比,期权交易的最大特点是买卖双方的权利、义务、收益和风险均不对等。

(二) 分类

从期权的含义中可见,期权涉及众多要素。可以从不同角度将期权划分为不同的类型。

1. 看涨期权和看跌期权

这是按照买方行权时拥有的权利是买进还是卖出标的资产来进行的划分。

看涨期权(Call Options)是指期权的买方向卖方支付一定数额的期权费后,即拥有在期权合约的有效期内或特定时间,按执行价格向期权卖方买入一定数量的标的物的权利,但不负有必须买进的义务。期权的买方预期标的物市场价格上涨而买入看涨期权,标的物市场价格上涨越多,买方行权可能性越大,行权买入标的物后获取收益的可能性越大,获利可能越多。

看跌期权(Put Options)是指期权的买方向卖方支付一定数额的期权费后,即拥有在期权合约的有效期内或特定时间,按执行价格向期权卖方卖出一定数量标的物的权利,但不负有必须卖出的义务。期权的买方预期标的物市场价格下跌而买入看跌期权,标的物市场价格下跌越多,买方行权的可能性越大,行权卖出标的物后获取收益的可能性越大,获利可能越多。

2. 美式期权和欧式期权

这是按照行权时间规定的不同进行的划分。

美式期权(American Option)是指期权买方在期权有效期内的任何交易日都可以行使权利的期权。期权买方既可以在期权合约到期日行使权利,也可以在期权到期日之前的任何一个交易日行使权利。在到期日之后期权作废,买方权利随之消失。

欧式期权(European Option)是指期权买方只能在期权到期日行使权利的期权。期权买方在期权合约到期日之前不能行使权利,在到期日之后期权作废,买方权利随之消失。

3. 股票期权、利率期权和外汇期权

这是按照标的物的不同进行的划分。

股票期权包括三种类型:单只股票期权、股票组合期权和股票指数期权。单只股票期权指买方在交付了期权费后,即取得在合约规定的到期日或到期日之前,按协定价买入或卖出一定数量相关股票的权利。股票组合期权是以一篮子股票为基础资产的期权,代表性品种是交易所交易基金的期权。股票指数期权是以股票指数为基础资产,买方在支付了期权费后,即取得在合约有效期内或到期时以协定指数与市场实际指数进行盈亏结算的权利。股票指数期权没有可做实物交割的具体股票,只能采取现金轧差的方式结算。

利率期权指买方在支付了期权费后,即取得在合约有效期内或到期时以一定的利率(价格)买入或卖出一定面额的利率工具的权利。利率期权合约通常以政府短期、中期、长期债券,欧洲美元债券,大额可转让存单等利率工具为基础资产。

外汇期权指买方在支付了期权费后,即取得在合约有效期内或到期时以约定的汇率购买或出售一定数额某种外汇资产的权利。外汇期权合约主要以美元、欧元、日元、英镑、瑞士法郎、加拿大元及澳大利亚元等为基础资产。

知识链接

巴林银行破产与金融衍生品

巴林银行(Barings Bank)是英国历史最悠久的银行之一。1995 年 3 月 8 日,这家拥有 233 年历史的银行以 1 英镑的象征性价格被荷兰国际集团收购,这意味着巴林银行的彻底倒闭。

巴林银行破产的直接原因是新加坡巴林公司期货经理尼克·李森错误地判断了日本股市的走向。1995 年 1 月份,李森看好日本股市,分别在东京和大阪等地买了大量期货合同,指望在日经指数上升时赚取大额利润。谁知天有不测风云,日本阪神地震打击了日本股市的回升势头,股价持续下跌。巴林银行最后损失金额高达 14 亿美元之巨,而其自有资产只有几亿美元,巨额亏损难以抵补,这座曾经辉煌的金融大厦就这样倒塌了。

为何一笔金融衍生品交易在短期内便摧毁了整个巴林银行呢? 从理论上讲,金融衍生品并不会增加市场风险,若能恰当地运用,比如利用它套期保值,可为投资者提供一个有效的降低风险的对冲方法。但在其具有积极作用的同时,也有其致命的危险,即在特定的交易过程中,投资者纯粹以买卖图利为目的,通过垫付少量的保证金炒买炒卖大额合约来获得丰厚的利润,无视交易潜在的风险,如果控制不当,那么这种投机行为就会招致不可估量的损失。李森正是对衍生产品操作无度才毁灭了巴林银行。李森在整个交易过程中一味盼望赚钱,在已遭受重大亏损时仍孤注一掷,增加购买量,对于交易中潜在的风险熟视无睹,结果使巴林银行成为金融衍生品的牺牲品。

(来源:改编自百度文库。)

本章提要

1. 证券是一种具有法律意义的凭证,它表示其持有人有权依据该凭证记载的内容而取得相应的财产权益。证券投资是指个人或法人对证券的购买行为,这种行为会使投资者在证券持有期内获得与其承担风险相称的收益。

2. 股票是股份公司为筹集资金而发行给股东作为持股凭证并借以取得股息和红利的一种有价证券。股票分为普通股和优先股,在我国,股票又分为 A 股、B 股、H 股、N 股、S 股以及"新三板"股等。

3. 债券是政府、金融机构、企业等为筹措资金而向债券购买者出具的,承诺按一定利率定期支付利息并到期偿还本金的债权债务凭证。债券的主要特点是偿还性、流动性、安全性和收益性。

4. 证券投资基金是指通过发行基金份额,将众多投资者的资金集中起来,以投资组合的方法进行证券等金融工具投资,基金持有人利益共享、风险共担。在证券市场上,基金作为机构投资者,起到了稳定市场、活跃交易的作用。

5. 衍生证券包括金融远期合约、金融期货、金融期权、互换等品种。衍生证券在金融市场上是一把双刃剑,既可发挥套期保值、对冲风险的作用,也有可能因过度使用信用交易而招致投资巨额亏损。

课后习题

1. 什么是证券?主要有哪些证券?
2. 证券投资指的是对何种证券的投资?请简要阐述该种证券。
3. 什么是股票?它的特征是什么?
4. 普通股股东享有哪些主要权利?
5. 简述优先股股票的基本特征。
6. 债券有哪些基本特征?
7. 试比较证券投资基金与股票、债券。
8. 简述封闭式基金与开放式基金的区别。
9. 衍生证券的主要功能有哪些?
10. 金融期货交易有哪些功能?为什么会有这些功能?

第二章

证券市场

知识与技能目标

本章围绕证券市场的运行,介绍证券市场的概念、功能和分类,证券市场的各类参与主体,以及证券市场的监管。学完本章后,读者将能够:
1. 对证券市场有一个初步的概念。
2. 了解各细分市场的运行方式及运作规则。
3. 了解证券市场的各个参与方及其参与的形式。
4. 了解证券市场监管的意义、目标、原则以及手段。

案例导入

"股神"巴菲特的投资传奇

沃伦·巴菲特是著名的投资大师,他创造了前无古人的投资业绩,每年平均复合增长率达24%,保持达30多年之久。假如你在1956年将1万美元交给他,今天这笔钱已超过1.4亿美元,且当中已扣除了所有税收和有关的一切交易费用。

对巴菲特来说,他最大的成就莫过于在1965年到2006年间,历经3个熊市,而他的伯克希尔哈撒韦公司只有一年(2001年)出现亏损;在此期间,由其主持的投资,有28年成绩跑赢标准普尔500(S&P 500)指数,要知道,S&P 500指数在这些年里保持了10%左右的复合增长率,这对大部分投资者来说已是非常令人满意的数字了。但是巴菲特的表现超出S&P 500指数一倍半的增长率,着实令人惊讶。

那么,证券市场究竟有着什么样神奇的魔力,能够使巴菲特选择它作为投资目标?它又有着怎样兼收并蓄的能力,使众多资金需求者和投资者对它趋之若鹜?

(来源:节选改编自百度百科。)

编者按： 证券市场永远充满了机遇和挑战，它既造就了一代股神，也掏空了很多投资者的腰包。在我们准备进入这个市场之前，先了解一些关于证券市场的知识，做好充分的准备工作是非常必要的。

第一节 证券市场概述

一、证券市场及其分类

（一）证券市场的含义

证券市场是股票、债券、投资基金等有价证券发行和交易的场所，是为解决资本供求矛盾和流动性而产生的市场，它以证券发行和交易的方式实现了筹资与投资的对接，有效地化解了资本的供求矛盾和资本结构调整的难题。证券市场的主要功能包括：

1. 筹资—投资功能

筹资—投资功能是指证券市场一方面为资金需求者提供了通过发行证券筹集资金的机会，另一方面为资金供给者提供了投资对象。在证券市场上交易的任何证券都既是筹资的工具，也是投资的工具。筹资和投资功能是证券市场基本功能不可分割的两个方面，是相辅相成的。

2. 定价功能

证券的价格是证券市场上供求双方共同作用的结果。证券市场运行过程中所形成的证券需求者和证券供给者相互竞争，使得那些能产生高投资回报的资本所对应的证券价格相对较高，反之则价格较低，从而为资本提供了合理的定价机制。

3. 资本配置功能

资本配置功能是指通过证券价格引导资本的流动从而实现资本的合理配置功能。证券市场的存在，能够引导资本流向产生高回报的企业或行业，使资本产生尽可能高的效率，因而可以说，它实现了资本的合理配置。

（二）证券市场的分类

证券市场作为经营股票、债券、投资基金等有价证券的场所，可以按照不同的标准进行分类，主要有以下三种划分方式：

1. 按市场的功能划分，证券市场可分为发行市场和交易市场

证券发行市场又被称为"一级市场"或"初级市场"，是发行人以发行证券的方式筹集资金的场所；证券交易市场又被称为"二级市场""流通市场"或"次级市场"，是买卖已发行证券的市场。证券发行市场和证券交易市场既相互依存，又相互制约，是一个不可分割的整体。证券发行市场是证券交易市场的基础和前提；证券交易市场是证券发行市场得以持续扩大的必要条件，证券交易市场的价格制约和影响着证券的发行价格，是证券发行时需要考虑的重要因素。

2. 按有价证券的种类划分，证券市场可分为股票市场、债券市场、基金市场、衍生产品市场等

股票市场是股票发行和买卖交易的场所，故又可细分为股票发行市场和股票交易市场；债券市场是债券发行和买卖交易的场所，同样又包括债券发行市场和债券交易市场；基金市场是基金份额发行和流通的市场；衍生产品市场则是各类衍生产品发行和交易的市场。

3. 按有价证券的交易是否有固定场所，证券市场可分为有形市场和无形市场

通常人们也把有形市场称为"场内市场"，该市场是有组织、制度化了的市场，是证券市场走向集中化的重要标志之一。一般而言，证券必须达到证券交易所规定的上市标准才能够在场内交易。无形市场通常又称为"场外市场""柜台市场"或"店头市场"，是指没有固定交易场所的市场。但目前，随着现代通信技术的发展和电子计算机网络的广泛应用，场内市场与场外市场之间的截然划分已经不复存在。

（三）证券市场的发展历程

1. 证券市场的产生与发展阶段

证券市场作为经济体系的重要组成部分，是市场经济发展到一定阶段的产物。证券市场的产生，主要归因于以下三点：① 社会化大生产和商品经济的发展增加了对巨额资金的需求，从而在客观上需要有一种新的筹资机制；② 股份制的发展、股份公司的建立、公司股票和债券的发行为证券市场的产生提供了现实的基础和客观的要求；③ 随着信用制度的发展，各类信用（商业信用、国家信用、银行信用等）融资方式及信用工具随之涌现，为满足这些信用工具流通变现的要求，形成一个能为有价证券创造流通、转让条件的证券市场就成了必然。

纵观证券市场的发展历史，其进程大致可分为五个阶段，分别为：① 萌芽阶段。时间是从15世纪意大利商业城市出现商业票据买卖至19世纪60年代美国纽约证券交易所成立，主要归因于商品经济的发展。② 初步发展阶段。时间是在20世纪初期，也即资本主义从自由竞争阶段过渡到垄断阶段的时期。③ 停滞阶段。时间是在1923—1933年间，这段时期内资本主义国家爆发了严重的经济危机，从而导致证券市场陷入停滞。④ 恢复阶段。时间是在第二次世界大战后至20世纪60年代。⑤ 加速发展阶段。时间是从20世纪70年代至今，证券市场出现了高度繁荣的局面。

2. 我国证券市场的发展历程

19世纪70年代，清政府洋务派在我国兴办工业，使得我国自己的股份制企业得以兴起。此后，在北洋政府的推动下，上海华商证券交易所、青岛市物品证券交易所、天津市企业交易所等相继成立。这些证券市场在1949年新中国成立后都被取缔。

1990年12月19日，上海证券交易所正式开业，标志着新中国证券市场的诞生。1991年7月3日，深圳证券交易所也在深圳特区举行了开业典礼。两个市场的建立是为了顺应当时不断扩大的证券流通需要。早在1984年10月，中共十二届三中全会就通过了《关于经济体制改革的决定》，阐明了以城市为重点的整个经济体制改革的必要性，股份制也由此正式进入了试点阶段。上海、北京、广州等地的大中型企业纷纷进行股份制试点，半公开或公开发行股票，随着证券发行的增多和投资者队伍的逐步扩大，证券流通的需求日益强烈，推动了证券市场的形成和证券交易所的出现。

1999年7月,《证券法》的实施,以法律形式确定了资本市场的地位,规范了证券发行和交易行为,将资本市场纳入更高层次的发展轨道。2004年,《证券投资基金法》的实施,促进了证券投资基金的发展。在这些法律法规的保障下,证券市场在不断规范中逐步成长壮大。

2004年1月,深圳中小企业板成立,开创了沪深主板市场以外的又一个股票市场,为中小企业上市融资打开了局面,也为未来创业板的推出积累了经验。

2005年5月启动的股权分置改革,使得市场早期制度安排带来的定价机制扭曲得以纠正,打造了一个股份全流通的市场,市场的深度和广度大为拓展。

2009年10月,创业板正式启动,为科技型、创新型企业提供了上市融资的专门渠道。

2009年年末,中国证监会推出了股指期货交易和融资融券制度,这是对证券市场业务的重大创新。

目前,我国已建立起了由主板、中小板、创业板、新三板和地方性场外交易市场构成的多层次资本市场体系,以适应社会经济主体多元化的投资与融资需求。截至2012年年末,沪深交易所(含A股、B股)共有上市公司2 494家,总市值23.03万亿元。

二、证券发行市场

(一) 股票发行市场

股票发行市场是股份有限公司发行新股票以筹集资金的场所,包括股票发行的规划、承购、推销等全部活动。目前,我国股份有限公司既可以通过在境内证券交易所主板市场(即上海证券交易所、深证证券交易所主板市场)上市发行人民币普通股(即A股)实现资金的筹集,也可以通过在深圳证券交易所中小企业板市场或创业板市场上市发行公司股票完成资本的筹集;同时,还可以通过在境外上市发行公司股票(如在香港、纽约、新加坡等境外交易所市场上市)实现筹资。

1. 股票发行制度

股票发行制度大体上可分为两种:发行注册制和发行核准制。

(1) 发行注册制,又称登记制、注册登记制,是一种以市场为主导的发行制度。发行注册制实行公开管理原则,实质上是一种发行公司的财务公开制度,它要求发行人提供关于证券发行本身以及和证券发行有关的所有信息;而证券主管机关不对证券发行行为及证券本身做出价值判断,对公开资料的审查只涉及形式,不涉及任何发行实质条件。目前,澳大利亚、巴西、加拿大、德国、法国、意大利、荷兰、菲律宾、新加坡、英国和美国等国家,在证券发行上均采取发行注册制。

(2) 发行核准制,是指发行人申请发行股票,不仅要公开披露与发行证券有关的信息,符合《公司法》和《证券法》所规定的条件,而且要求发行人将发行申请报请证券监管机构审核,是一种以政府为主导的发行制度。发行核准制实行实质管理原则,即证券发行人不仅要以真实状况的充分公开为条件,而且必须符合证券监管机构规定的若干适合于发行的实质条件。实行发行核准制的目的在于证券监管机构能履行法律赋予的职能,使发行的股票符合公众利益和证券市场稳定发展的需要。目前我国股票实行发行核准制,在此前提下,实行保荐人制度和发行审核委员会制度。

> **知识链接**

股票发行上市保荐制度和发行审核委员会制度

所谓发行上市保荐制度是指由保荐机构(在我国一般是证券公司)及其保荐代表人(证券公司取得保荐资格的业务人员)负责发行人股票发行上市的推荐和辅导,经尽职调查核实公司发行文件资料的真实性、准确性和完整性,协助发行人建立严格的信息披露制度。

发行审核委员会制度(简称"发审委制度"),是证券发行核准制的重要组成部分。我国《证券法》规定,由国务院证券监督管理机构设发行审核委员会(简称"发审委")。发审委制度是指发审委依法审核发行人股票发行申请和可转换公司债券等中国证监会认可的其他证券的发行申请,再由中国证监会依照法定条件和法定程序做出予以核准或者不予发行申请的决定。

2. 股票发行条件

在股票发行实行核准制的情况下,一国的法律法规对股票发行规定若干实质性的条件。在我国,《证券法》《公司法》和相关的法规对首次公开发行股票,上市公司配股、增发,发行可转换债券,非公开发行股票以及首次公开发行股票并在创业板上市的条件分别做出了详细的规定。

(1)首次公开发行股票的条件。首次公开发行股票并在主板(包括中小板)、创业板以及全国中小企业股份转让系统(即新三板)等不同层次市场挂牌上市的条件见表2-1。

表2-1 首次公开发行股票上市条件

市场 上市条件	主板(包括中小板)	创业板	新三板
企业类型	大型成熟企业可申请在主板市场上市(首次公开发行股票并在中小板上市的企业为主业突出、具有成长性和高科技含量的中小企业)。	自主创新企业,市场前景好、带动能力强、就业机会多的成长型创业企业,特别是新能源、新材料、电子信息、生物医药、环保节能、现代服务等新兴产业中的成长型创业企业。	经中国证监会核准的非上市公众公司,不受股东所有制性质的限制,股东人数可超过200人,且不限于高新技术企业。
主体资格	(1)依法设立并合法存续的股份有限公司,且持续经营时间在3年以上(经国务院批准的除外); (2)注册资本已足额缴纳; (3)生产经营合法; (4)最近3年内主营业务和董事、高级管理人员没有发生重大变化,实际控制人没有发生变更; (5)股权清晰。	(1)依法设立并合法存续的股份有限公司; (2)注册资本已足额缴纳; (3)主要经营一种业务,且生产经营合法,符合国家产业政策和环境保护政策; (4)最近2年内主营业务和董事、高级管理人员均没有发生重大变化,实际控制人没有发生变更; (5)股权清晰。	(1)依法设立且存续满2年的股份有限公司; (2)业务明确,具有持续经营能力; (3)股权明晰; (4)主办券商推荐并持续督导。

(续表)

市场 上市条件	主板(包括中小板)	创业板	新三板
独立性	(1) 具有完整的业务体系和直接面向市场独立经营的能力； (2) 5个独立：资产完整、人员独立、财务独立、机构独立、业务独立。	与首次公开发行并在主板上市的股票相同。	挂牌公司与控股股东、实际控制人及其控制的其他企业，实行人员、资产、财务分开，各自独立核算，独立承担责任和风险。
规范运行	(1) 依法建立健全股东大会、董事会、监事会、独立董事、董事会秘书制度； (2) 内部控制制度健全且被有效执行； (3) 公司章程明确对外担保的审批权限和审议程序，不存在为控股股东、实际控制人及其控制的其他企业进行违规担保的情形； (4) 有严格的资金管理制度，不得有资金被控股股东、实际控制人及其控制的其他企业以借款、代偿债务、代垫款项或者其他方式占用的情形。	与首次公开发行并在主板上市的股票相同。	与首次公开发行并在主板上市的股票相同。
财务与会计	(1) 最近3个会计年度净利润均为正数且净利润累计>3000万元； (2) 最近3个会计年度经营活动产生的现金流量净额累计>5000万元，或最近3个会计年度营业收入累计>3亿元； (3) 发行前股本≥3000万元； (4) 最近一期末无形资产占净资产的比例≤20%，最近一期末不存在未弥补亏损； (5) 最近3年无重大违法行为，财务会计报告无虚假记载。	(1) 最近2年连续盈利，最近2年净利润累计≥1000万元，且持续增长，或最近1年盈利，且净利润≥500万元，最近1年营业收入≥5000万元，最近2年营业收入增长率≥30%； (2) 最近一期末净资产≥2000万元，且不存在未弥补亏损； (3) 发行后股本总额≥3000万元。	

(2) 已上市公司公开发行证券的条件。为规范上市公司证券发行行为，中国证监会于2006年5月制定并发布《上市公司证券发行管理办法》，对上市公司发行证券的一般性条件及上市公司配股、增发，发行可转换债券以及非公开发行股票的条件做出了特别规定(见表2-2)。

表 2-2 已上市公司公开发行证券的条件

发行条件 发行行为	一般性条件	特定条件
向原股东配售股份（简称"配股"）	（1）上市公司组织机构健全，运行良好； （2）上市公司盈利能力具有可持续性； （3）上市公司的财务状况良好； （4）上市公司最近 36 个月内财务会计文件无虚假记载，不存在重大违法行为； （5）上市公司募集资金的数额和使用符合规定； （6）上市公司不存在严重损害投资者的合法权益和社会公共利益的违规行为。	（1）拟配售股份数量不超过本次配售股份前股本总额的 30%； （2）控股股东应当在股东大会召开前公开承诺认配股份的数量； （3）采用《证券法》规定的代销方式发行。
向不特定对象公开募集股份（简称"增发"）		（1）最近 3 个会计年度加权平均净资产收益率平均不低于 6%，扣除非经常性损益后的净利润与扣除前的净利润相比以低者为计算依据； （2）除金融类企业外，最近一期末不存在持有金额较大的交易性金融资产和可供出售的金融资产、借予他人款项、委托理财等财务性投资的情形； （3）发行价格应不低于公告招股意向书前 20 个交易日公司股票均价或前一交易日的均价。
发行可转换公司债券		（1）最近 3 个会计年度加权平均净资产收益率平均不低于 6%，扣除非经常性损益后的净利润与扣除前的净利润相比以低者为计算依据； （2）发行后累计公司债券余额不超过最近一期末净资产额的 40%； （3）近 3 个会计年度实现的年均可分配利润不少于公司债券 1 年的利息。
非公开发行		（1）价格不低于定价基准日前 20 个交易日公司股票均价的 90%； （2）发行的股份自发行结束之日起，12 个月内不得转让，控股股东、实际控制人及其控制的企业认购的股份，36 个月内不得转让； （3）资金使用符合规定； （4）发行导致上市公司控股权发生变化的，还应当符合中国证监会的其他规定，非公开发行股票的发行对象不得超过 10 名，发行对象为境外战略投资者的，应当经国务院相关部门事先批准。

3. 股票发行程序

在我国，股份有限公司在设立时发行股票与增资发行新股在程序上有所不同。

（1）设立发行股票程序。① 提出募集股份申请。股份有限公司向社会公开发行募集股份的，须向证券监督管理机构递交募股申请并经核准。② 募股申请获得核准后，发起人应在规定期限内向社会公告招股说明书，制作认股书，签订承销协议和代收股协议。③ 招认股份，缴纳股款；股款缴足后须经法定验资机构验资并获取其出具的验资证明。④ 发行人募足股款后，在规定期限内召集认股人召开创立大会，通过公司章程并选举公司董事会、监事会。⑤ 经创立大会选举产生董事会后，由董事会在规定期限内办理公司设立的登记事项，并向股东正式交割股票。

（2）增资发行新股程序。① 公司召开股东大会，做出发行新股的决议。② 由董事会向有关部门申请并经批准；属于向社会公开募集的，须经证券监督管理部门核准。③ 公司经核准向社会公开发行新股时,须公告新股招股说明书和财务会计报表及附属明细表,并制作认股书。④ 招认股份,缴纳股款。⑤ 改组董事会、监事会,办理变更登记并向社会公告。

设立发行股票程序和增资发行新股程序如图 2-1 和图 2-2 所示。

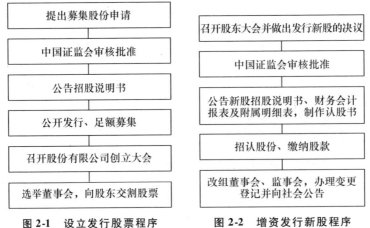

图 2-1　设立发行股票程序　　图 2-2　增资发行新股程序

4. 股票发行方式

根据《证券发行与承销管理办法》的规定,首次公开发行股票可以根据实际情况,采取不同的发行方式:向战略投资者配售,向参与网下配售的询价对象配售以及向参与网上发行的投资者配售等。我国股票发行历史上曾经采取过全额预缴存款方式、与储蓄挂钩方式、上网竞价和市值配售等方式。

(1) 向战略投资者配售。首次公开发行股票数量在 4 亿股以上的,可以向战略投资者配售股票。但是,战略投资者不得参与首次公开发行股票的初步询价和累计投标询价,并且应当承诺获得配售的股票持有期限不少于 12 个月。可以看出,这种发行方式是针对大型客户的。

(2) 向参与网下配售的询价对象配售。发行人及其主承销商向参与网下配售的询价对象配售股票时,应当与网上发行同时进行。同时规定,公开发行股票少于 4 亿股的,配售数量不超过本次发行总量的 20%;公开发行股票在 4 亿股以上的,配售数量不超过向战略投资者配售后剩余数量的 50%。

(3) 向参与网上发行的投资者配售。也就是通过证券交易所系统公开发行股票。以上海交易所为例,上网资金申购的规定涉及申购时间、申购单位上限、申购配号、资金交收及透支申购的处理等。

知识链接

我国股票发行方式的演变

我国股票发行方式的历史变动较多。按时间和方式种类大约可分为以下 10 个阶段:

(1) 自办发行:时间是从 1984 年股份制试点到 20 世纪 90 年代初。该阶段的特点是:面值不统一,没有承销商,发行对象是内部职工和地方公众。

(2) 有限量发售认购证:时间是在1991—1992年。该阶段股票发行方式的明显弊端是极易发生抢购风潮,如深圳"8·10事件"。

(3) 无限量发售认购证:时间是在1992年,由上海率先开始。该阶段的特点是:认购量不确定,通过摇号产生中签号码,但认购成本过高。

(4) 无限量发售申请表方式以及与银行储蓄存款挂钩方式:时间是1993年。该阶段的特点是:不仅减少了社会资源的浪费,而且可以吸引社会闲资,但出现转售中签表现象。

(5) 上网竞价方式:上网竞价只在1994年哈岁宝等几只股票进行过试点,之后没有被采用。

(6) 全额预缴款、比例配售:该方式是储蓄存款挂钩方式的延伸,但它更方便、更节省时间。它又包括两种方式:"全额预缴、比例配售、余款即退"和"全额预缴、比例配售、余款转存"。

(7) 上网定价发行:该方式在1996年以来被普遍采用。它类似于网下的"全额预缴、比例配售、余款即退"发行方式,只不过它是利用交易所网络自动进行的。

(8) 基金及法人配售:该阶段是从1998年开始的。根据中国证监会2000年4月开始施行的规定,公司发行股票都可以向法人配售。

(9) 向二级市场投资者配售:该阶段自2000年2月13日中国证监会颁布《关于向二级市场投资者配售新股有关问题的通知》,允许新股发行试行向二级市场投资者配售新股开始。

(10) 网下询价发行和网上定价发行相结合:这是当前股票发行采用的方法,网下发行针对的是机构投资者,机构投资者的报价高于价格区间的下限才能申购,申购中签的股票要到上市后3个月才可流通。网上发行针对社会公众投资者,在申购日按发行价申购,中签的股票在新股上市后即可交易。机构投资者如果选择网下发行,就不得参与网上申购。

(来源:中国证券业协会,《证券发行与承销》,中国金融出版社,2012。)

5. 股票发行定价

当前,首次公开发行股票以询价方式确定股票发行价格。询价分为初步询价和累计投标询价两个阶段。通过初步询价确定发行价格区间和相应的市盈率区间。发行价格区间确定后,发行人及保荐机构在发行价格区间内向询价对象进行累计投标询价,并根据累计投标询价的结果确定发行价格和发行市盈率。首次公开发行的股票在中小企业板或创业板上市的,发行人及其主承销商可以根据初步询价结果确定发行价格,不再进行累计投标询价。上市公司发行证券,可以通过询价方式确定发行价格,也可以与主承销商协商确定发行价格。

(二) 债券发行市场

债券发行市场是筹资者以发行债券的方式筹集资金的场所,它具体决定债券的发行时间、金额和条件,并引导一般投资者认购,以及办理认购手续、缴纳款项等事宜。债券发行市场是一种无形的市场,没有固定、集中的场所。目前,在我国境内,筹资单位可以通过全国银行间债券市场①和证券交易所市场来发行债券;同时,与股票的境外发行一样,我国的债券发行主体也可以凭借自身良好的国际信用在境外市场发行债券。

1. 债券发行制度

新中国成立以后,尤其是 20 世纪 80 年代以来,我国债券的发行制度日益完善。目前,我国各类债券,依据其发行主体的不同,适用的发行制度也有所区别,主要表现在:① 政府债券的发行须经全国人大审议通过,并经国务院批准,即采取发行核准制。② 金融债券的发行则须经中国人民银行核准,即采取发行核准制。③ 企业债券的发行须根据企业性质的不同,经不同主管部门审批。此外,企业发行企业债券规模必须在国家拟定的全国企业债券发行的年度规模内,还必须符合规模内的各项指标,即企业债券的发行采取行政审批制或注册制。④ 公司债券的发行则须经中国证监会的审核批准,也即采取发行核准制,同时引进发审委制度和保荐制度。

2. 债券发行条件

由于我国债券市场的逐渐繁荣、债券品种的日益丰富,不同种类的债券发行条件各不相同,所适用的行政法规、条例也有所不同。如我国政府债券的发行,除了 1992 年 3 月 18 日国务院颁布的《国库券条例》以外,并没有正式的、规范的《国债法》。因此,我国的政府债券主要由国家财政局根据国内经济状况和财政政策的需要来发行。而各类金融债券的发行条件主要由中国人民银行颁布实施的《全国银行间债券市场发行管理办法》来规定。各类企业债券的发行条件具体由国务院颁布实施的《企业债券管理条例》进行规范。各类公司债券的发行条件则必须符合中国证监会发布施行的《公司债券发行试点办法》关于发行条件的具体规定。

知识链接

关于不予核准内蒙古西水创业股份有限公司发行公司债券申请的决定

证监许可[2012]1725 号

内蒙古西水创业股份有限公司:

中国证券监督管理委员会(以下简称中国证监会)依法受理了你公司提交的发行公司债券申请文件。

中国证监会发行审核委员会(以下简称发审委)于 2012 年 12 月 5 日举行 2012 年第 213 次发审委会议,依法对你公司的发行公司债券申请进行了审核。

发审委在审核中关注到,你公司存在以下情形:

根据申报材料,你公司于 2010 年 12 月 30 日经中国保险监督管理委员会(保监发改[2010]1620 号文)批准,对天安保险股份有限公司(以下简称天安保险)进行增资,增资后你公司持有天安保险 17.21% 的股权,于 2011 年 1 月 7 日完成工商变更;2011 年 11 月 16 日经中国保险监督管理委员会批准,你公司受让天安保险其他股东持有的天安保险 2.79% 的股

---

① 所谓全国银行间债券市场是指依托于中国外汇交易中心暨全国银行间同业拆借中心和中央国债登记结算有限责任公司的,面向商业银行、农村信用联社、保险公司、证券公司等金融机构进行债券买卖和回购的市场。

权,股权转让完成后你公司持有天安保险20%的股权,上述股权转让于2012年4月24日完成工商变更。同时,天安保险的股东上海银炬实业发展有限公司和日本SBI控股株式会社于2012年1月1日、江西国际信托股份有限公司于2012年4月25日以授权委托书的形式分别将其各自持有的天安保险的20%和12%、3.83%的股权对应的经营表决权授权给你公司代为行使,授权期限至2014年12月31日止。你公司因直接持股和授权合计拥有天安保险55.83%的经营表决权,而将天安保险2012年1月至6月的会计报表纳入合并范围,使你公司合并报表的资产总额、营业收入和净利润均发生了重大变化。根据你公司申报材料和现场聆讯,无法判断你公司将天安保险2012年1月至6月会计报表纳入合并范围依据的充分性以及上述合并范围变化后的财务数据对你公司信用评级的影响;同时,你公司未对上述授权事项的具体内容以及是否按照《公司章程》规定履行了必要的董事会及股东大会审议决策程序做出充分、合理的解释。

发审委认为,上述情形与《公司债券发行试点办法》(证监会令第49号)第七条和第八条的规定不符。

发审委会议以投票方式对你公司的发行公司债券申请进行了表决,同意票数未达到3票,申请未获通过。根据《证券法》《公司债券发行试点办法》和《中国证券监督管理委员会发行审核委员会办法》(证监会令第62号)等有关规定,现依法对你公司的发行公司债券申请做出不予核准的决定。

你公司如再次申请发行证券,可在本决定做出之日起6个月后,向中国证监会提交申请文件。

你公司如不服本决定,可在收到本决定之日起60日内,向中国证监会申请行政复议,也可在收到本决定之日起3个月内,向有管辖权的人民法院提起行政诉讼。

中国证监会
2012年12月21日

3. 债券发行程序

(1) 政府债券发行程序。由于政府债券的发行主体是国家政府部门,因此在发行程序方面并不像其他品种的债券那样复杂,只需经历三道程序:① 由国家财政部门会同国家发改委等相关部门拟定每期国库券的发行数额、利率、偿还期等;② 经全国人大审议、国务院确定后,由财政部予以公告;③ 由全国银行间债券市场上的相关金融机构或证券交易所面向城乡居民、各类投资者或特定发行对象进行发行承销,或是强制摊派发行。

(2) 金融债券发行程序。我国境内法律所允许的各类金融债券发行主体(如商业银行、财务公司、证券公司等金融机构)发行金融债券应遵循以下程序:① 由符合条件的发行主体向中国人民银行提出发行申请,并出具相关发行申请报告和发行审批所需的各项文件;② 按中国人民银行的有关要求向发行对象和审批机构进行信息的披露;③ 由中国人民银行审核批准发行人的发行申请;④ 由信用评级机构出具金融债券信用评级报告,并向投资者公布;⑤ 发行人与具备承销资格的承销团签署承销协议,并予以相关信息的披露,在获得核准后的规定期限内完成债券的发行。

(3) 企业债券发行程序。① 国家发改委会同中国人民银行、财政部、国务院证券委员会拟订全国企业债券发行的年度规模和规模内的各项指标，报国务院批准后，下达各省、自治区、直辖市、计划单列市人民政府和国务院有关部门执行；② 申请发行企业债券的大型国有企业或股份制集团公司由各自的权力机构做出发行企业债券的决议；③ 做出发行债券的决议后，应制定包括企业基本信息，近三年生产经营状况、财务状况、自有资产净值、筹资用途、效益预测、发行对象、时间、期限、方式、债券种类及期限、债券利率、债券总面额还本付息方式等内容的债券发行章程；④ 向相应的主管部门提出发行申请，并提交相应的发行章程、发行申请书以及其他相关文件；⑤ 发行企业债券经主管部门审核批准后，发行企业应当向社会公布经批准的发行章程；⑥ 与具备承销资格的承销机构签订企业债券承销合同，并由承销机构在发行期限内向投资者发售债券，承销机构代为收取债券款，交付债券；⑦ 到债券发售期截止日，扣除承销机构应得的手续费后，发行企业向承销机构收缴债券募集款项。企业若发行短期融资券，则按照中国人民银行的有关规定执行。

(4) 公司债券发行程序。① 股份有限公司、有限责任公司拟发行公司债券，由董事会制订方案，股东大会做出债券发行决议；② 发行公司应当由保荐人保荐，并向中国证监会申报，按照中国证监会的有关规定编制和报送募集说明书与发行申请文件；③ 公司全体董事、监事、高级管理人员应当在债券募集说明书上签字；④ 由保荐人对募集说明书的内容进行尽职调查；⑤ 由具备资格的注册会计师、资产评估人员、资信评级人员、律师及其所在机构出具相关的专项报告；⑥ 中国证监会在收到申请后依照有关程序进行审核，并做出核准或者不予核准的决定；⑦ 经核准发行的公司在公司债券发行前2—5个工作日内，将经核准的债券募集说明书摘要刊登在指定的报刊上，同时将全文刊登在指定的互联网网站上；⑧ 发行公司自核准发行之日起，应当在规定时间内完成公司债券的发行。

政府债券发行程序和金融债券发行程序如图2-3和图2-4所示。

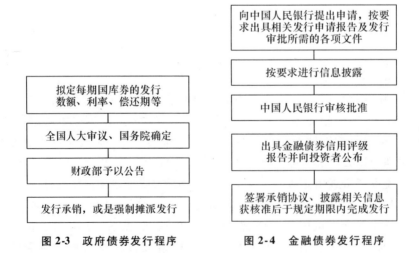

图2-3 政府债券发行程序　　图2-4 金融债券发行程序

4. 债券发行方式

(1) 定向发行，又称私募发行、私下发行，即面向少数特定投资者发行。一般由债券发行人与某些机构投资者，如人寿保险公司、养老基金、退休基金等直接洽谈发行条件和其他具体事务，属直接发行。

（2）承购包销，指发行人与由商业银行、证券公司等金融机构组成的承销团按照协商条件签订承购包销合同，由承销团分销拟发行债券的发行方式。

（3）招标发行，指通过招标方式确定债券承销商和发行条件的发行方式。根据标的物不同，招标发行可分为价格招标、收益率招标和缴款期招标；根据中标规则不同，可分为荷兰式招标（单一价格中标）和美式招标（多种价格中标）。

在我国，公司债券和企业债券既可以采用定向发行方式，也可以采用承购包销的发行方式，或者两种方式兼用；金融债券的发行普遍采用的则是承购包销的发行方式；而政府债券多采用招标发行方式。

5．债券发行定价

债券的发行价格是指投资者认购新发行的债券实际支付的价格。债券的发行定价分为：平价发行，即债券的发行价格与面值相等；溢价发行，即债券以高于面值的价格发行；折价发行，即债券以低于面值的价格发行。

债券的定价方式以公开招标最为典型。具体而言，债券的定价方式主要有以下几类：① 按招标标的分类，分为价格招标和收益率招标。② 按价格决定方式分类，分为荷兰式招标和美式招标。

以价格为标的的荷兰式招标，是以募满发行额为止所有投标者的最低中标价格作为最后中标价格，全体中标者的中标价格是单一的；以价格为标的的美式招标，是以募满发行额为止中标者各自的投标价格作为各中标者的最终中标价，各中标者的认购价格是不相同的。

以收益率为标的的荷兰式招标，是以募满发行额为止的中标者最高收益率作为全体中标者的最终收益率，所有中标者的认购成本是相同的；以收益率为标的的美式招标，是以募满发行额为止的中标者所投标的各个价位上的中标收益率作为中标者各自的最终中标收益率，各中标者的认购成本是不相同的。

一般情况下，短期贴现债券多采用单一价格的荷兰式招标，而长期附息债券多采用多种收益率的美式招标。

三、证券交易市场

证券交易市场也称"流通市场""二级市场"或"次级市场"，是指对已经发行的证券进行买卖、转让和流通的市场。

（一）证券交易市场的功能

证券交易市场与证券发行市场相辅相成，是金融市场中不可或缺的组成部分。证券交易市场的存在及其规范、有序、平稳的运行，一方面为证券持有者提供了将证券变现的场所；另一方面，也为新的投资者提供了投资的机会。各类有价证券在二级市场上的顺利流通，有利于形成一个公平合理的价格，实现货币资本与证券资本的相互转换。

（二）证券交易市场的分类

根据市场组织形式的不同，证券交易市场可分为有形市场和无形市场，也即证券交易所市场和场外市场。

1．证券交易所市场

证券交易所市场是证券买卖双方公开交易的场所，是一个高度组织化、集中进行证券交易的市场。证券交易所本身并不买卖证券,也不决定证券价格,而是为证券交易提供一定的场所和设施,配备必要的管理和服务人员,并对证券交易进行周密的组织和严格的管理,为证券交易顺利进行提供一个稳定、公开、高效的平台。我国的证券交易所市场主要由上海证券交易所和深圳证券交易所组成。

2. 场外交易市场

场外交易市场是相对于交易所市场而言的,是指在证券交易所之外进行证券买卖的市场。在证券市场发展初期,由于许多有价证券的买卖往往分散在各个券商柜台上进行,并没有集中交易的场所和统一的交易制度,因此场外市场又被称为"柜台市场"或"店头市场"。随着通信技术的发展,目前许多场外市场交易并不直接在证券经营机构柜台进行,而是由客户与证券经营机构通过电话、电传、计算机网络进行交易,故又称为"电话市场""网络市场"。

知识链接

国内外多层次资本市场

美国的资本市场体系为金字塔式,包括主板(纽约证券交易所)、创业板(NASDAQ)、第三层次(OTCBB)、第四层次(Pink Sheet)和第五层次(如券商之间约定的不定期的交易市场),形成了一个无缝隙的市场体系。美国的主板市场是纽约证券交易所,主要适合于成熟的、效益好的知名大企业。NASDAQ(纳斯达克)市场是一种以屏幕显示为主的高效、高竞争的电子交

易系统,包括全国市场和小资本市场,主要为高成长、高风险性的企业提供融资服务。OTCBB是一个全国性电子报价管理系统,对于来这个市场报价的证券没有门槛限制,但是,所有希望到OTCBB报价的证券必须要由至少一家以上的做市商推荐。Pink Sheet(粉单市场)挂牌不需注册,但需要进行基本的信息披露,要求较为宽松。

发达国家资本市场体系的建设经验揭示出:资本市场的分层结构可以适应不同规模企业不同的融资成本和风险;创业板市场的建立对中小企业,尤其是高新技术企业的迅速成长具有极大的促进作用;地方性证券交易市场对区域经济发展起着重要作用。

借鉴国际经验,我国资本市场体系的构建正在逐步形成多层次的市场结构,目前已包括主板市场、中小企业板市场、创业板市场、新三板市场以及区域股权交易市场,其中,新三板市场和区域股权交易市场正处于发展初期。

(来源:节选改编自唐志道,"多层次资本市场体系的国际比较与借鉴",《统计与决策》,2006年第9期。)

(三) 证券市场交易制度

1. 股票交易制度

(1) 上市制度

我国《证券法》及交易所股票上市规则规定,申请证券上市交易,应当向证券交易所提出

申请,由证券交易所依法审核同意,并由双方签订上市协议。申请证券上市交易,应当聘请具有资格的保荐机构。由于市场定位不同,股份有限公司申请股票在证券交易所主板上市和创业板上市的标准有所不同(见表2-1)。

(2) 交易制度

① 交易原则。证券交易通常都必须遵循价格优先原则和时间优先原则。所谓价格优先原则,是指在证券交易中,价格较高的买入申报优先于价格较低的买入申报;同时,价格较低的卖出申报优先于价格较高的卖出申报。所谓时间优先原则,是指在同价位申报中,依照申报时序决定优先顺序,即买卖方向和价格相同的,先申报者优于后申报者,而先后顺序则按照证券交易所交易主机接受申报的时间来确定。

② 交易规则。在沪深交易所主板市场中主要的交易规则包括交易时间、交易单位、证券交易的计价单位和申报价格最小变动单位、报价方式、价格决定、涨跌幅限制、挂牌、摘牌、停牌与复牌、交易异常情况处理以及交易行为监督和交易信息发布等。详见第三章"证券投资流程和规则"的相关内容。

③ 交易行为监督。我国《证券法》规定,证券交易所对证券交易实行实时监控,并按照国务院证券监督管理机构的要求,有权在证券市场出现异常情形时采取临时停市措施或对出现重大异常情况的账户限制交易。交易所对下列行为予以重点监控:涉嫌内幕交易、操纵市场等的违法违规行为;买卖证券的时间、数量、方式受限行为;可能影响证券交易价格或数量的异常交易行为;证券交易价格或交易数量明显异常的情形;证券交易所认为需要重点监控的其他事项。对情节严重的异常交易行为,交易所可以视情况采取下列措施:口头或书面警示;约见谈话;要求相关投资者提交书面承诺;限制相关证券账户交易;报请中国证监会冻结相关证券账户或资金账户;上报中国证监会查处。

④ 交易信息发布。证券交易所发布每个交易日的证券交易即时行情、证券价格指数、证券交易公开信息等交易信息,包括开盘集合竞价期间的即时行情和连续竞价期间的即时行情。证券交易所编制综合指数、成分指数、分类指数等证券指数,随即时行情发布,以反映证券交易总体价格或某类证券价格的变动和走势。证券交易所对出现异常波动情形的股票、封闭式基金以及实施特别停牌的证券可以根据需要公布证券交易的相关信息。

(3) 特别处理制度

特别处理分为警示存在退市风险的特别处理(简称"退市风险警示")和其他特别处理。退市风险警示的处理措施包括:在公司股票简称前冠以"*ST"字样,以区别于其他股票;股票价格的日涨跌幅限制为5%。其他特别处理的处理措施包括:在公司股票简称前冠以"ST"字样,以区别于其他股票;股票价格的日涨跌幅限制为5%。

此外,还有交易停牌制度、暂停上市制度、终止上市制度等,详见第三章的相关内容。

2. 债券交易制度

(1) 上市制度

以公司债券为例,公司债券上市制度主要是指,公司在符合下列条件时,向中国证监会和证券交易所提出申请,经其同意批准后,公司债券在证券交易所内上市交易:① 公司债券的期限为一年以上;② 公司债券实际发行额不少于人民币5 000万元;③ 公司申请债券上市时仍符合法定的公司债券发行条件。

（2）交易制度

上海证券交易所于2008年对《上海证券交易所债券交易实施细则》进行了修订,并制定发布了《上海证券交易所固定收益证券综合电子平台交易暂行规定》,进一步完善了我国国债、公司债券、企业债券、分离交易的可转换公司债券中的公司债券(以下统称"债券")在证券交易所的现货交易、回购交易以及在证券交易所固定收益证券综合电子平台交易的一系列交易制度,规范了我国债券市场参与者的交易行为。债券交易制度具体包括:交易时间、交易原则、交易单位、债券计价单位和申报价格最小变动单位、报价方式、价格决定以及涨跌幅限制等,详见第三章的相关内容。

（3）暂停上市交易制度

公司债券暂停上市交易制度是指公司债券上市交易后,公司有下列情形之一的,由证券交易所决定暂停其上市交易:① 公司有重大违法行为;② 公司情况发生重大变化,不符合公司债券上市条件;③ 发行公司债券所募集的资金不按照核准的用途使用;④ 未按照公司债券募集办法履行义务;⑤ 公司最近两年连续亏损。

（4）终止上市交易制度

公司债券终止上市交易制度是指公司债券上市交易后,公司有上述暂停上市交易制度中第①项、第④项所列情形之一并经查实后果严重的,或者有上述暂停上市交易制度中第②项、第③项、第⑤项所列情形之一,在限期内未能消除的,由证券交易所决定终止其公司债券上市交易。

第二节 证券市场主体

一般而言,我们可以根据实施行为的主体不同把证券市场参与者分为个人投资者、企业(公司)和事业法人、政府和政府机构、金融机构以及基金管理公司。这些参与主体在证券市场上各司其职,充分发挥其本身的作用,构成了一个完整的证券市场参与体系。

一、个人投资者

个人投资者是指从事证券投资的自然人,是证券市场上不可或缺的参与主体之一。在证券发行市场上,个人投资者往往是资金的提供者和证券的需求者。证券市场通过自身的融资功能将个人投资者手中分散的闲置资金聚集到一起,为诸多通过发行证券来筹集巨额资本的融资主体提供所需资金。

在证券交易市场上,个人投资者是证券市场最广泛的参与者。随着个人收入的不断提高,人们在满足自我生存需要的同时,有了更多的闲置资金,也有了更强烈的投资欲望;在这样的情形下,越来越多的人将自有资金投入证券市场,期望通过证券买卖取得闲置资金的投资回报。证券市场通过自身的投资功能,为个人投资者提供了丰富的投资工具,满足了个人投资者的投资需求。

二、企业(公司)和事业法人

在这里,我们所说的企业(公司)不包括银行和非银行金融机构,银行和非银行金融机构我们将单独论述;所谓事业法人则是指以谋求社会公共利益为目的,从事国家管理和物质生产以外的社会活动的法人,如从事文化、教育、科研、卫生、体育新闻、出版等事业的单位。

在证券发行市场上,企业(公司)和事业法人是最为主要的发行主体。它们通过在证券市场上发行长期债券或股票(只有股份有限公司才可发行股票)筹措长期资本;通过发行短期债券补充流动资金的不足。

在证券交易市场上,企业(公司)可以利用自己的积累资金或暂时不用的闲置资金进行证券投资。通过证券投资实现对其他企业的控股或参股,也可以将暂时闲置的资金通过自营或委托专业机构进行证券投资以获取收益。我国现行的规定是,各类企业(公司)可参与股票配售,也可投资于股票二级市场;事业法人可用自有资金和有权自行支配的预算外资金进行证券投资。

三、政府和政府机构

出于国家干预经济的需要,中央政府、各级地方政府以及中央政府直属机构,正越来越多地参与到资本市场中,成为举足轻重的市场主体之一。

在证券发行市场上,政府和政府机构是非常重要的发行主体之一。政府通过发行债券筹集资金,一方面用于协调财政资金短期周转、弥补财政赤字、兴建大型基础性建设项目,另一方面也可以用于实施某种特殊的经济政策。由于一般不存在违约风险,因此政府债券的收益率(即"无风险利率")成为金融市场上最重要的价格指标。

中央政府直属机构(一般是指中央银行)同样是证券发行主体之一,其发行的证券主要有两类:第一类是中央银行股票,在一些国家(如美国),中央银行采取股份制组织结构,通过发行股票募集资金。第二类是中央银行票据,如中国人民银行通过发行央行票据,以调控货币供应量,对冲金融体系中过多的流动性。

在证券交易市场上,一般来说,政府和政府机构参与证券交易的目的主要是调剂资金余缺和进行宏观经济调控。我国货币政策工具之一的"公开市场操作",就是指中国人民银行在债券市场上买进或卖出债券,以达到资金投放或回笼的目的,防止经济运行中的流动性短缺或过剩。

四、金融机构

证券市场上的金融机构主要包括证券经营机构、银行业经营机构、保险经营机构、合格境外投资机构以及其他金融机构等。

在证券发行市场上,一方面,金融机构可以作为证券发行的主体,为自身的资金筹集需要而发行债券(金融债券)或股票;另一方面,又可以作为证券的承销机构,为其他主体发行证券提供承销服务,赚取相应的佣金和手续费,提高自身的社会知名度。

在证券交易市场上,不同金融机构有着不一样的市场定位:

1. 证券经营机构

证券经营机构是证券市场上最活跃的投资者,以其自有资本、营运资金和受托投资资金进行证券投资。在我国,证券经营机构主要是证券公司。

2. 银行业经营机构

包括商业银行、城市信用合作社、农村信用合作社以及政策性银行。它们利用自有资金买卖证券(主要是政府债券、金融债券;外资银行除上述两类证券外,还可以买卖除股票以外的其他外币有价证券),实现投资目标。银行业经营机构因处置贷款质押资产而被动持有的股票,只能单向卖出。

3. 保险经营机构

保险公司是全球最重要的机构投资者之一,曾一度超过投资基金成为投资规模最大的机构投资者,除大量投资于各类政府债券、公司债券外,还广泛涉足基金和股票投资。

4. 合格境外投资机构

合格境外投资机构(QFII)是指经中国证监会批准,投资于中国证券市场的境外基金管理机构、保险公司、证券公司、商业银行以及其他资产管理机构。它们在批准的投资额度内,可以投资于我国证券交易所挂牌交易的股票、债券、基金以及中国证监会允许的其他金融工具。

5. 其他金融机构

其他金融机构包括信托投资公司、企业集团财务公司、金融租赁公司等。信托投资公司可以受托经营资金信托、有价证券信托和作为投资基金或者基金管理公司的发起人从事投资基金业务;企业集团财务公司达到相关监管规定的,也可申请从事对金融机构的股权投资和证券投资业务。目前,尚未批准金融租赁公司从事证券投资业务。

五、基金管理公司

证券投资基金管理公司(以下称"基金管理公司"),是指经中国证监会批准的,具有专业的投资知识与经验,根据法律、法规及基金章程或基金契约的规定,经营管理基金资产,谋求基金资产的不断增值,以使基金持有人收益最大化的机构。

在证券发行市场上,基金管理公司作为基金管理人,在基金申请募集时,负责提供申请发行所需的各项材料;当基金募集申请获批后,基金管理公司负责发售基金份额,进行基金募集。其中,开放式基金的基金份额发售由基金管理公司负责,封闭式基金的基金份额发售则由基金管理公司申请,经中国证监会核准,在证券交易所发行。

在证券交易市场上,按照《证券投资基金法》的规定,我国的证券投资基金可投资于上市交易的股票、债券以及国务院证券监督管理机构规定的其他证券品种。由于基金管理公司具有专业化管理的优势,属于较为理性的投资者,因此,近年来我国大力发展证券投资基金,以起到稳定市场、倡导价值投资理念的作用。

知识链接

社保基金开户速度创金融危机后新高

2013年1月A股持续反弹,社保基金时隔7个月后再次开户入市。根据中国证券登记结算公司的最新数据统计,2013年1月,社保基金新开30个账户,为2012年5月新开16个账户后,首次新开账户入市。与此同时,这个数字也创下2008年11月金融危机后单月新高。

据《重庆晚报》报道,2008年金融危机后,社保基金仅在2009年1月、2011年3月、2011年9月以及2012年5月单月开户数达16个,在2013年1月以前的50个月内,新开户总数仅有83个。此次一个月新开账户数超过原来50个月总量的三分之一,显示出国家对入市的倾向加强。另外,证券公司集合理财、基金公司专户理财产品、信托类投资者在今年1月的开户数量也急剧放大,单月开户数分别达到80个、192个和211个,均创下两年来的单月新高。

一家大型基金公司透露,今年1月,社保基金已向其新增了几个追求绝对收益的组合,其中股票类投资比例在20%—30%。但其并未透露具体的追加金额。社保基金此前披露的数据显示,其在2011年的各大类资产配置中,固定收益占50.66%,股票资产占32.39%,实业投资占16.31%,现金及等价物占0.64%。2011年,社保基金的投资收益率为0.84%。而基金成立以来的累计投资收益额为2 845.93亿元,年均投资收益率为8.4%。

(来源:证券时报网,http://kuaixun.stcn.com/2013/0224/10297937.shtml,2013年2月24日。)

第三节 证券市场中介

证券市场中介机构包括证券经营机构和证券服务机构。证券经营机构是指专营证券业务的金融机构,主要是指投资银行,在我国则称为证券公司;证券服务机构则是指为证券市场提供相关服务业务的法人机构,在我国主要包括投资咨询机构、财务顾问机构、资信评级机构、资产评估机构、会计师事务所、律师事务所等从事证券服务业务的机构。此外,证券交易所作为证券市场中具有特殊身份的金融机构,一方面以中介机构的身份为证券的上市发行和集中交易提供服务,另一方面又以市场监管者的身份对证券市场进行自律性监管。因此,本书将其独立于证券经营机构和证券服务机构之外,作为一类特殊的证券市场中介。

一、证券公司

证券公司在我国是指依照《公司法》和《证券法》设立的,经国务院证券监督管理机构审查批准,经营证券业务的有限责任公司或者股份有限公司,是专营证券业务的金融机构。根据各国法律法规及传统习惯的不同,当前世界各国对证券公司的称呼不尽相同,例如,在美国和欧洲大陆称"投资银行",在英国称"商人银行",在法国称"实业银行",在日本和我国则称"证券公司"。

知识链接

国际上普遍认可和接受的"投资银行"定义

美国著名的金融投资专家罗伯特·库恩(Robert Kuhn)依照业务经营范围大小,对投资银行给出了四个层次的不同定义:

广义的投资银行是指任何经营华尔街金融业务的金融机构,业务包括证券、国际海上保险以及不动产投资等几乎全部金融活动。

较广义的投资银行是指经营全部资本市场业务的金融机构,业务包括证券承销与经纪、企业融资、兼并收购、咨询服务、资产管理、创业资本等;与第一个定义相比,不包括不动产经纪、保险和抵押业务。

较狭义的投资银行是指经营部分资本市场业务的金融机构,业务包括证券承销与经纪、企业融资、兼并收购等;与第二个定义相比,不包括创业资本、咨询服务和资产管理工具等创新业务。

狭义的投资银行是指仅限于从事一级市场证券承销和资本筹措、二级市场证券交易和经纪业务的金融机构;其业务范围仅仅包括证券承销和交易。

(来源:罗伯特·库恩,《投资银行学》,北京师范大学出版社,1996。)

按照《证券法》,我国证券公司的业务范围包括:证券经纪,证券咨询,与证券交易、证券投资活动有关的财务顾问,证券承销与保荐,证券自营,证券资产管理及其他证券业务。

1. 证券经纪业务

(1) 常规性经纪业务。常规性经纪业务是指证券公司接受客户委托,按照客户要求,代理客户买卖证券的业务。证券经纪业务是随着集中交易制度的实行而产生和发展起来的。由于在证券交易所内交易的证券种类繁多,数额巨大,而交易厅内席位有限,一般投资者不能直接进入证券交易所进行交易,只能通过特许的证券经纪商做中介来促成交易的完成。在证券经纪业务中,证券公司收取一定比例的佣金作为业务收入。近年来,证券经纪业务已派生出许多创新业务,如融资融券业务、柜台交易业务等。

(2) 融资融券业务。融资业务指证券公司向客户出借资金供其买入标的证券,并约定一定期限后卖出该证券,归还所借资金;融券业务是指证券公司向客户出借证券供其卖出,并约定一定期限后客户买入证券,归还所借证券。2006 年,中国证监会发布《证券公司融资融券试点管理办法》,2010 年年初,部分证券公司开展了融资融券业务试点。

知识链接

69 家券商开展两融业务 总收入约七成来自息费

融资融券推出已有近两年半的时间。来自中国证券金融股份有限公司的统计数据显示,截至 2012 年 8 月 15 日,已经有 69 家证券公司开展了融资融券业务,共涉及 3 281 家营业部。到目前为止,融资融券累计交易金额已经突破了 1.6 万亿元,其中,融资累计交易约为 1.4 万亿元。而截止到 2012 年 6 月底,证券公司融资融券的业务累计收入已经达到 66.6 亿元。2012 年第二季度,融资融券总收入占整个经纪业务收入的比重达到 14.8%。其中,息费收入约占融资融券总收入的七成。

(来源:《证券日报》,2012 年 8 月 24 日。)

(3) 柜台交易业务。证券公司柜台交易是指证券公司与特定交易对手方在集中交易场所之外进行的交易，或为投资者在集中交易场所之外进行交易提供服务的行为。柜台交易市场明确定位于私募市场，是证券公司发行、转让、交易私募产品的平台。柜台交易客户以机构客户为主，柜台交易业务将以协议交易为主，同时尝试开展报价交易或做市商交易机制。柜台交易市场建设初期以销售和转让证券公司理财产品、代销金融产品为主。

知识链接

海通证券首推柜台交易产品

2013年1月14日，七家获准试点柜台交易业务的券商之———海通证券率先上线柜台交易业务，发布柜台交易产品，从而正式拉开了柜台交易市场的序幕。

海通证券首批发售的是五款低风险、中低风险及中风险的产品，分别为"一海通财"14天1号、35天1号、91天1号、365天1号人民币理财产品和海通"月月财"优先级6月期1号产品。

从投资范围来看，海通证券首批五款柜台交易产品不仅可以投资货币市场、债券市场，还可以通过开展期现套利、融资融券业务、约定购回业务、资产支持受益权转让等形成专业化、风险可控的固定收益产品，根据具体产品设计的不同，每款柜台交易产品都有与其风险特征相匹配的预期收益。

2012年12月21日，中国证券业协会正式发布《证券公司柜台交易业务规范》。首批被允许开展柜台交易的券商共有七家。除了海通证券之外，还包括申银万国、国信证券、国泰君安、中信建投、广发证券、兴业证券。

（来源：《证券日报》，2013年1月17日。）

(4) 现金管理业务。证券公司现金管理业务是指证券公司向其客户提供的，针对客户闲置交易结算资金增值需求，以安全的投资和便利的方式参与、退出，份额由中国证券登记结算有限责任公司登记，资产由中国结算托管的集合资产管理计划。自2011年10月监管部门批准信达证券"现金宝"产品，2012年7月现金管理业务迎来第二批试点。2012年9月，现金管理业务转向常规化运作。现金管理业务的开启将有效盘活客户及券商的现有资产，推动券商服务水平和财富管理能力的提升，还能够为投资者提供理财的新渠道和新模式，实现投资者与券商的双赢。

(5) IB业务。证券公司IB(Introducing Broker)业务是指证券公司接受期货经纪商的委托，为期货经纪商介绍客户，并提供相关服务的业务活动。目前，在金融期货交易发达的国家和地区(美国、英国、韩国、中国台湾地区等)，IB制度已得到普遍推广，并取得了成功。中国证监会于2007年4月20日发布《证券公司为期货公司提供中间介绍业务试行办法》，允许我国证券公司为期货公司提供客户介绍业务活动，对业务范围及业务规则等做出了具体规定。

2. 证券咨询业务

(1) 投资咨询业务。投资咨询业务是指证券公司接受客户委托,按照约定,向客户提供涉及证券及相关产品的投资建议服务,为客户做出投资决策提供参考,并直接或间接获取经济利益的经营活动。投资建议服务的内容包括投资品种选择、投资组合以及理财规划建议等。根据服务对象的不同,投资咨询业务又可进一步细分为面向公众的咨询业务,面向签订了咨询服务合同的特定对象的咨询业务,以及为本公司投资管理部门、投资银行部门提供的投资咨询服务。

(2) 财务顾问业务。财务顾问业务是为客户提供中长期的财务规划,是通过对资产交易活动的合理安排和运用,达到收益最大化和风险最小化的预期目标的中介服务,具体包括:为企业申请证券发行和上市提供咨询服务;为上市公司重大投资、收购兼并、关联交易等业务提供咨询服务;为法人、自然人及其他组织收购上市公司提供咨询服务;为上市公司完善法人治理结构提供咨询服务;为上市公司再融资、资产重组、债务重组等提供咨询服务;为上市公司的债权人、债务人对上市公司进行债务重组、资产重组、股权重组等提供咨询服务等。

3. 证券承销与保荐业务

证券承销是指证券公司代理证券发行人发行证券的行为。发行人向不特定对象公开发行的证券,法律、行政法规规定应当由证券公司承销的,发行人应当同证券公司签订承销协议。证券承销业务可以采取代销或者包销方式。

2005年10月,新修订的《证券法》规定了证券承销的保荐人制度,发行人申请公开发行股票、可转换为股票的公司债券等,应当聘请具有资格的保荐机构。保荐人不仅要在企业上市过程中进行尽职调查和精心培育,以确保上市公司的整体质量,而且在企业上市后的相当长一段时间内,要督促企业遵守上市规则,强化信息披露制度,以有效维护投资者的合法权益。

证券公司履行保荐职责,应按规定注册登记为保荐机构。保荐机构负责证券发行的主承销工作,负有对发行人进行尽职调查的义务,对公开发行募集文件的真实性、准确性、完整性进行核查,向中国证监会出具保荐意见,并根据市场情况与发行人协商确定发行价格。

4. 证券自营业务

证券自营业务是指证券公司以自己的名义,以自有资金或者依法筹集的资金,为本公司买卖依法公开发行的证券,以获取盈利的行为。证券自营活动有利于活跃证券市场,维护交易的连续性。但是,由于证券公司在交易成本、资金实力、获取信息以及交易的便利条件等方面都比投资大众占有优势,因此,在自营活动中要防止操纵市场和内幕交易等不正当行为,对此许多国家都对证券经营机构的自营业务制定了严格的法律法规。

5. 证券资产管理业务

证券资产管理业务是指证券公司作为资产管理人,根据有关法律、法规和与投资者签订的资产管理合同,按照资产管理合同约定的方式、条件、要求和限制,为投资者提供证券及其他金融产品的投资管理服务,以实现资产收益最大化的行为。证券公司从事资产管理业务,应当获得证券监管部门批准的业务资格,并符合其他相关条件。

二、证券交易所与证券登记结算机构

(一)证券交易所

根据中国证监会于2001年修订并发布施行的《证券交易所管理办法》规定,证券交易所是指依该办法规定条件设立的,不以营利为目的,为证券的集中和有组织的交易提供场所、设施,履行国家有关法律、法规、规章、政策规定的职责,实行自律性管理的法人。在我国境内设立或解散证券交易所,应当由中国证监会审核,报国务院批准。

我国《证券交易所管理办法》规定,证券交易所的职能包括:① 提供证券交易的场所和设施;② 制定证券交易所的业务规则,具体包括上市规则、交易规则、会员管理规则及其他与证券交易活动有关的规则;③ 接受上市申请,安排证券上市;④ 组织、监督证券交易;⑤ 对会员进行监管;⑥ 对上市公司进行监管;⑦ 设立证券登记结算机构;⑧ 管理和公布市场信息;⑨ 中国证监会许可的其他职能。

根据《证券交易所管理办法》第十二条的规定,在我国境内依法设立的证券交易所不得直接或者间接从事下列业务:① 以营利为目的的业务;② 新闻出版业;③ 发布对证券价格进行预测的文字和资料;④ 为他人提供担保;⑤ 未经中国证监会批准的其他业务。

(二)证券登记结算机构

根据中国证监会2009年12月21日发布施行的新修订的《证券登记结算管理办法》规定,证券登记结算机构是为证券交易活动提供集中登记、存管与结算服务,不以营利为目的的法人。该办法还规定:证券登记结算机构的设立和解散,必须经中国证监会批准。在我国,证券登记结算业务采取全国集中统一的运营方式,由中国证券登记结算有限公司集中统一承接。中国证券登记结算有限公司的股东分别是上海证券交易所和深圳证券交易所,两所各持有公司50%的股份。

证券登记结算机构为证券市场提供的业务服务主要包括:① 证券账户、结算账户的设立和管理;② 证券的存管和过户;③ 证券持有人名册登记及权益登记;④ 证券和资金的清算交收及相关管理;⑤ 受发行人的委托派发证券权益;⑥ 依法提供与证券登记结算业务有关的查询、信息、咨询和培训服务;⑦ 中国证监会批准的其他业务,如为证券持有人代理股票服务等。

三、证券服务机构

证券服务机构是指依法设立的,从事证券服务业务的法人机构,主要包括证券投资咨询公司、资信评级机构、财务顾问机构、资产评估机构、会计师事务所、律师事务所等。根据我国有关法规规定,证券服务机构的设立需要按照工商管理法规的要求办理注册,从事证券服务业必须得到中国证监会和有关主管部门批准。例如,在证券发行、上市或者证券交易活动过程中,需要有会计师事务所、综合类资产评估机构和专项资产评估机构以及律师事务所,为其出具审计报告、资产评估报告或者法律意见书等文件。

> **知识链接**
>
> **沪市上市公司 2011 年报非标准无保留审计意见分析**
>
> 沪市上市公司 2011 年度财务报告非标准无保留审计意见(以下称非标意见)59 家,占全部 938 家公司的比例为 6.29%,非标意见数量与比例均为历史最低;但分析表明,非标意见仍存在一些问题:一是部分会计师对非标意见是否属于明显违反会计准则的情形未做明确表述;二是非标意见的适当性问题,包括会计师应该做出判断而未予适当判断、类似事项在不同公司被出具的非标意见类型存在较大差异、同一公司基本情况未根本改变但不同年度非标意见类型差异较大等问题。
>
> (来源:网易财经,http://money.163.com/12/0802/02/87SAKAMB00253BOH.html,2012 年 8 月 2 日。)

第四节 证券市场监管

证券市场监管是指证券管理机关运用法律的、经济的以及必要的行政手段,对证券的募集、发行、交易等行为以及证券投资中介机构的行为进行监督与管理。它是一国宏观经济监督体系中不可缺少的组成部分,对保障投资者权益、维护证券市场秩序、提高证券市场效率、促进证券市场健康发展具有重要意义。在我国,证券市场监管的主体是中国证券监督管理委员会,简称中国证监会。

一、监管原则和手段

(一)监管的原则

证券市场监管必须遵循依法管理原则、保护投资者利益原则、"三公"原则和监督与自律相结合的原则。

1. 依法管理原则

这一原则是指证券市场监管部门必须加强法制建设,明确划分有关方面的权利与义务,保护市场参与者的合法权益,即证券市场管理必须有充分的法律依据和法律保障。

2. 保护投资者利益原则

由于投资者是拿出自己的收入来购买证券,且大多数投资者缺乏证券投资的专业知识和技巧,因此,只有在证券市场管理中采取相应措施,使投资者得到公平的对待,维护其合法权益,才能更有力地促使人们增加投资。

3. "三公"原则

"三公"即公开、公平、公正。① 公开原则。这一原则就是要求证券市场具有充分的透明度,要实现市场信息的公开化。② 公平原则。这一原则要求证券市场不存在歧视,参与市场的主体具有完全平等的权利。③ 公正原则。这一原则要求证券监管部门在公开、公平原则的基础上,对一切被监管对象给予公正待遇。

4. 监督与自律相结合的原则

这一原则是指在加强政府、证券主管机构对证券市场监管的同时,也要加强从业者的自我约束、自我教育和自我管理。国家对证券市场的监管是管好证券市场的保证,而证券从业者的自我管理是管好证券市场的基础。国家监督与自我管理相结合的原则是世界各国共同奉行的原则。

(二)监管的手段

1. 法律手段

这一手段是通过建立完善的证券法律、法规体系和严格执法来实现,是证券市场监管部门的主要手段,具有较强的威慑力和约束力。

2. 经济手段

这一手段是指通过运用利率政策、公开市场业务、信贷政策、税收政策等经济手段,对证券市场进行干预。这种手段相对比较灵活,但调节过程可能较慢,存在时滞。

3. 行政手段

这一手段是指通过制订计划、政策等对证券市场进行行政性的干预。这种手段比较直接,但运用不当可能会违背市场规律,无法发挥作用甚至遭到惩罚。一般多在证券市场发展初期、法制尚不健全、市场机制尚未理顺或遇突发性事件时使用。

在采取上述三方面手段的同时,还要辅之以自律管理,从而对证券市场进行全面的监管。

二、监管模式

由于各国的政治体制、经济体制、证券市场发育程度和历史传统习惯不同,随着证券市场监管实践的发展,各国证券市场监管体制形成了不同的制度模式,大体上可以分为三种类型:集中型、自律型和中间型。

(一)集中型

集中型证券市场监管体制模式也称集中立法型监管体制模式,是指政府通过制定专门的证券法规,并设立全国性的证券监督管理机构来统一管理全国证券市场的一种体制模式。在这种模式下,政府积极参与证券市场管理,并且在证券市场监管中占主导地位,而各种自律性的组织,如证券业协会等则起协助政府监管的作用。美国是集中型监管体制模式的代表。

集中型监管体制模式主要有两个特点:① 具有一整套相互配合的全国性的证券市场监管法规;② 设立全国性的监管机构负责监督、管理证券市场,这类机构由于政府充分授权,通常具有足够的权威维护证券市场的正常运行。

(二)自律型

自律型监管体制模式是指政府除了一些必要的国家立法之外,很少干预证券市场,对证券市场的监管主要由证券交易所、证券业协会等自律性组织进行,强调证券从业者自我约束、自我管理的作用,一般不设专门的证券监管机构。在很长的一段时间内,英国是自律型监管体制模式的典型代表。

自律型监管体制模式具有以下特点:① 没有制定单一的证券市场法规,而是依靠一些相关的法规来管理证券市场行为;②一般不设立全国性的证券监管机构,而以市场参与者的自我约束为主。

（三）中间型

中间型监管体制模式是指既强调集中立法管理又强调自律管理,是集中型监管体制模式和自律型监管体制模式相互结合、相互渗透的产物。中间型监管体制模式又称为分级管理型监管体制模式,它包括二级监管和三级监管两种子模式。二级监管是中央政府和自律型机构相结合的监管模式,三级监管是中央、地方两级政府和自律机构相结合的监管模式。最早实行中间型监管体制的国家有德国、泰国等。

目前我国证券市场实行的是由《证券法》所确立的集中统一的监管体系,即在全国统一的证券市场监管法律体系下,以政府监管为主导,集中监管和市场自律相结合的市场监管框架。

三、监管体制

（一）法律法规体系

1. 证券市场法律

我国现行的证券市场法律主要包括《证券法》《证券投资基金法》《公司法》以及《刑法》等。此外,《物权法》《反洗钱法》《企业破产法》等法律也对资本市场的监管起着重要作用。

2. 证券市场行政法规

截至2011年年底,我国现行的证券行政法规共有86件。其中,由国务院在2008年4月23日同时公布的《证券公司监督管理条例》和《证券公司风险处置条例》成为我国证券市场监管行政法规体系的两部典型法规。

3. 部门规章及规范性文件

部门规章及规范性文件由中国证监会根据法律和国务院行政法规制定,其法律效力仅次于法律和行政法规,是证券市场监管法规体系的重要组成部分。其典型代表为《证券发行与承销管理办法》《首次公开发行股票并上市管理办法》《首次公开发行股票并在创业板上市管理暂行办法》及《上市公司证券发行管理办法》等。

4. 自律性规则

在我国,证券市场的自律性规则主要包括证券交易所对证券交易活动、会员、上市公司的自律管理规则;中国证券业协会对会员单位、从业人员、代办股份转让系统的自律管理规则;证券登记结算机构对结算制度的自律管理规则;证券从业人员执业行为准则等。

（二）监管主体

1. 中国证监会

中国证监会是国务院直属机构,是全国证券、期货市场的主管部门,按照国务院授权履行行政管理职能,依照相关法律和法规对全国证券、期货市场实行集中统一监管,维护证券市场秩序,保障其合法运行。中国证监会在上海、深圳等地设立9个稽查局,在各省、自治区、直辖市、计划单列市共设立36个证监局。按照有关法律法规的规定对辖区上市公司、证券公司等中介机构进行监管。

《证券法》第一百七十九条规定:国务院证券监督管理机构在对证券市场实施监督管理

时履行下列职责：① 依法制定有关证券市场监督管理的规章、规则，并依法行使审批或者核准权；② 依法对证券的发行、上市、交易、登记、存管、结算进行监督管理；③ 依法对证券发行人、上市公司、证券公司、证券投资基金管理公司、证券服务机构、证券交易所、证券登记结算机构的证券业务活动进行监督管理；④ 依法制定从事证券业务人员的资格标准和行为准则，并监督实施；⑤ 依法监督检查证券发行、上市和交易的信息公开情况；⑥ 依法对证券业协会的活动进行指导和监督；⑦ 依法对违反证券市场监督管理法律、行政法规的行为进行查处；⑧ 法律、行政法规规定的其他职责。

国务院证券监督管理机构可以和其他国家或者地区的证券监督管理机构建立监督管理合作机制，实施跨境监督管理。

2. 证券交易所

根据《证券交易所管理办法》，证券交易所的监管职能包括对证券交易活动进行管理、对会员进行管理以及对上市公司进行管理。修订后的《证券法》除保留证券交易所的一般职能之外，还授予证券交易所以下监管权力：① 根据需要对出现重大异常交易情况的证券账户限制交易，并报国务院证券监督管理机构备案；② 对证券（包括股票和公司债券）的上市交易申请行使审核权；③ 上市公司出现法定情形时，就暂停或终止其股票上市交易行使决定权；④ 公司债券上市交易后，公司出现法定情形时，就暂停或终止其公司债券上市交易行使决定权。当事人对证券交易所做出的不予上市、暂停上市、终止上市决定不服的，《证券法》第六十二条规定当事人"可以向证券交易所设立的复核机构申请复核"。

3. 中国证券业协会

中国证券业协会是依法注册的具有独立法人地位的、由经营证券业务的金融机构自愿组成的行业性自律组织。它的设立是为了加强证券业之间的联系、协调、合作和自我控制，以利于证券市场的健康发展。

中国证券业协会的自律管理体现在保护行业共同利益、促进行业共同发展方面，具体表现为对会员单位的自律管理、对从业人员的自律管理以及对代办股份转让系统的自律管理三方面；其中，对从业人员的自律管理包括从业人员资格管理和从业人员诚信信息管理。

本章提要

1. 证券市场是股票、债券、证券投资基金等有价证券发行和交易的场所，其基本功能包括筹资—投资功能、定价功能以及资本配置功能。

2. 证券发行市场又被称为"一级市场"或"初级市场"，是发行人以发行证券的方式筹集资金的场所。证券发行的最终目的是将证券推销给投资者，并获取所需资金。

3. 证券交易市场也称"流通市场""二级市场"或"次级市场"，是指对已经发行的证券进行买卖、转让和流通的市场。根据市场组织形式的不同，证券交易市场可分为有形市场和无形市场，也即证券交易所市场和场外市场。

4. 证券市场参与者包括个人投资者、企业（公司）和事业法人、政府和政府机构、金融机构以及基金管理公司等。

5. 证券市场中介包括证券经营机构和证券服务机构，证券经营机构主要是指投资银行，在我国则称为证券公司；证券服务机构主要包括投资咨询机构、财务顾问机构、资信评级机构、资产评估机构、会计师事务所、律师事务所等从事证券服务业务的机构;证券交易所由于自身的特殊性,既是证券经营机构,又是证券服务机构。

6. 我国证券市场的法律、法规共分为四个层次:法律、行政法规、部门规章及规范性文件、自律性规则。证券市场初步形成了以《证券法》《公司法》为核心的法律法规体系。

7. 我国证券市场经过近二十年的发展,逐步形成了以国务院证券监督管理机构及其派出机构等相关行政监管部门为主导,沪深交易所及其下设登记结算机构和中国证券业协会等自律性组织为辅的监管主体架构。

课后习题

1. 简述证券市场的基本特征和基本功能。
2. 简述不同标准下证券市场的分类。
3. 简述证券发行注册制、发行核准制的含义及两者的差别。
4. 证券市场主体包括哪些?
5. 证券市场中介主要有哪几类?
6. 简述证券市场监管模式的类型。

第三章

证券投资流程和规则

知识与技能目标

本章的主要目标是向读者介绍证券投资流程及相关规则，重点介绍股票、债券、基金及股指期货的投资，另外还会涉及可转换债券及权证的投资。学完本章后，读者将能够：

熟悉和掌握证券市场各类投资的流程与相关制度，为进行证券投资做好实务操作上的准备。

案例导入

内幕交易引发深思

2006年7月，黄某以旗下的鹏泰投资入股北京中关村科技发展（控股）股份有限公司（以下简称"中关村"），持有29.58%的股份。收购完成之后，又进行了一系列债务重组和资产重组，中关村股票出现大幅波动。2007年4月27日至6月27日间，黄某作为中关村实际控制人、董事，在中关村与鹏泰投资进行资产置换的过程中，决定并指令他人使用其实际控制的龙某等6人的股票账户，累计买入中关村股票976万余股，成交额9 310万余元。至6月28日公告上述事宜时，6个股票账户的账面收益额为384万余元。2007年8月13日至9月28日间，在中关村收购鹏润地产全部股权的过程中，黄某决定并指令他人使用其实际控制的曹某等79人的股票账户，累计买入中关村股票1.04亿余股，成交额13.22亿余元。至2008年5月7日公告日时，79个股票账户的账面收益额为人民币3.06亿余元。

2008年10月，中国证监会将该案移送公安部，11月，北京市公安局立案侦查。2010年5月，北京市第二中级人民法院一审宣判：黄某因内幕交易罪获刑9年，并处罚金6亿元，与非法经营罪和单位行贿罪合并执行有期徒刑14年，并处罚金6亿元，没收个人部分财产

2亿元。2010年8月,北京市高级人民法院对该案维持一审判决。

本案中,黄某参与上市公司重组,是内幕知情人,法律规定,投资者不得利用内幕信息进行交易。但黄某却在重组信息向社会公开前,先后两次利用内幕信息从事证券交易,严重违反了证券交易的法律法规,构成了《刑法》规定的内幕交易罪,理应受到法律的严厉制裁。

(来源:节选改编自人民网,http://finance.people.com.cn/fund/GB/201436/18169246.html,2012年6月13日。)

编者按:证券交易理应是公开、公平、公正的过程,但市场上违规违纪现象依然屡禁不止。本案的内幕交易就是其中之一。因此,投资者在进入市场之前,有必要了解清楚市场的投资规则和流程,努力成为一名合格的投资者。

第一节 股票投资流程与规则

一、投资流程

股票投资流程是指投资者应该采取怎样的步骤去实现股票买卖。由于目前我国股票交易绝大部分是通过交易所完成的,因此下面主要介绍股票在证券交易所内的投资流程,包括开户、委托、成交、结算、过户五个环节。

(一)开户

1. 开立证券账户

证券账户是用来记载投资者持有的证券种类、数量及相应变动情况的账户。开立证券账户是股票投资者进行股票交易的先决条件,拥有证券账户就相当于拥有了入市的资格。按照法律规定,股票投资者应该携带有效证件及资料,向中国证券登记结算有限公司委托的分布在全国各地的开户代理机构(一般是证券营业部)申请开立证券账户,代理机构受理申请并进行审核,审核通过则将开户申请上传给中国证券登记结算有限公司上海分公司和深圳分公司,两公司再进行审核并对合规的申请配号,开户代理机构对配好号的申请使用中国证券登记结算有限公司上海分公司和深圳分公司统一制定的证券账户纸卡,打印出证券账户卡交给投资者。目前,上海证券账户当日开立,次一交易日生效。深圳证券账户当日开立,当日生效。

证券账户按照投资者身份不同分为个人账户和法人账户;按照账户用途分为人民币普通股票账户(简称"A股账户")和人民币特种股票账户(简称"B股账户")。A股账户开立仅限于国家法律法规和行政规章允许买卖A股的境内投资者和合格境外机构投资者,不仅可以用于买卖A股,也可以买卖债券、上市基金;B股账户是专门为投资者买卖B股而设置的,境内和境外投资者均可申请开立。

2. 开立资金账户

资金账户是用来记载投资者买卖证券时资金的变动情况及余额的专门账户。投资者要想进行股票交易,没有资金是不行的,因此需要开立资金账户,向资金账户中存入交易所需的资金,这才具备了股票买卖的条件。目前,资金账户是直接在指定银行开立,开立资金账户时,投资者应携带资金、本人身份证和证券账户卡,填写开户申请表,设置交易密码和资金存取密码。若是由他人代理开户,代理人除了提供资金、本人身份证和证券账户卡外,还应提供委托人的身份证及其签署的授权委托书。

开立证券账户和资金账户是股票交易前必不可少的两个环节,缺少任何一个就无法进行股票的买卖。

(二) 委托

委托即委托买卖,是指证券经纪商接受证券投资者下达的买入或卖出证券的指令,代理投资者买卖证券的行为。投资者在开立证券账户和资金账户后,就可以在证券营业部办理委托。其整个过程可以概括为:证券经纪商接受投资者的委托指令后,对投资者身份的合法性和真实性进行审查;审查合格后,经纪商通过其在场内席位将委托指令传给证券交易所的交易系统,由交易系统自动进行配对并撮合成交。

1. 委托形式

(1) 柜台委托。柜台委托是指委托人亲自或者由其代理人到证券营业部柜台,根据委托程序和必需的证件,采用书面方式表达委托意向,由本人填写书面买卖委托单并签章的形式。采用柜台委托,证券经纪商和投资者需要面对面办理委托手续,加强了委托买卖双方的信任和了解,比较稳妥可靠。

(2) 非柜台委托。非柜台委托主要有电话委托、自助委托和网上委托几种形式。

电话委托是指投资者通过电话方式表达委托意向,以完成买卖委托和有关信息查询的委托方式。电话委托又分为人工电话委托和电话自动委托。人工电话委托是投资者将委托要求通过电话报给经纪商,经纪商将委托内容输入证券交易所交易系统。电话自动委托是指把电脑交易系统和普通电话连接起来,构成一个电话自动委托交易系统,投资者通过普通电话,按照系统给出的语音提示,通过电话键输入委托内容。

自助委托是指自助终端委托,即投资者通过证券营业部设置的专用委托电脑终端,凭借交易磁卡和密码进入电脑交易系统委托状态,自行输入委托内容实现买卖委托。自助委托不通过经纪商输入委托内容,因而非常方便高效,但也可能会因为投资者的操作失误或者系统故障造成损失与纠纷。

网上委托是指经纪商通过互联网或者移动通信网络,提供网上证券交易系统,投资者凭借交易密码进入经纪商电脑交易系统委托状态,自行输入委托内容实现买卖委托。随着互联网的普及,网上委托正逐步成为投资者最常使用的委托方式。经纪商一般也希望投资者采用这种委托方式,以便压缩营业场地,节约成本。

> 知识链接

网上委托的一般界面举例

2. 委托指令的基本要素

无论是填写委托单还是采用自助委托方式，其委托指令都要包括以下几个要素：

（1）日期及具体时点。具体时点要精确到分钟，这是执行时间优先原则的依据。

（2）品种。指的是证券的种类名称。股票的名称有全称、简称及代码三种形式。例如，上海浦东发展银行股份有限公司，简称为浦发银行，代码为 600000。

（3）买卖方向。指的是买入证券还是卖出证券。

（4）数量。有整数委托和零数委托之分。整数委托是指投资者委托买卖证券的数量为1个交易单位或交易单位的整数倍，1个交易单位俗称1手（100股）；零数委托是指投资者委托买卖证券的数量不足1个交易单位。目前，零数委托只适用于卖出证券。

（5）价格。这是指委托买卖的证券的价格。

（6）有效期。这是指委托指令的有效期间，在有效期内，若委托指令未能成交或未能全部成交，则经纪商继续执行委托；若有效期满，则委托指令自动失效。有效期一般有当日有效和约定日有效两种，若没有注明有效期限的则视为当日有效。我国现行规定的有效期为当日有效。

（7）投资者签名。投资者签名以示对下达的委托指令负责，若预留印鉴则需盖章。

（8）其他内容。其他内容涉及股票投资者的身份证号码、证券账户号码及资金账户号码等。

3. 委托受理

当投资者下达委托指令后,经纪商不能马上执行,需要对委托人身份及委托内容进行审核,审核通过后,才能接受委托。

(1) 验证与审单。验证主要是对投资者委托时递交的证件进行核实,看是否与投资者身份一致。非投资者本人委托的,还要检查代理人的身份证及有效代理委托证件。审单主要是检查委托单的填写是否合法与一致,特别要注意委托单上下联是否一致。这些审查是为了维护交易的合法性,提高成交的准确率,减少纠纷。若采用自助委托方式,委托单即为投资者输入电脑交易系统的委托内容,此时,电脑系统会自动审查并验证身份。

(2) 查验资金及证券。投资者如果想买入股票,经纪商要验证投资者是否有足够的资金可以购买股票;投资者如果想卖出股票,经纪商则要验证投资者是否有充足的股票可以卖出。

4. 委托执行

委托受理后,经纪商将投资者委托指令的内容传送到证券交易所撮合的过程称为"委托执行",又称为"申报"或"报盘"。通过电脑交易系统将委托指令传送给证券交易所进行股票买卖的申报,称为电脑报价。同时,还有口头报价和书面报价两种报价方式。前者是场内交易员在接到委托指令后,在规定的区域口头喊出买入或卖出的价格,并辅以手势直至成交;后者则是以书面形式向证券交易所申报,再按照规定的竞价交易原则撮合成交。目前,我国交易所均采用电脑报价。

5. 委托撤销

在委托未成交之前,委托人有权变更或撤销委托。但证券营业部申报竞价成交后,买卖就成立了,此时成交部分不能撤销。

委托撤销的程序为:当采用有形席位申报时,证券营业部业务人员应立刻通知场内交易员进行撤单,撤单成功后通知委托人。当采用无形席位申报时,证券营业部业务人员或投资者可直接通过电脑终端系统告知证券交易所主机进行撤单。对投资者撤销的委托,营业部须及时将冻结的资金或股票解冻。

(三) 成交

股票投资的中心环节为成交,成交表现为竞价成交。证券交易所在接受申报后,要根据成交规则将委托订单进行撮合配对。符合成交条件的予以成交,不符合成交条件的要继续等待成交,超过委托有效期的订单则失效。一笔委托的成交结果有三种可能:成交、部分成交与不成交。

投资者在委托买卖成交后,需要支付交易佣金、过户费和印花税。① 交易佣金。交易佣金是经纪商为客户代理买卖证券(包括 A 股、B 股、基金、债券等)收取的服务费用。A 股、B 股的交易佣金实行最高上限向下浮动制度,既不能高于交易成交价的 3‰,也不能低于代收的证券交易监管费和证券交易所手续费等。A 股每笔交易佣金不足 5 元的,投资者按 5 元支付;B 股每笔交易佣金不足 1 美元或 5 港元的,按 1 美元或 5 港元支付。② 过户费。过户费是股票、基金成交后,买卖双方为变更证券登记所支付的费用。以沪市 A 股为例,收取标准为成交额的 0.75‰,详细收费标准可参看沪深交易所网站公告。③ 印花税。印花税是股票成交后对买卖双方征收的税金。自 2008 年 9 月 19 日起,仅卖出方按 1‰的税率缴纳,买入方不需缴纳印花税。

（四）结算

股票交易成交后,就要对证券账户和资金账户进行结算,结算包括两个方面:一个是清算,另一个是交收。清算是指在每一营业日结束之后对每个结算参与人股票和资金的应收、应付数量或金额进行计算的处理过程。交收是指根据清算结果,买方支付一定的资金获得相应的股票,卖方支付一定的股票获得相应的资金。

证券公司和投资者之间的股票清算交收,由中国证券登记结算有限公司根据成交记录按照业务规则代为办理。中国证券登记结算有限公司负责每天将交收结果等数据传达给证券公司,证券公司根据该数据记录投资者清算交收结果。对于证券公司和投资者之间的资金清算交收,则采取"投资者交易结算资金第三方存管"制度,在该制度下,需要由证券公司与指定商业银行(即交易结算资金的存管银行)配合完成。

不同种类的证券交收时间也不同,在我国,A股、基金、债券均采用$T+1$滚动交收,是指证券买卖在T日成交,交收则在成交日次一日($T+1$日)完成,最终交收时点为$T+1$日16:00。B股采用$T+3$滚动交收,是指股票买卖在T日成交,交收则在成交日之后的第3个交易日($T+3$日)完成。

（五）过户

过户主要是股权过户,是指股权在投资者之间转移并登记变更手续。这一环节只存在于记名股票,无记名股票不需要过户。我国目前实行无纸交易,股票成交后,证券公司通过电脑给交易双方增加或减少股票数量,并把有关所有权转移事项记入证券发行公司账簿中,从而使买方成为公司股东,享有股东权利,实现股权的转移。

股权过户分为交易性过户、非交易性过户和账户挂失转户三种:

（1）交易性过户。指由于发生股票交易从而使股权从出让人转移到受让人。

（2）非交易性过户。指不是通过股票交易而是因为继承、赠与、财产分割或法院判决等原因而发生股权转移,受让人需要凭借法院、公证处等机关出具的文书办理非交易性过户,同时,要根据当天该股票收盘价缴纳法律规定的印花税。

（3）账户挂失转户。因为实行无纸交易,所以账户一旦遗失,不存在财产转移问题,即可办理挂失手续。在约定的转户日,中国证券登记结算有限公司会主动办理转户手续。

登记股权变更时,买卖双方还需要缴纳过户费。具体费用详见沪深证券交易所网站。

二、投资规则

进行股票投资,必须遵循一定的交易规则,这样才能保证股票交易市场的稳定与安全。下面介绍一些沪深交易所的股票投资规则。

（一）申报规则

1. 申报数量

上海证券交易所和深圳证券交易所规定,买入股票时,申报数量应为100股(1手)或其整数倍;卖出股票时,申报数量余额不足100股的部分应一次性申报卖出。股票单笔申报最大数量应不超过100万股。

2. 申报价格

（1）报价类型:分为市价委托和限价委托两种形式。

市价委托是指投资者要求经纪商在执行委托指令时要按照交易所即时市场价格买卖证券。经纪商可以立即以市场最低报价卖出和按市场最高要价买入,使得交易立即成交。市价委托的优点是:可以保证证券交易迅速成交,不会产生因价格限制带来不能成交的风险,成交率高。缺点是:只有在委托执行后才能知道实际的执行价格。

限价委托是指投资者要求经纪商在执行委托指令时要按照限定的价格或比限定价格更为有利的价格买卖证券。经纪商必须以限价或低于限价买入证券,以限价或高于限价卖出证券。限价委托的优点是:证券的买卖可以按照投资者希望的价格成交。缺点是:成交速度慢,增加了不能成交的可能性。

(2)计价单位。股票交易的计价单位是每股价格。上海证券交易所规定,A 股申报价格最小变动单位为 0.01 元人民币,B 股申报价格最小变动单位为 0.001 美元;深圳证券交易所规定,A 股申报价格最小变动单位为 0.01 元人民币,B 股申报价格最小变动单位为 0.01 港元。

3. 申报时间

上海证券交易所和深圳证券交易所都规定,交易日为每周一至周五。国家法定节假日及证券交易所公告的休市日,证券交易所休市不进行交易。因此,一年一般有 251 个交易日。

上海证券交易所规定:申报时间为每个交易日 9:15—9:25、9:30—11:30、13:00—15:00;其中,9:15—9:25 为开盘集合竞价阶段,9:20—9:25 交易所主机不接受撤单申报;其他时间为连续竞价阶段,未成交申报可以撤销。

深圳证券交易所规定:申报时间为每个交易日 9:15—9:25、9:30—11:30、13:00—15:00;其中,9:15—9:25 为开盘集合竞价阶段,14:57—15:00 为收盘集合竞价阶段,交易所主机不接受撤单申报;9:30—11:30、13:00—14:57 为连续竞价阶段,未成交申报可以撤销。

(二)竞价成交规则

1. 竞价原则

证券交易所内的股票交易按照"价格优先、时间优先"的原则竞价成交。"价格优先"是指价格较高的买入申报优先于价格较低的买入申报,价格较低的卖出申报优先于价格较高的卖出申报。"时间优先"是指同买卖方向、同价位的申报,先申报者优先于后申报者。时间先后顺序由交易所交易主机接受申报的时间确定。

实战分析

确定投资者交易顺序

现有甲、乙、丙、丁四名投资者,均申报要买入 A 股票,申报价格与申报时间分别为:甲的买入价为 5.70 元,时间为 14:25;乙的买入价为 5.70 元,时间为 14:20;丙的买入价为 5.78 元,时间为 14:20;丁的买入价为 5.44 元,时间为 14:22。

根据价格优先原则可以判断,丙最先交易,丁最后交易;根据时间优先原则可以判断,乙先于甲交易;所以,最后的交易顺序为:丙、乙、甲、丁。

2. 竞价方式

沪深证券交易所目前采用两种竞价方式：集合竞价和连续竞价。

（1）集合竞价。集合竞价是指由投资者按照自己所能接受的心理价格自由地进行买卖申报，电脑交易主机系统对全部有效委托进行一次性集中撮合处理，最后得出唯一成交价格的过程。集合竞价时，成交价格的确定原则包括以下三点：可实现最大成交量的价格；高于该价格的买入申报与低于该价格的卖出申报全部成交的价格；与该价格相同的买方或卖方至少有一方全部成交的价格。

若有两个以上申报价格符合上述条件，上海证券交易所规定，使未成交量最小的申报价格为成交价格；若仍有两个以上使未成交量最小的申报价格符合上述条件，以中间价为成交价格。深圳证券交易所规定，取在该价格以上的买入申报累计数量与在该价格以下的卖出申报累计数量之差最小的价格为成交价；买卖申报累计数量之差仍存在相等情况的，开盘集合竞价时取最接近即时行情显示的前收盘价为成交价，盘中、收盘集合竞价时取最接近最近成交价的价格为成交价。

目前，沪深证券交易所均以集合竞价方式产生开盘价，即当日第一笔成交价（不能产生开盘价的则以连续竞价方式产生）。而在收盘价方面，两个交易所的规定有所不同：上海证券交易所规定的收盘价为当日最后一笔交易前1分钟所有交易（包括最后一笔交易）的成交量加权平均价，当日无成交的，以前一日收盘价为当日收盘价。深圳证券交易所规定的收盘价是通过集合竞价方式产生的。集合竞价不能产生收盘价的，则以当日该证券最后一笔交易前1分钟所有交易（包括最后一笔交易）的成交量加权平均价为收盘价。

实战分析

确定开盘价

某股票上日收盘价为10.13元，其当日在集合竞价时买卖股票申报价格和数量情况、各价位累计买卖数量见表3-1和表3-2。问：该股票在上海证券交易所和深圳证券交易所当日开盘价分别为多少？

表3-1 某股票某日在集合竞价时买卖申报价格及数量

买入数量（手）	价格（元）	卖出数量（手）
—	10.50	100
—	10.40	200
150	10.30	600
150	10.20	200
200	10.10	200
300	10.00	100
500	9.90	—
600	9.80	—
300	9.70	—

表 3-2　各价位累计买卖数量

累计买入数量(手)	价格(元)	累计卖出数量(手)
0	10.50	1 400
0	10.40	1 300
150	10.30	1 100
300	10.20	500
500	10.10	300
800	10.00	100
1 300	9.90	0
1 900	9.80	0
2 200	9.70	0

由表 3-1 和表 3-2 可见,符合集合竞价确定成交价原则的价格有两个:10.20 元和 10.10 元。上海证券交易所开盘价为这两个价格的中间价 10.15 元,深圳证券交易所开盘价取离上日收盘价(10.13 元)最近的价位 10.10 元。

(2)连续竞价。连续竞价是指电脑交易主机对买卖申报逐笔连续撮合的处理过程。集合竞价结束后,就进入连续竞价,即当天的交易开始。根据我国证券交易所的规定,连续竞价时,成交价格的确定原则也包括三点:最高买入申报价格与最低卖出申报价格相同时,以该价格为成交价格;买入申报价格高于市场即时最低卖出申报价格时,以市场即时最低卖出申报价格为成交价格;卖出申报价格低于市场即时最高买入申报价格时,则以市场即时最高买入申报价格为成交价格。

3. 竞价范围

竞价范围是竞价申报时的有效申报价格范围,它与涨跌幅价格相挂钩。

(1)有涨跌幅限制的股票,在价格涨跌幅限制内的申报为有效申报,超过涨跌幅限制的为无效申报。目前,沪深证券交易所实行价格涨跌幅限制。现行制度规定,股票涨跌幅比例为 10%,其中,ST 股票和 *ST 股票涨跌幅比例为 5%。

一般来说,涨跌幅价格计算公式为(计算结果四舍五入至价格最小变动单位):

$$涨跌幅价格 = 前收盘价 \times (1 \pm 涨跌幅比例)$$

此外,深圳证券交易所还规定,中小企业板股票在连续竞价期间的有效竞价范围为最近成交价的上下 3%;开盘集合竞价期间没有成交的,连续竞价开始时有效竞价范围为前收盘价的上下 3%。投资者买卖有价格涨跌幅限制的中小企业板股票时,投资者连续竞价申报价格超过有效竞价范围,其申报不能即时参加竞价,而是暂存在交易主机中,当成交价格波动使其进入有效竞价范围时,交易主机自动取出申报,参与竞价。没有特殊规定的,有效竞价范围与涨跌幅限制范围一致。

(2)无涨跌幅限制的股票。上海证券交易所规定首次公开发行上市的股票、增发上市的股票、暂停上市后恢复上市的股票首个交易日无价格涨跌幅限制。在集合竞价期间,股票交易申报价格应不高于前收盘价的 900%,且不低于前收盘价的 50%。在连续竞价期间,要符合下列三条规定:第一,申报价格不高于市场即时最低卖出价格的 110% 且不低于市场即时最高买入价格的90%;同时不高于上述最高申报价与最低申报价平均数的130%且不低于该平均数的70%。第二,无市场即时买入申报价格的,市场即时最低卖出价格、最新成交价格中较低者视为前项最高买入价格。第三,无市场即时卖出申报价格的,市场即时最高买入价格、最新成交价格中较高者视为前项最低卖出价格。当日无交易的,前收盘价视为最新成交价。

深圳证券交易所规定首次公开发行上市的股票、暂停上市后恢复上市的股票无价格涨跌幅限制。股票上市首日开盘集合竞价的有效竞价范围为发行价的900%以内,连续竞价、盘中临时停复牌集合竞价、收盘集合竞价的有效竞价范围为最近成交价的上下10%。同样,投资者连续竞价申报价格超过有效竞价范围,其申报不能即时参加竞价,而是暂存在交易主机中,当成交价格波动使其进入有效竞价范围时,交易主机自动取出申报,参与竞价。

（三）结算规则

证券交易结算时需要遵循一定的原则,我国证券结算原则主要有四项,适用于包括股票在内的各种交易证券。

1. 净额清算原则

净额清算又叫差额清算,是指在一个清算期中,对每个结算参与人价款和证券的清算只计应收、应付相抵后的净额。净额清算又分为双边净额清算和多边净额清算。双边净额清算指将结算参与人相对另一个交收对手方的证券和资金的应收、应付额加以轧抵,得出证券和资金应收、应付的净额。多边净额清算是指将结算参与人所有达成交易的应收、应付证券或资金轧差,计算出应收、应付的证券或资金的净额。目前,交易所多采取多边净额清算方式,以简化操作手续,减少资金的占用。

2. 共同对手方制度

为了配合多边净额清算,引入了共同对手方制度。共同对手方是指同时作为所有买方和卖方的交收对手,一般由结算机构充当。中国证券登记结算有限公司承担了共同对手方。如果买卖中一方不能按约定条件履约交收,结算机构也要依照结算规则向守约一方先行垫付其应收的证券或资金。共同对手方制度使交易双方无需担心信用风险问题,增强了投资者的投资信心和市场的活跃度。

3. 货银对付原则

货银对付又称钱货两清、券款两讫,是在资金交收的同时对证券进行交割。通俗点讲,就是"一手交钱,一手交货"。货银对付原则有效地规避了交易双方因违约带来的风险,维护了交易双方的权益,市场的安全也有了良好的保障。我国目前的货银对付原则只在权证、ETF等创新品种中实行,在股票、债券、基金等主要交易品种上还没有采用。

4. 分级结算原则

证券登记结算机构负责证券登记结算机构与结算参与人之间的集中清算交收,结算参与人(如证券公司)负责办理结算参与人与投资者之间的清算交收,证券的划付还应委托登记结算机构代为办理。实行分级结算原则主要是出于防范结算风险的考虑。

（四）交易停牌制度

股票交易停牌,是指股票因某些原因临时停止交易,但依旧存在于牌价表中。当停牌原因消除后即可恢复上市,也就是复牌。

停牌可划分为例行停牌和警示停牌两类。例行停牌是指上市公司处于正常状态,但发生了上市规则或交易规则要求停牌的重大事项而必须停牌,如召开股东大会、公布年报等。警示性停牌是指上市公司或其股票交易出现异常情况,根据交易规则的要求而停牌,以警示投资者注意异常事项或敦促上市公司予以改进,如公司信息披露不规范而被调查、媒体披露上市公司尚未公开的重大信息等。

另外,还有一种类型是盘中临时停牌。其目的主要是遏制股票上市新股短线炒作、内幕交易等现象的发生。如深圳证券交易所规定,对于无价格涨跌幅限制的股票来说,当股票盘中成交价格较开盘价首次上涨或下跌达到或超过 20% 时,临时停牌 30 分钟;达到或超过 50% 时,临时停牌 30 分钟;达到或超过 80% 时,临时停牌至 14:57 分。

无论是哪种停牌,停牌时间和天数、停牌方式及复牌时间都要由证券交易所决定。我国上海证券交易所和深圳证券交易所规定,在开市期间停牌的股票,停牌前的申报参加当日复牌后的交易;停牌期间可以继续申报,也可以撤销申报;复牌时对已接受的申报实行集合竞价。

(五) 交易特别处理制度(ST 制度)

ST 是英文 Special Treatment 的缩写,意思是"特别处理"。该制度主要针对财务状况或其他状况出现异常的上市公司股票,使投资者能够发现哪些股票存在风险会使自己的权益受到损害,是帮助投资者规避风险的一种措施。

股票交易特别处理分为两种:退市风险警示和其他特别处理。

1. 退市风险警示

退市风险警示处理的措施,一是在公司股票简称前加"*ST"标记,以区别于其他公司股票;二是股票价格涨跌幅比例限定为 5%。

当上市公司符合以下任意一个条件时,即实行退市风险警示:① 最近两年连续亏损(以最近两年年度报告披露的当年经审计净利润为依据);② 财务会计报告因存在重大会计差错或虚假记载,公司主动改正或被中国证监会责令改正,对以前年度财务会计报告进行追溯调整,导致最近两年连续亏损;③ 财务会计报告因存在重大会计差错或虚假记载,被中国证监会责令其改正,在规定期限内未对虚假财务会计报告进行改正,且公司股票已停牌两个月;④ 在法定期限内未依法披露年度报告或者半年度报告,且公司股票已停牌两个月;⑤ 出现可能导致公司解散的情形;⑥ 法院依法受理公司重整、破产申请;⑦ 因股权分布变化导致连续 20 个交易日不具备上市条件,公司在规定期限内提出相关解决方案,经证券交易所同意其实施;⑧ 证券交易所认定的其他情形。

2. 其他特别处理

其他特别处理的措施,一是在公司股票简称前加"ST"标记,以区别于其他公司股票;二是股票价格涨跌幅比例限定为 5%。

当上市公司符合以下任意一个条件时,即实行其他特别处理:① 最近一个会计年度的审计结果显示股东权益为负值;② 注册会计师对最近一个会计年度的财务报告出具无法表示意见或否定意见的审计报告;③ 按照规定程序向证券交易所申请退市风险警示并获准后,最近一个会计年度审计结果显示主营业务运营不正常,或者扣除非经常性损益后净利润为负值;④ 由于自然灾害、重大事故等导致上市公司主要经营设施遭受损失,公司生产经营活动三个月内不能恢复;⑤ 公司主要银行账号被冻结,影响上市公司正常经营活动;⑥ 公司董事会无法正常召开会议并形成董事会决议;⑦ 中国证监会或证券交易所认定的其他情形。

(六) 暂停上市制度

我国《证券法》规定,上市公司有下列情形之一的,由证券交易所决定暂停其股票上市交易:① 公司股本总额、股权分布等发生变化,不再具备上市条件;② 公司不按照规定公开其财务状况,或者对财务会计报告做虚假记载,可能误导投资者;③ 公司有重大违法行为;④ 公司最近三年连续亏损;⑤ 证券交易所上市规则规定的其他情形。同时,上海证券交易所和深圳证券交易所对暂停其股票在主板上市的其他情形做出了不同的规定。

(七) 终止上市制度

我国《证券法》规定,上市公司有下列情形之一的,由证券交易所决定终止其股票上市交易:① 公司股本总额、股权分布等发生变化,不再具备上市条件,在证券交易所规定的期限内仍不能达到上市条件;② 公司不按照规定公开其财务状况,或者对财务会计报告做虚假记载,且拒绝纠正;③ 公司最近三年连续亏损,在其后一个年度内未能恢复盈利;④ 公司解散或者被宣告破产;⑤ 证券交易所上市规则规定的其他情形。同时,上海证券交易所和深圳证券交易所对终止其股票上市的其他情形做出了不同的规定。

第二节 债券投资流程与规则

一、投资流程

债券投资主要包括场内交易与场外交易两种,场内交易指的是在证券交易所交易,场外交易又分为柜台交易(指银行或证券公司的柜台)和银行间债券市场交易。个人投资者可以参与交易所市场交易和柜台交易,而银行间债券市场的交易者都是机构投资者,个人投资者不能直接参与。

(一) 交易所市场投资流程

债券在交易所市场的投资流程与股票基本相同,也分为五个环节,包括开户、委托、成交、清算与交割、过户。由于在前面股票部分已具体介绍,故此处仅做简单说明。

1. 开户

投资者要进行债券交易,首先要选择一家证券公司作为经纪商,然后在这家证券公司开立账户,所开账户即为 A 股账户,也就是说,A 股账户既可以买卖股票,也可以买卖债券。

2. 委托

委托指令的内容是债券交易的要素,包括债券的种类、数量、价格、日期、时间、有效期、投资者签名以及其他内容。

3. 成交

在委托执行后,按照价格优先、时间优先的竞价原则,对有效委托撮合配对成交。委托成交后,需要缴纳交易佣金,但债券交易免收印花税和过户费,这是有别于股票交易的地方。

4. 清算与交割

债券的交收方式也采用 $T+1$ 滚动交收,最终交收时点为 $T+1$ 日 16:00,与股票相同。

5. 过户

债券过户是将债券的所有权从一个所有者名下转移到另一个所有者名下。与股票过户一样,也分交易性过户和非交易性过户。

(二)柜台交易投资流程

柜台交易包括自营买卖和代理买卖两种。

1. 自营买卖

场外自营买卖债券就是由投资者个人作为债券买卖的一方,由证券公司或银行作为债券买卖的另一方,其交易价格由证券公司或银行自己挂牌。具体步骤为:投资者根据挂牌价格填写申请单,申请单上载明债券的种类、买入或卖出的数量。由证券公司或银行按照投资者申请的券种和数量,根据挂牌价格开出成交单,向客户交付债券或现金,完成交易。

2. 代理买卖

场外代理买卖就是投资者个人委托证券公司或银行代其买卖债券,证券公司或银行仅作为中介而不参与买卖业务,其交易价格由委托买卖双方分别挂牌,达成一致后形成。具体步骤为:投资者填写委托书,包括委托人的姓名和地址,委托买卖债券的种类、数量和价格,委托日期和期限等。其中,买方要缴纳买债券的全额保证金,卖方则要交出拟卖出的债券。证券公司或银行根据委托书上的内容分别为买卖双方挂牌。如果买方、卖方均为一人,则通过双方讨价还价促使债券成交;如果买方、卖方为多人,则根据"价格优先,时间优先"的原则成交。债券成交后,证券公司填写具体的成交单。买卖双方接到成交单后,分别交出现金和债券,完成交易。

(三)银行间债券市场投资流程

银行间债券市场是债券交易的主要场外市场,它的交易流程主要包括三个环节:开户与联网、成交达成、清算与交割。

1. 开户与联网

机构投资者进入银行间债券市场交易,要先按照中国人民银行的相关规定办理备案手续,向中央国债登记结算有限责任公司(简称"中央登记公司")申请开立债券托管账户,实现与全国银行间同业拆借中心及中央登记公司的系统联网。

2. 成交达成

交易双方通过自主谈判的方式,逐笔成交。双方的谈判及达成交易的过程既可以通过银行间同业拆借中心的电子交易系统进行,也可以通过电话、传真等其他方式进行。

3. 清算与交割

交易达成后,交易双方需要通过中央登记公司提供的中央债券簿记系统完成后台债券与资金的清算交割。债券托管结算和资金清算分别通过中央登记公司和中国人民银行支付系统进行。交收方式采用 $T+0$ 或 $T+1$ 滚动交收。

二、投资规则

(一)交易所市场投资规则

1. 申报规则

在申报数量上,上海证券交易所规定,买入债券和卖出债券的申报数量应为 1 手(即

1 000元面值)或其整数倍,且单笔申报最大数量应不超过1万手;深圳证券交易所规定,买入债券的申报数量为10张(1张即100元面值)或其整数倍,卖出债券的申报数量余额不足10张的部分,应当一次性申报卖出,且单笔申报最大数量应不超过10万张。

在申报价格上,有市价委托和限价委托两种方式。计价单位为每百元面值的价格。在申报价格最小变动单位方面,上海证券交易所规定的最小变动单位为0.01元人民币;深圳证券交易所规定的最小变动单位为0.001元人民币。

其余申报规则与股票一致。

2. 竞价成交规则

竞价原则遵循价格优先、时间优先原则。竞价方式分为集合竞价和连续竞价两种方式,竞价交易时间也与股票交易相同。

竞价范围方面,上海证券交易所规定,在集合竞价期间,债券交易申报价格应不高于前收盘价的150%,且不低于前收盘价的70%。在连续竞价期间,与无价格涨跌幅限制股票的有效申报价格的规定相同。深圳证券交易所规定,债券上市首日开盘集合竞价的有效竞价范围为发行价的上下30%,连续竞价、收盘集合竞价的有效竞价范围为最近成交价的上下10%;非上市首日开盘集合竞价的有效竞价范围为前收盘价的上下10%,连续竞价、收盘集合竞价的有效竞价范围为最近成交价的上下10%。

3. 标价规则

债券交易根据标价的不同分为净价交易和全价交易。净价交易是指买卖债券时,以不含利息的价格进行的交易;全价交易是相对净价交易而言的,是以含利息的价格进行的交易。目前,沪深证券交易所在债券现货买卖中,债券报价采用净价,而实际买卖价格和结算交割价格为全价。债券净价与全价的关系表达式如下:

$$全价 = 净价 + 应计利息$$

其中,应计利息的计算公式为:

$$应计利息 = 债券面值 \times 票面利率 \div 365(天) \times 已计息天数$$

公式中各要素的含义如下。

(1) 应计利息:零息债券是指发行起息日至交割日所含利息金额;附息债券是指上一个付息日至交割日所含利息金额。计算过程中,应按四舍五入原则,以元为单位,并保留2位小数。

(2) 票面利率:固定利率债券是指发行票面利率,浮动利率债券是指票面利率本付息期计息利率。

(3) 已计息天数:计算原则为"算头不算尾",即计息日当天计算利息,到期日当天不计算利息。交易日挂牌显示的每百元应计利息额是包括交易日当天在内的应计利息额。

实战分析

债券净价交易

假设从10月13日开始实行净价交易,如果某债券在10月12日的收盘价是109.20元,那么实行净价交易后,应将此收盘价转换成净价交易的收盘价,作为10月13日开始实行净价交易的"开盘参考价"。如果该债券到 10 月 12 日的应计利息额为 0.54623287 元(应计利息额的计算保留小数点后 8 位,根据四舍五入原则,实际显示保留到小数点后 2 位),则该债券 10 月 12 日净价交易的收盘价 = 10 月 12 日的实际收盘价 - 当日到期的应计利息额。所以,该债券 10 月 13 日实行净价交易的开盘参考价为 108.65 元。

在 10 月 13 日,如果当日该债券净价报价为 108.70 元,投资者买卖时就应以 108.70 元为参考价格来申报委托交易,交易后产生的"成交价"以净价表示。但结算仍是全价,即净价加上应计利息才是实际的结算价。通常,投资者的交割单上会分别列明结算交割价、成交净价及应计利息额。假设 10 月 13 日的应计利息额为 0.55623287 元,则结算价交割为 109.26 元。

(二)柜台交易投资规则

1. 交易时间、交易单位及交易数额

证券公司柜台交易时间与股市交易时间相同,为每周一至周五的 9:30—11:30、13:00—15:00,公休日和法定节假日除外。商业银行柜台交易时间为每周一至周五,法定节假日除外,具体交易时间按照中国人民银行的有关规定执行。债券交易单位为百元面值,债券交易数额为百元的整数倍。

2. 标价规则

柜台交易也采用净价交易,结算价款以元为单位,保留 2 位小数。柜台交易债券的结算价款为买卖全价 × 债券成交数量,即(净价价格 + 应计利息)× 债券成交数量。

(三)银行间债券市场投资规则

1. 交易时间、交易单位及交易数额

交易时间为每周一至周五 9:00—12:00、13:30—16:30,法定节假日除外。交易单位为债券面额 1 万元,交易数额最小为债券面额 10 万元。

2. 交易方式

(1)询价交易。银行间债券市场的自营结算成员采用询价交易的方式进行交易,一般都通过银行间同业拆借中心的电子交易系统。询价交易主要包括自主报价、格式化询价、确认成交三个步骤。

首先,自主报价。参与者的自主报价主要分为两类:公开报价和对话报价。

公开报价是指参与者通过电子交易系统直接向市场其他成员表明交易意向的报价方式,并不针对特定对象。它包括单边报价和双边报价两类。单边报价是指参与者为表明自身对资金或债券的供给或需求,而面向市场做出的公开报价,可以是单边买进或单边卖出。双边报价是指经中国人民银行批准在银行间债券市场开展双边报价业务的参与者在进行债券交易公开报价时,在中国人民银行核定的债券买卖价差范围内连续报出该券种的买卖实价,并可同时报出该券种的买卖数量、清算速度等交易要素,买和卖同时报价。

对话报价是指参与者为达成交易而直接向交易对手方,即特定对象做出的、对手方确认即可成交的报价方式。

其次,格式化询价。格式化询价是指参与者必须按照交易系统规定的格式内容填报自己的交易意向,交易双方可通过电子交易系统进行反复询价。未按规定所做的报价为无效报价。在交易成交前,进入对话报价的双方可在规定的次数内轮流向对手方报价。超过规定的次数仍未成交的对话,须进入另一次询价过程。

最后,确认成交。在双方反复询价后,最终确认成交,交易系统及时反馈成交。参与者在确认成交前可对报价内容进行修改或撤销,交易一经确认成交,不得再修改或撤销;确认成交后,由成交双方根据交易系统的成交回报各自打印成交通知单,并据此办理资金清算和债券结算。

(2)其他方式。没有与银行间同业拆借中心电子交易系统联网的成员,可以通过电话、传真、书面合同等其他方式达成交易。

3. 标价规则

银行间债券市场的标价规则也是净价交易,其具体规定与前文介绍的相同。

第三节 其他证券的投资流程与规则

一、基金投资流程与规则

证券投资基金主要有封闭式基金和开放式基金两大类,它们的投资流程与规则有很大不同,下面分别予以介绍。

(一)封闭式基金

1. 投资流程

封闭式基金是在证券交易所上市交易的,其投资流程也分为开户、委托、成交、结算几个主要环节,与股票、债券基本相同,这里仅就其特殊点做一介绍。

(1)开户。封闭式基金开户既可以选择开立人民币普通股票账户,即 A 股账户,也可以选择开立基金账户。A 股账户可买卖股票、债券和基金;基金账户仅用于买卖基金。

(2)交易费用。基金交易成功后,仅向投资者收取佣金;过户费应收但目前暂未收取;印花税据现行税法无需收取。

(3)基金交割:实行 $T+1$ 制度,与 A 股相同。

2. 投资规则

封闭式基金的投资规则也与股票投资规则类似。

(1)申报规则。① 在申报数量上,上海证券交易所和深圳证券交易所规定,买入基金时,申报数量应为 100 份(1 份即 1 元面值)或其整数倍;卖出基金时,申报数量余额不足 100 份的部分应一次性申报卖出。基金单笔申报最大数量应不超过 100 万份。② 在申报价格上,有市价委托和限价委托两种方式。计价单位为每份基金价格。申报价格最小变动单位为 0.001 元人民币。③ 在申报方式和申报时间上,基金与股票相同。

(2)竞价成交规则。① 竞价原则。遵循价格优先、时间优先原则。② 竞价方式。分为集合竞价和连续竞价两种方式,竞价交易时间也与股票交易相同。③ 有效竞价范围。封闭式基金实行与 A 股交易同样的 10% 的涨跌幅限制。上海证券交易所单独规定,封闭式基金上市首个交易日不实行价格涨跌幅限制。

3. 停牌及复牌制度

基金的停复牌分为例行停复牌与临时停复牌。当出现下列情况时,证券交易所将对上市基金予以例行停牌及复牌:① 基金于交易日公布中期报告,当日上午停牌半个交易日,当日下午开市时复牌。② 基金于交易日公布年度报告,当日上午停牌半个交易日,当日下午开市时复牌。③ 基金召开持有人大会,如会议时间与开市时间有重叠,自持有人大会召开当日起实施停牌,直至持有人大会决议公布当日下午开市时复牌;若公布日为非交易日,则公布后第一个交易日即可复牌。④ 基金于交易日公布分红派息决议和公布实施该决议的,当日上午停牌半个交易日,当日下午开市时复牌。

当出现下列情况时,证券交易所将对上市基金予以临时停牌及复牌:① 在任何公共传媒中出现与基金有关的消息,可能对上市基金的交易产生较大影响的情况下,对上市基金实施停牌,直至基金管理人在至少一种指定报刊上对该消息做出正式公告后,当日下午开市时即可复牌。若公布日为非交易日,公布后第一个交易日即可复牌。② 基金出现交易异常波动的,证券交易所可以对其实施停牌,直至有关当事人做出公告后复牌。③ 涉嫌违法违规交易的,证券交易所也可以对其实施停牌。

(二) 开放式基金

1. 投资流程

开放式基金与封闭式基金不同,基金设立后规模可以变化。因此,开放式基金可以申购与赎回。开放式基金的买卖交易过程就是认购、申购、赎回的过程。2005 年 7 月以前,我国开放式基金认购、申购与赎回是在场外进行的,之后,场内也就是证券交易所也可以进行开放式基金的认购、申购与赎回,但仅限于 ETF 和 LOF 基金。

(1) 开户。开放式基金场外交易的投资者,首先,要到基金管理公司、拥有基金代销资格的银行或证券营业部等基金销售网点填写开户申请表,或者通过基金管理人的网上交易系统开立开放式基金账户。如果是以个人身份开户,要带上身份证等证件;如果是以企业或公司的身份开户,则要带上公司的营业执照副本、法人证明书、法人授权委托书、经办人身份证和公司印鉴等,办理开户手续。其次,必须预留一个接受赎回款项的银行存款账户。若是在证券交易所内交易,则需要开立人民币普通股票账户或证券投资基金账户。

(2) 认购、申购与赎回。认购是指基金募集期间,投资者申请购买基金份额的行为;申购是指基金募集结束并成功设立以后,投资者申请购买基金份额的行为;赎回是指基金持有人将所持基金出售给基金管理人的行为。在开户之后,场外交易的投资者可以通过基金管理人的直销中心与基金销售代理人的代销网点进行申购与赎回;场内交易的投资者则可以通过交易所系统进行认购、申购与赎回申报,交易流程同封闭式基金的买入或卖出申报流程。

(3) 过户。开放式基金过户是指非交易过户,指不采用申购、赎回等基金交易方式,将一定数量的基金份额按照一定规则从某一投资者基金账户转移到另一投资者基金账户的行为。办理非交易过户时需要提供基金注册登记机构要求提供的相关资料。

2. 投资规则

(1) 申购与赎回时间。基金管理人应在申购、赎回开放日前 3 个工作日在至少一种中国证监会指定的媒体上刊登公告。无论是场内交易还是场外交易,开放式基金的交易时间均为交易日 9:30—11:30、13:00—15:00。基金管理人不能在基金合同约定之外的日期或者时间进行基金份额的申购与赎回。对于在当日基金业务办理时间内提交的申购申请,投资者可以在当日 15:00 前提交撤销申请,并予以撤销。

（2）申购与赎回原则。目前,开放式基金申购与赎回原则主要为"未知价"交易原则和"金额申购、份额赎回"原则。

"未知价"交易原则是指投资者在申购、赎回时并不能即时获知买卖的成交价格。申购、赎回价格只能以申购、赎回日交易时间结束后,基金管理人公布的基金份额资产净值为基准进行计算。这与股票、封闭式基金等大多数金融产品按"已知价"原则进行买卖不同。

"金额申购、份额赎回"原则是指申购以金额申请,赎回以份额申请,这是适应"未知价"情况下的一种最为简便、安全的交易方式。在这种交易方式下,确切的购买数量和卖回金额在买卖当时是无法确定的,只有在交易的下一个交易日才能获知。最低申购金额及赎回份额由基金管理人确定并公告。在最低申购金额的基础上,累加申购金额为 100 元或其整数倍,但最高不能超过 99 999 900 元;单笔赎回的基金份额为整数份,但最高不能超过 99 999 999 份。

（3）申购份额与赎回金额的计算。开放式基金申购、赎回价格是以基金份额资产净值为基础计算出来的。基金份额资产净值是指每一基金单位代表的基金资产的净值,其计算公式如下:

$$基金份额资产净值 = (总资产 - 总负债) \div 基金单位总数$$

① 申购份额的计算公式如下:

$$净申购金额 = 申购金额 \div (1 + 申购费率)$$
$$申购费用 = 净申购金额 \times 申购费率$$
$$申购份额 = 净申购金额 \div 申购当日基金份额资产净值$$

② 赎回金额的计算公式如下:

$$赎回总金额 = 赎回份额 \times 赎回当日基金份额资产净值$$
$$赎回费用 = 赎回总金额 \times 赎回费率$$
$$赎回金额 = 赎回总金额 - 赎回费用$$

其中,申购费率及赎回费率都是由各基金管理公司给定的,中国证券登记结算有限公司开放式基金登记结算系统依据给定的费率进行结算。

实战分析

开放式基金申购份额及赎回金额的计算

（1）假如某投资者有 100 万元用来申购开放式基金,假定申购的费率为 2%,基金份额资产净值为 1.5 元,则该投资者的申购费用及申购份额为:

净申购金额 = 100 万元 ÷ (1 + 2%) = 98.0392 万元

申购费用 = 98.0392 万元 × 2% = 1.96 万元

申购份额 = 98.0392 万元 ÷ 1.5 元 = 653 594.67 份

（2）假如该投资者要赎回 100 万份基金单位,假定赎回的费率为 1%,基金份额资产净

值为 1.5 元,则该投资者的赎回费用及赎回金额为:

赎回总金额 = 100 万份 × 1.5 元 = 150 万元

赎回费用 = 150 万元 × 1% = 1.5 万元

赎回净金额 = 150 万元 − 1.5 万元 = 148.5 万元

二、可转换债券投资流程与规则

可转换债券是债券的一种,在招募说明中发行人承诺根据转换价格在一定时间内可将债券转换为公司普通股。可转换债券的优点是普通股所不具备的固定收益和一般债券所不具备的升值潜力。可转换债券在证券交易所挂牌交易,其买卖流程和规则与在证券交易所上市的普通债券类似,这里仅介绍其债转股的相关操作要点。

债转股需要规定一个转换期。根据《上市公司证券发行管理办法》,可转换债券发行后 6 个月方可开始转为相应股票,具体什么时间转股由发行人决定。债转股时不收取任何费用。

债券股通过证券交易所进行。以上海证券交易所为例,操作规定是:申报单位为手,1 手代表 1 000 元面值;申报方向为卖出;申报价格为 100 元。

可转换成的股票数量计算:申请转股的可转换债券总面值必须是 1 000 元的整数倍。申请转股最后得到的股份为整数股,当尾数不足 1 股时,公司将在转股日后的 1 个交易日内以现金兑付。

转股计算公式如下:

$$可转换成的股票数量(股) = \frac{可转换债券手数 \times 1\,000 元}{转股价格}$$

三、权证投资流程与规则

权证是指基础证券发行人或其以外的第三人发行的,约定持有人在规定期间内或特定到期日,有权按约定价格向发行人购买或出售标的证券,或以现金结算方式收取结算差价的有价证券。权证按照权利行使方向分类可以分为认购权证和认沽权证。权证的买卖流程与股票相似,所需账户就是股票账户,已有股票账户的投资者不用开设新的账户。在权证交易前,投资者需要到证券营业部当面签署《权证风险揭示书》。

权证买卖申报数量为 100 份或其整数倍,单笔申报最大数量为不超过 100 万份。权证计价单位为每份权证价格。权证申报价格最小变动单位为 0.001 元人民币。

权证实行 T+0 交易,即当日买进的权证,当日可以卖出。交易佣金与基金的规定相同。

权证实行价格涨跌幅限制,但与股票涨跌幅采取 10% 的比例限制不同,权证涨跌幅是以涨跌幅的价格而不是百分比来限制的,具体按下列公式计算:

权证涨幅价格 = 权证前一日收盘价格 + (标的证券当日涨幅价格 − 标的证券前一日收盘价) × 125% × 行权比例

权证跌幅价格 = 权证前一日收盘价格 − (标的证券前一日收盘价 − 标的证券当日跌幅

价格)×125%×行权比例

最终计算结果沪深两市有所不同,沪市采用四舍五入法,精确到0.01元;深市则不采取四舍五入法,而采用精确计算的方法,精确到0.001元。

权证作为证券衍生产品,其价值主要取决于对应股票的价值。因此,证券交易所规定,对应股票停牌的,权证相应停牌;对应股票复牌的,权证复牌。

本章提要

1. 股票在证券交易所交易,其投资流程主要包括开户、委托、成交、结算、过户五个环节。对于无记名股票来说,不需要进行过户。

2. 债券投资主要包括场内交易与场外交易两种,场内交易指的是证券交易所交易,场外交易又分为柜台交易和银行间债券市场交易。场内交易流程与股票大致相同;柜台交易包括自营买卖和代理买卖;银行间债券市场交易流程包括开户与联网、成交达成、清算与交割。债券交易的标价采用净价。

3. 封闭式基金投资流程与股票、债券在交易所的投资流程类似,包括开户、委托、成交、结算几个主要环节;开放式基金的买卖交易过程则是认购、申购、赎回的过程。

4. 封闭式基金在证券交易所场内交易;开放式基金既可以在营业网点申购与赎回,也可以在证券交易所场内交易,其申购与赎回原则是"未知价"原则和"金额申购、份额赎回"原则。

5. 在证券交易所内投资交易的证券,遵循价格优先、时间优先的竞价原则,采用集合竞价和连续竞价的竞价成交方式。

6. 可转换债券的买卖流程与普通债券没有什么区别,其特殊性在于可以在规定期限内,按照一定的价格转换成相应的股票。

7. 权证交易也与股票类似,实行价格涨跌幅限制,但与股票涨跌幅采取10%的比例限制不同,权证涨跌幅是以涨跌的价格来限制的。权证实行 $T+0$ 交易。

课后习题

1. 简述股票及债券的投资流程。
2. 简述基金及权证的投资流程。
3. 竞价交易的原则是什么?其具体含义是什么?
4. 我国的股票交易特别处理制度是如何规定的?其意义何在?
5. 开放式基金的申购与赎回原则有哪些?
6. 权证的涨跌幅限制与股票的涨跌幅限制有何不同?

第四章

债券投资价值分析

知识与技能目标

本章的主要目标是向读者介绍货币的时间价值、债券的收益、债券价格的影响因素和债券的估值。学完本章后,读者将能够:

1. 用单利法和复利法计算利息。
2. 掌握贴现的概念,并会计算未来现金流的现值。
3. 了解债券价格的影响因素。
4. 掌握债券理论价格的概念,并对债券进行估值。
5. 理解债券久期的概念。

案例导入

在证券中,债券的历史比股票要悠久,其中最早的债券形式就是在奴隶制时代产生的公债券。据文献记载,希腊和罗马在公元前4世纪就开始出现国家向商人、高利贷者和寺院借债的情况。进入封建社会之后,公债券得到进一步发展,许多封建主、帝王和共和国每当遇到财政困难,特别是发生战争时便发行公债。15世纪末16世纪初,新大陆被发现,欧洲和印度之间的航路开通,贸易进一步扩大。为争夺海外市场而进行的战争使得荷兰、英国等竞相发行公债,筹措资金。在1600年设立的东印度公司,是历史上最古老的股份公司,它除了发行股票之外,还发行短期债券,并进行买卖交易。美国在独立战争时期,也曾发行多种中期债券和临时债券,这些债券的发行和交易便形成了美国最初的证券市场。19世纪40—50年代,由政府担保的铁路债券迅速增长,有力地推动了美国的铁路建设。19世纪末到20世纪,欧美资本主义各国相继进入垄断阶段,为确保原料来源和产品市场,建立和巩固殖民统治,加速资本的积聚和集中,股份公司发行大量的公司债,并不断创造出新的债券种类,这样就组建形成了今天多品种、多样化的债券体系。

（来源：百度百科。）

编者按：在现代证券市场上，债券依然占据着重要的地位。近年来，我国债券品种不断创新，出现了中小企业集合债、私募债、中期票据等新形式。国家《金融业发展和改革"十二五"规划》明确提出"到'十二五'期末，非金融企业直接融资占社会融资规模比重提高至15%以上"，而直接融资的一项重要手段就是债券融资。

第一节 货币的时间价值

在商品经济中，货币的时间价值是客观存在的。如将资金存入银行可以获得利息，将资金运用于公司的经营活动可以获得利润，将资金用于对外投资可以获得投资收益，这种由于资金运用实现的利息、利润或投资收益表现为货币的时间价值。由此可见，货币的时间价值是指货币经历一定时间的投资和再投资所增加的价值，也称资金的时间价值。从经济学的角度而言，现在的1单位货币与未来的1单位货币的购买力之所以不同，是因为要节省现在的1单位货币不消费而改在未来消费，则在未来消费时必须有大于1单位货币的价值，作为延迟消费的补偿。

知识链接

关于货币的时间价值

什么是货币的时间价值（TVM）：

——是指当前所持有的一定量货币（如1美元），比未来获得的等量货币具有更高的价值。

货币为什么具有时间价值：

——货币可用于投资，获得利息，从而在将来拥有更多的货币量；

——货币的购买力会因通货膨胀的影响而随时间改变；

——一般来说，未来的预期收入具有不确定性。

（来源：兹维·博迪、罗伯特·C.莫顿，《金融学》，中国人民大学出版社，2000。）

一、单利法和复利法

在计算利息的时候，存在两种不同的计算方法：单利法和复利法。单利法不考虑利息的再投资，而复利法考虑利息的再投资，即"利滚利"。单利法的计算方法如下：

$$S_n = P + P \times r \times n \tag{4-1}$$

其中，S_n 表示本利和，P 表示本金，r 表示利率，n 表示付息期数。假定本金为100元，一年期的利率为5%，那么：

1年后的本利和为：$S_1 = 100 + 100 \times 5\% \times 1 = 105$（元）

2年后的本利和为：$S_2 = 100 + 100 \times 5\% \times 2 = 110$（元）

3年后的本利和为：$S_3 = 100 + 100 \times 5\% \times 3 = 115$（元）

…

我们发现，第一年年末的本利和是105元，因为我们得到了5元利息。我们自然会考虑到，如果我们把第一年年末的5元利息作为第二年的本金也来计算利息，那么第二年年末的本利和是多少呢？我们发现我们能够得到：

$$S = 105 + 100 \times 5\% + 5 \times 5\% = 105 + 5 + 0.25 = 110.25 \text{（元）}$$

其中，105元是第一年年末的本利和，5元是100元本金在第二年的利息，0.25元是第一年年末的利息5元用于再投资在第二年获得的利息。这个思想就是复利法的思想，我们也能够从中理解为什么复利法俗称"利滚利"，就是因为复利法把前期的利息作为下一期的本金也用来计算利息了。我们不难推导复利法的计算公式：

1期：$S_1 = P + P \times r = P \times (1 + r)$

2期：$S_2 = S_1 + S_1 \times r = S_1 \times (1 + r) = P \times (1 + r)^2$

3期：$S_3 = S_2 + S_2 \times r = S_2 \times (1 + r) = P \times (1 + r)^3$

…

n期：$S_n = P \times (1 + r)^n$ \hfill (4-2)

上面这个公式就是复利公式。我们可以通过表4-1来比较100元本金、年利率为5%，在单利法和复利法计算方式下本利和的变化。

表 4-1 单利法和复利法的比较

本金100元、年利率5%		
年	单利法各期本利和（元）	复利法各期本利和（元）
1	105	105.00
2	110	110.25
3	115	115.76
4	120	121.55
5	125	127.63
6	130	134.01
7	135	140.71
8	140	147.75
9	145	155.13
10	150	162.89
35	275	551.60
36	280	579.18

从表4-1我们发现，第一年单利法和复利法计算的本利和是相同的，这是因为第一年年初的本金都是100元，还没有产生利息。从式(4-1)和式(4-2)也可以看出，当期数 $n = 1$ 的时候，两者是相等的。随着年数的增长，复利法和单利法计算的本利和差距越来越大，当 n

等于35的时候,复利法计算的本利和大约是单利法计算的本利和的2倍。

二、复利法的付息次数

有时候银行可能在一年里支付几次利息,比如每半年、每季度或者每个月支付一次利息,一年里面的付息次数会对最终的本利和产生影响吗? 我们仍旧考虑上一小节的例子。本金为100元,年利率为5%,如果付息的次数为一年一次,那么一年后的本利和为105元。如果半年支付一次利息会怎么样呢? 也就是说,银行在这一年里面支付了两次利息,第一个半年支付一次利息,利息额为 $100 \times 5\% \times (6/12) = 2.5$(元)。注意,我们在计算第一个半年的时候利率5%乘以了6/12,这是因为支付的是前半年的利息,利率自然只能按照半年的来算,而不能按照年利率5%来算。根据复利法,我们把前半年的利息额2.5元加上年初100元的本金,总共102.5元作为第二个半年的本金。第二个半年的利息就是 $102.5 \times 5\% \times (6/12) = 2.5625$(元),加上第二个半年的本金102.5元,年末总的本利和就是105.0625元。以上这个过程我们可以计算如下:

$$S = 100 \times [1 + 5\% \times (6/12)] \times [1 + 5\% \times (6/12)]$$
$$= 100 \times (1 + 2.5\%)^2$$
$$= 105.0625(元)$$

从上面的推导过程我们发现,对于一年期存款利率5%,半年支付一次利息的本利和可以看成是半年期的存款利率是2.5%,期数为2期的复利法计算的本利和。以此类推,我们可以按照付息次数把一年划分成相应的期数,然后按照复利法计算一年的本利和。比如,我们可以把一季度支付一次利息的情形分成4期,把一个月支付一次的情形分成12期,等等。要注意的是,我们划分成相应期数后,每期的利率要和每期的间隔时间相对应。比如,每季度支付一次利息我们要按照季度利率来计算,每个月支付一次利息要按照月利率来计算。下面显示了几种常见的付息次数所对应的一年末的本利和。

一年一次: $S = 100 \times (1 + 5\%) = 105$(元)

半年一次: $S = 100 \times (1 + 5\% \div 2)^2 = 105.0625$(元)

一季度一次: $S = 100 \times (1 + 5\% \div 4)^4 = 105.0945$(元)

一个月一次: $S = 100 \times (1 + 5\% \div 12)^{12} = 105.1162$(元)

一天一次: $S = 100 \times (1 + 5\% \div 365)^{365} = 105.1267$(元)

我们可以发现,随着付息次数的增多,一年末本利和是逐渐增加的,因为付息次数越多,前面产生的利息可以更早地作为本金进行再投资。付息次数超过一次的复利法用下式来表示:

$$S = P \times (1 + r/m)^{nm} \tag{4-3}$$

其中,S表示本利和,P表示本金,r表示利率,n表示期数,m表示每一期里面的付息次数。我们可以进一步思考:如果每一期内付息次数趋于无穷多,本利和会是多少呢? 这个问题我们可以用以下求极限的数学式来表达:

$$S = \lim_{m \to \infty} P \times (1 + r/m)^{nm} = P \times e^{rn} \tag{4-4}$$

其中,e是自然数,其他字母的含义同式(4-3),注意,利率r要和n对应的期限相对应。比如对于上面这个例子,一年后的本利和为:

$$S = 100 \times e^{0.05 \times 1} \approx 105.1271(元)$$

上式中利率5%是对应的1年的利率,比如计算年利率5%、两个月后的本利和,那么我们要么把年利率折算成月利率5%/12 = 0.004167,两个月后的本利和为:

$$S = 100 \times e^{0.004167 \times 2} \approx 100.8368(元)$$

要么把两个月换算成2/12 = 0.166667年,两个月的本利和为:

$$S = 100 \times e^{0.05 \times 0.166667} \approx 100.8368(元)$$

三、现值和终值

上一小节我们讨论了一笔本金存进银行,在一定的利率作用下,经过一段时间我们所能够得到的本利和。现在我们要把这个概念拓展开去,我们可以将把钱存银行的行为看成是一项投资。从投资的目的来说,投资是放弃现在一定数量的资金使用权以期在将来获得预期收入。这个现在一定数量的资金我们通常称为现值,用 PV 表示;将来所能获得的预期收入,通常称为终值,用 FV 表示。对于任何一项投资来说,终值 FV 是不确定的,或者说投资是否能够获得预期收入是有风险的。对于不同的投资,风险有大有小,比如把钱买股票一年后所能获得终值的不确定性要比把钱存银行一年后所能获得终值的不确定性大得多,也就是说买股票比存银行的风险要大得多。正所谓"股市有风险,入市需谨慎"。那么,存银行是不是就没有风险了呢?也不尽然,因为存在着银行倒闭的可能性,只是存银行比买股票的风险要小得多。

有了现值和终值的概念,我们可以把一项投资看成是一个投入产出的系统,投入是现值,产出是终值。也就是终值是现值投入在一定利率作用下,经过一段时间后的产出,用下式来表示:

$$FV = PV \times (1 + i)^n \quad (4-5)$$

其中,PV 表示现值,FV 表示 n 期后的终值,i 表示利率,n 表示投资的期数。对于支付次数无穷大的复利计算公式,我们也可以用在现值和终值的计算上:

$$FV = PV \times e^{in} \quad (4-6)$$

证券投资也可以用这个系统来阐述,比如我们投入一笔资金购买债券,我们最终获得的利息和本金就是终值;投入一笔资金购买股票,我们最终获得的股息和出售股票的价格就是终值。对于证券投资当中的 i,我们一般不叫利率,而叫收益率,但是其本质是一致的。

四、贴现和贴现率

我们已经会利用利率来计算现在存进银行的一笔钱在将来某一时刻的本利和,或者说是终值。同时我们也可以考虑另外一个问题:将来某一时刻的一定金额,如果利率一定,现在值多少钱?假如目前银行的五年期利率是10%,我们希望存一笔钱,5年后买一辆20万元的汽车,那么我们现在应该存多少钱?我们用 PV 表示现值,根据复利法:

$$PV \times (1 + 10\%)^5 = 200\,000$$

$$PV = 200\,000/(1 + 10\%)^5 \approx 124\,184.3(元)$$

也就是说,我们为了在5年后得到20万元,那么我们现在应该存入约124 184.3元。已经知道终值和利率求现值的过程,叫做贴现,一般可以用下式来表示:

$$PV = \frac{FV}{(1+i)^n} \tag{4-7}$$

其中,PV表示现值,FV表示n期后的终值,i表示贴现率,n表示贴现的期数。注意,式中的i相当于求终值式当中的利率,但是在贴现过程中我们称之为贴现率,只是同一个变量在不同场合的称谓不同,其实质是一样的。式中的n为贴现的期数,n要和i对应。如果n表示的期数是指年数,那么i对应的为一年的贴现率;如果n表示的期数是指月数,那么i对应的是一个月的贴现率;以此类推。

1元的贴现值一般称为贴现因子,比如贴现率为10%,5年期的贴现因子为:

$$PV_{5,10\%} = \frac{1}{(1+10\%)^5} = 0.6209$$

贴现因子可以很方便地计算不同期数、不同贴现率的情况下,一定金额的现值。比如我们用0.6209去乘20万元,可以得到与上面存钱买汽车这个例子同样的结果。大家可以用Excel很方便地计算不同期数、不同贴现率的贴现因子,如表4-2所示。

表4-2 不同贴现率和贴现期数的贴现因子

期数,n	贴现率,i					
	2%	4%	6%	8%	10%	12%
1	0.9804	0.9615	0.9434	0.9259	0.9091	0.8929
2	0.9612	0.9246	0.8900	0.8573	0.8264	0.7972
3	0.9423	0.8890	0.8396	0.7938	0.7513	0.7118
4	0.9238	0.8548	0.0873	0.7350	0.6830	0.6355
5	0.9057	0.8219	0.7473	0.6806	0.6209	0.5674
10	0.8203	0.6756	0.5584	0.4632	0.3855	0.3220
15	0.7430	0.5553	0.4173	0.3152	0.2394	0.1827
20	0.6730	0.4564	0.3118	0.2145	0.1486	0.1037

五、系列现金流的现值

存银行作为一个简单的投资,到期之后投资者获得一次性的本利和,也就是只有一个一次性的终值。但其他很多投资在投资期间往往不止有一次收入,而是有很多次的收入,这些收入称为系列现金流。当一个投资存在系列现金流的时候,我们可以把各期的现金流贴现后加起来,从而得到系列现金流的现值。系列现金流现值的计算公式为:

$$PV = \frac{A_1}{1+i_1} + \frac{A_2}{(1+i_1)(1+i_2)} + \cdots + \frac{A_n}{(1+i_1)(1+i_2)\cdots(1+i_n)} \tag{4-8}$$

其中,PV表示现值,$A_1, A_2, \cdots, A_n$为各期的现金流,$i_1, i_2, \cdots, i_n$为各期对应的贴现率。通常利息、房租等都是周期性的等额现金流,所以式(4-8)中的现金流$A_1, A_2, \cdots, A_n$可以用A表示;而且计算现值的时候,通常都假定各期的贴现率相等,所以式(4-8)中的贴现率$i_1, i_2, \cdots, i_n$可以用i表示,式(4-8)就可以改写为:

$$PV = \frac{A}{1+i} + \frac{A}{(1+i)^2} + \cdots + \frac{A}{(1+i)^n} \tag{4-9}$$

如果n趋向无穷,那么式(4-9)可以改写为:

$$PV = \frac{A}{i} \tag{4-10}$$

> **实战分析**
>
> **基于现值—终值的分析和抉择**
>
> **案例一：购买房产**
>
> 现在你有机会花 100 万元买一套房产，而且你确信 5 年后这套房子值 120 万元。但你如果将购房款存入银行，则每年有 8% 的利息。问这项投资是否值得？
>
> **案例二：借款**
>
> 假如你需要借 10 万元去投资。若去银行，它们向你提供一笔利率为 12% 的贷款；若你去找你的朋友，他愿意借你 10 万元，但 4 年后要你还他 18 万元。你该如何做？
>
> **案例三：年金**
>
> 你今年 65 岁，正考虑是否到保险公司购买年金。你只要支付 1 万元，保险公司就会在你的余生中每年支付给你 1 000 元。但如果你将这笔钱存入银行，每年的利率为 8%。假设你能活到 80 岁，那购买年金是否合适？保险公司实际支付的利率是多少？要让年金物有所值，你必须活到多少岁？

第二节 债券的收益

一、债券收益的来源

债券投资的收益来自三个方面：债券的利息、资本利得和再投资收益。

（一）债券的利息

利息是债券收益的基础，也是债券收益的主要组成部分。债券的利息收益取决于债券的票面利率和付息方式，除了保值贴补债券和浮动利率债券，债券的利息收入是固定不变的。

（二）资本利得

债券的资本利得是指债券买入价与卖出价或到期偿还额之间的差额。投资者可以在债券到期时将持有的债券兑现，或是利用债券市场的价格变动低买高卖，从中获取资本收益。同股票的资本利得一样，债券的资本利得可正可负，当卖出价或偿还额大于买入价时，资本利得为正，此时可称为资本收益；当卖出价或偿还额小于买入价时，资本利得为负，此时可称为资本损失。

（三）再投资收益

再投资收益是将投资债券所获得的现金流再投资所得的利息收入。对于付息债券而言，投资期间的现金流是定期支付的利息，再投资收益是将定期获得的利息进行再投资而得到的利息收入。

二、到期收益率

收益率是指收益相对于本金的比率,用来衡量一项投资的收益大小。收益率有很多种衡量方法,衡量债券收益大小通常用到期收益率,我们通常用 y 来表示。下面我们来分析到期收益率的计算方法。

我们已经掌握了已知现值和利率求终值,已知终值和贴现率求现值,现在面临的其实就是已知终值和现值求到期收益率的问题。对于一年期的债券,到期收益率是比较容易计算的。假定某种一年期债券面值为 100 元,票面利率为 5%,如果平价发行,并且持有到期,那么一年后我们可以收到的债券利息是 5 元,本金是 100 元,也就是终值是 105 元。我们需要求的到期收益率应该满足下面的式子:

$$100 \times (1 + y) = 105$$

可以很容易地计算,这个债券的到期收益率是 5%。如果债券是溢价发行或者折价发行的,都会影响我们的到期收益率,如表 4-3 所示。

表 4-3 不同发行价格的到期收益率

发行价格(元)	一年后利息(元)	一年后现金流(元)	到期收益率/(%)
110	5	105	-4.55
108	5	105	-2.78
106	5	105	-0.94
104	5	105	0.96
102	5	105	2.94
100	5	105	5.00
98	5	105	7.14
96	5	105	9.38
94	5	105	11.70
92	5	105	14.13
90	5	105	16.67

从表 4-3 我们发现,票面利率和到期收益率不一定相同。票面利率和面值只是决定了以后我们能获得的现金流的大小,只有当债券是以面值发行,也就是平价发行的时候,票面利率才和到期收益率相同;当发行价格大于面值,即溢价发行的时候,到期收益率低于票面利率;当发行价格小于面值,即折价发行的时候,到期收益率高于票面利率;而且债券的到期收益率是和发行价格反方向变动的。发行价格越低,到期收益率就越高。这也不难理解,对于具有相同现金流的一个投资,我们在期初投入的本金越少,收益率当然就越高。债券的到期收益率、票面利率和发行价格之间的关系非常重要,在后面的章节我们还要用到。

用一个更一般的式子来计算一年期的债券的到期收益率,到期收益率 y 应该是满足下式的解:

$$P \times (1 + y) = P + r \tag{4-11}$$

其中,P 表示债券的发行价格,y 表示债券的到期收益率,r 表示一年期的利息。我们可以将 $(P+r)$ 看成一年末的终值,所以式(4-11)就是已知终值和现值,要求到期收益率的问题。我们也可以从另外一个角度来看这个式子:

$$P = (P+r)/(1+y) \tag{4-12}$$

也就是说，对于终值$(P+r)$，我们根据到期收益率来贴现，应该等于债券现在的价格P。这个式子对于我们后面计算多年期的息票债券的到期收益率很有帮助。

三、息票债券的到期收益率

息票债券是指在债券存续期间债券发行人定期支付利息的债券，如果息票债券的期限超过1年，就会有多期的现金流产生。比如对于一个3年期、面值为100元、票面利率为5%、每年付息1次的息票债券来说，在整个债券存续期间将会产生3次现金流，第1年年末5元，第2年年末5元，第3年年末105元。在这种情况下，我们应该怎么来计算息票债券的到期收益率呢？我们可以根据贴现的思想来计算多年期的息票债券的收益率。对于多期的息票债券，我们也可以把每一期的现金流根据到期收益率进行贴现，然后把这些现值加起来，其总和应该等于息票债券的现值，也就是价格P。如果刚才提到的息票债券是按平价发行的，那么这个息票债券的到期收益率应该满足下面这个式子：

$$100 = 5/(1+y) + 5/(1+y)^2 + 105/(1+y)^3$$

我们可以很容易解出$y=5\%$，这同样验证了我们上一小节的结论，即当平价发行的时候，债券的到期收益率和票面利率相等。那么当债券溢价发行或者折价发行的时候，比如以102元或者98元发行的时候，到期收益率就应该满足下面的式子：

$$102(或98) = 5/(1+y) + 5/(1+y)^2 + 105/(1+y)^3$$

不管发行价格为102元还是98元，我们发现要解上面式子当中的到期收益率y都比较困难。我们一般可以用Excel函数功能中的IRR函数来求解上面式子中的y。

根据上面的计算过程，我们可以归纳出计算息票债券的到期收益率的方法，那就是对息票债券的各期的现金流根据到期收益率进行贴现，然后把各期现金流的现值加起来，其总和应该等于发行价格：

$$P = \frac{r}{1+y} + \frac{r}{(1+y)^2} + \cdots + \frac{r}{(1+y)^n} + \frac{F}{(1+y)^n} \tag{4-13}$$

其中，P为息票债券的发行价格，r为每期支付的利息，F为息票债券的面值，y为到期收益率。每期支付的利息r等于面值乘以票面利率，对于一个特定息票债券来说，因为面值和票面利率是固定的，所以每期支付的利息r也是固定的。

四、零息债券的到期收益率

零息债券又叫折扣债券，是指债券的发行者在债券存续期间不支付利息，到期按照债券的面值支付，但是债券以低于面值的价格发行的债券。所以零息债券并不是真的不付利息，这种债券的利息就是面值和发行价格之间的差额。零息债券指这种债券是以低于面值的价格发行。如果以面值或者高于面值的价格发行，不支付利息，而到期的现金流又等于面值，谁愿意购买这样的债券呢？对于一个面值为F、期限为n年、发行价格为P的零息债券来说，它的到期收益率y应该是满足以下公式的解：

$$F = P \times (1+y)^n \tag{4-14}$$

这个公式是求终值式(4-5)的一个应用，我们只不过用面值F代表终值，用零息债券发

行价格 P 代表现值，用到期收益率 y 代表利率。式(4-14)当中的到期收益率 y 我们可以直接解出来：

$$y = \sqrt[n]{\frac{F}{P}} - 1 \tag{4-15}$$

比如面值为 100 元、发行价格为 80 元、3 年期的零息债券，我们把相关数据代入式(4-15)就可以计算出到期收益率 y 约等于 7.72%。

事实上，大多数的零息债券期限都是 1 年以下的短期债券，比如 3 个月期、6 个月期的国库券。在计算这些短期零息债券的到期收益率的时候，一般都用 1 期的公式来计算相应的到期收益率，然后折算成 1 年期的到期收益率，以便于不同期限间的零息债券的到期收益率的比较。比如面值为 100 元的 6 个月期零息债券，发行价格为 98 元，把相应的数据代入式(4-14)：

$$98 + 2 = 98 \times (1 + y_{6\text{个月期}}) \tag{4-16}$$

式中，我们用下标强调计算的到期收益率是 6 个月期的，然后我们把面值 100 元分成了两部分，其中 98 元是零息债券的发行价格，2 元相当于利息。解上面这个式子，我们得到：

$$y_{6\text{个月期}} = 2.04\%$$

从而我们可以计算出 1 年期的到期收益率：

$$y_{1\text{年期}} = y_{6\text{个月期}} \times (12/6) = 2.04\% \times 2 = 4.08\%$$

也可以直接把关系式 $y_{6\text{个月期}} = y_{1\text{年期}} \times (6/12)$ 代到式(4-16)中，直接算出 $y_{1\text{年期}}$ 等于 4.08%。根据以上的计算，可以总结出零息债券的到期收益率的计算公式为：

$$P \times [1 + y_{1\text{年期}} \times (m/12)] = F \tag{4-17}$$

其中，P 为零息债券的发行价格，$y_{1\text{年期}}$ 为 1 年期的到期收益率，在不至于混淆的时候我们可以直接用 y 来表示，m 表示零息债券对应的月数，F 表示零息债券的面值。我们也可以把期限用天数来表示的零息债券的计算公式推导出来：

$$P \times [1 + y_{1\text{年期}} \times (d/365)] = F \tag{4-18}$$

其中，d 表示零息债券对应的天数，其他字母的含义同式(4-17)，在知道了零息债券的面值、发行价格和零息债券的期限后，我们可以从式(4-15)、式(4-17)或者式(4-18)中求出零息债券的到期收益率。

五、永久债券的收益率

永久债券是指定期支付利息，但是没有到期期限的债券。这类债券在现在的金融市场当中非常少见，但是金融市场当中有一类证券和永久债券非常相似，那就是优先股。优先股根据股息的计算方式、包含的某些权利等不同可以分成很多种类。这里不做展开，我们只讨论通常意义上的优先股。优先股作为一种股权凭证，通常是没有到期期限的；而优先股的股息通常是固定的。所以优先股和永久债券非常相似，计算永久债券收益率的式子可以用来计算优先股的收益率。假定某永久债券发行价格为 P 元，每年支付的利息为 r 元，那么这个永久债券的收益率是多少呢？我们可以把每年的利息进行贴现，加总起来应该等于永久债券的发行价格：

$$P = \frac{r}{1+y} + \frac{r}{(1+y)^2} + \cdots + \frac{r}{(1+y)^n} \quad n \to \infty$$

式中,等号右边是一个无穷等比数列的求和,我们可以求得:

$$P = \frac{r}{y} \quad (4\text{-}19)$$

其中,P 为永久债券的价格,r 为永久债券每年支付的利息,y 为永久债券的年收益率。我们也可以将式(4-19)写成年收益率 y 的表达式:

$$y = \frac{r}{P} \quad (4\text{-}20)$$

式(4-20)可以用来计算永久债券的年收益率,比如某永久债券发行价格为 1 000 元,每年支付的利息为 100 元,那么这个永久债券的年收益率就是:

$$y = 100/1\,000 = 10\%$$

知识链接

交易所国债收益率行情

国债名称	代码	年利率(%)	期限(年)	剩余期限(年)	净价(元)	应计利息(元)	全价(元)	付息方式	到期收益率(%)
07 国债 13	010713	4.52	20	14.00	100.00	0.03	100.03	半年付	4.52
07 国债 06	010706	4.27	30	23.76	100.00	0.56	100.56	半年付	4.27
06 国债(3)	010603	2.80	10	2.60	96.69	0.56	97.25	半年付	4.06
国债 1014	101014	4.03	50	46.79	100.00	0.97	100.97	半年付	4.03
国债 917	101917	4.26	20	7.95	102.80	0.25	103.05	年付	3.84
21 国债(7)	010107	4.26	20	7.95	102.90	0.24	103.14	半年付	3.83
05 国债(4)	010504	4.11	20	11.74	102.70	1.09	103.79	半年付	3.82
03 国债(3)	010303	3.40	20	9.66	97.00	1.17	98.17	半年付	3.77
国债 0303	100303	3.40	20	9.66	97.07	1.17	98.24	半年付	3.76
05 国债(12)	010512	3.65	15	7.24	99.69	0.97	100.66	半年付	3.70

注:本表节选到期收益率的前十品种。
来源:和讯债券频道,http://bond.money.hexun.com/data/new_incom.aspx?bondtype=1&col=1&orderby=desc&selDate=2013-08-20,2013 年 8 月 20 日。

第三节 债券的估值

一、债券的理论价格

投资者购买债券的目的是获得未来的收益,即未来实现的现金收入流量的现值大于今天投资的价值。决定投资者是否投资一种债券的因素是债券预期现金流、必要收益率和债券的期限。

1. 预期的现金流

债券与股票不同,它的预期现金流一般是确定的。息票债券的现金流由债券存续期间按照债券约定的期限支付的利息和债券到期一次性归还的本金两部分组成。息票债券的利息由面值和票面利率决定,到期归还的本金由面值决定。零息债券只有一次现金流,就是债券到期时按面值支付的金额。

2. 必要收益率

必要收益率是指通过对市场上一些信用等级、偿还期限等条件相近的债券的收益率加以比较而确定的收益率,这一收益率是投资者在一定的风险条件下对债券的期望收益率。在通常情况下,投资者在选购一种债券时,总是要将这种债券提供的收益率与其他同类债券加以比较,他们要求这种债券的收益率至少不低于其他同类债券。如果这种债券的收益率低于其他同类债券,对它的需求就会减少,价格就会下降。由于价格的下降,投资者的收益率就会提高,直到和市场上的其他同类债券持平。市场上投资者能接受的市场利率就是必要收益率。债券价格就是在供求关系的作用下使某一债券的收益率不断趋近市场收益率的过程中形成的。通常以必要收益率作为贴现率对债券未来现金流进行贴现。

3. 债券的期限

债券的期限是指债券自发行日或交易日起至到期日止的时间。对于预期现金流和必要收益率相同的债券,债券的期限越长,现值越低;债券的期限越短,现值越高。

根据以上几点,我们可以得出不同计息方式的债券的理论价格的定价模型。息票债券的理论价格计算如下:

$$P_{理论} = \frac{r}{1+y^*} + \frac{r}{(1+y^*)^2} + \cdots + \frac{r}{(1+y^*)^n} + \frac{F}{(1+y^*)^n} \quad (4-21)$$

其中,$P_{理论}$为息票债券的理论价格,r为每期支付的利息,F为息票债券的面值,y^*为必要收益率。式(4-21)和式(4-13)很相似,都用到了贴现的方法。但是式(4-13)是已知未来现金流和息票债券的发行价格,要计算息票债券的到期收益率y。式(4-21)是已知未来现金流,并且确定了必要收益率y^*,要计算息票债券的理论价格$P_{理论}$,也就是息票债券的内在价值。同样,我们可以得出零息债券的定价模型:

$$P_{理论} = \frac{F}{(1+y^*)^n} \quad (4-22)$$

其中,$P_{理论}$为零息债券的理论价格,F为零息债券的面值,y^*为必要收益率。因为零息债券在存续期间不支付利息,所以相当于对一期现金流进行贴现。

二、债券的价值评估

学习了债券理论价格之后,我们可以把债券的理论价格和实际市场价格进行比较,以确定一种具体的债券价格是否合理。如果一个债券的市场价格高于理论价格,可以认为这种债券的价格被市场高估了;如果一个债券的市场价格低于理论价格,可以认为这种债券的价格被市场低估了。我们把债券的理论价格减去债券的市场价格称为债券的净现值,用 NPV 表示:

$$\text{NPV} = P_{理论} - P \quad (4-23)$$

我们可以用净现值来评价债券的市场估值：如果净现值大于零，表明这个债券的价格被市场低估了；如果净现值小于零，表明这个债券的价格被市场高估了；如果净现值等于零，债券的价格刚好等于债券的内在价值，表明市场对这个债券的估值是合理的。我们以一种息票债券为例来说明用净现值来进行债券估值。假定某息票债券票面价格为 100 元，票面利率为 5%，还有 3 年到期，目前市场价格为 95 元。如果市场上这类债券的必要收益率是 8%，那么这个债券的估值是否合理呢？我们根据式(4-21)，可以算出这个债券的理论价格：

$$P_{理论} = \frac{5}{(1+8\%)} + \frac{5}{(1+8\%)^2} + \frac{105}{(1+8\%)^3} = 92.27(元)$$

因为这个债券目前市场上的价格为 95 元，利用式(4-23)，可以计算出这个债券的净现值：

$$NPV = 92.27 - 95 = -2.73(元)$$

因为净现值小于零，所以我们说这种债券被市场高估了，不适合对这个债券进行投资。如果假定目前市场上这类债券的必要收益率是 4%，我们同样可以计算这个债券的理论价格和净现值：

$$P_{理论} = \frac{5}{(1+4\%)} + \frac{5}{(1+4\%)^2} + \frac{105}{(1+4\%)^3} = 102.78(元)$$

$$NPV = 102.78 - 95 = 7.78(元)$$

因为净现值大于零，所以我们说这种债券被市场低估了，可以对这种债券进行投资。

可以看出，对于某种债券的必要收益率越高，那么这个债券的理论价格越低，净现值也就越小。对于上面这个债券，我们可以用 Excel 把不同的必要收益率以及对应的理论价格和净现值算出来，如表 4-4 所示。

表 4-4　必要收益率、对应的理论价格和净现值

必要收益率 y^*	理论价格 $P_{理论}$	净现值 NPV
0.00%	115.00	20.00
0.50%	113.37	18.37
1.00%	111.76	16.76
1.50%	110.19	15.19
2.00%	108.65	13.65
2.50%	107.14	12.14
3.00%	105.66	10.66
3.50%	104.20	9.20
4.00%	102.78	7.78
4.50%	101.37	6.37
5.00%	100.00	5.00
5.50%	98.65	3.65
6.00%	97.33	2.33
6.50%	96.03	1.03
7.00%	94.75	-0.25
7.50%	93.50	-1.50
8.00%	92.27	-2.73

我们也可以把这种债券的必要收益率和净现值之间的关系用图 4-1 来表示。

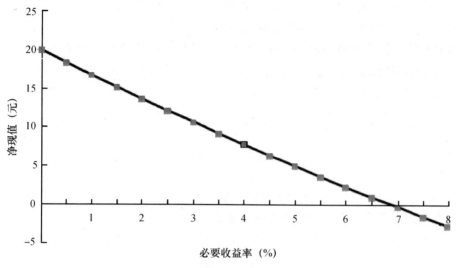

图 4-1 必要收益率和净现值

从图 4-1 我们可以看到,净现值和必要收益率是反方向变动的。曲线和纵轴交点(0%,20)意味着当必要收益率为零的时候,这个债券的净现值为 20 元。这个不难理解,当用于对这个债券的现金流进行贴现的必要收益率为零的时候,第一年年末的 5 元、第二年年末的 5 元、第三年年末的 105 元的现值加起来等于 115 元,也即理论价格为 115 元。减去市场价格 95 元,净现值为 20 元。曲线和横轴的交点(6.99%,0)表示当必要收益率为 6.99%的时候,这个债券的净现值为零,理论价格和市场价格相等。而理论价格和市场价格相等的时候,意味着债券的必要收益率和到期收益率是相等的。

总之,我们既可以利用债券的理论价格和市场价格比较来确定债券的估值是否合理,也可以利用债券的必要收益率和到期收益率比较来确定债券的估值是否合理:当理论价格大于市场价格、净现值大于零时,债券被低估;当理论价格小于市场价格、净现值小于零时,债券被高估;当理论价格等于市场价格、净现值等于零时,债券估值合理。当必要收益率小于到期收益率时,债券被低估;当必要收益率大于到期收益率时,债券被高估;当必要收益率等于到期收益率时,债券估值合理。

三、债券的久期

久期是一种测度债券发生现金流的平均期限的方法。债券的久期概念最早是 Macaulay(马考勒)1938 年提出的,所以又称马考勒久期,其计算公式如下:

$$D = \frac{\sum_{t=1}^{T} PV(c_t) \times t}{P_0} \tag{4-24}$$

其中,D 是马考勒久期;P_0 是债券当前的市场价格;$PV(c_t)$ 是债券未来第 t 期现金流(利息或本金)的现值;T 是债券的到期时间。我们可以把式(4-24)改写成:

$$D = \sum_{t=1}^{T} \frac{PV(c_t)}{P_0} \times t \qquad (4\text{-}25)$$

债券久期的计算就相当于是在算加权平均数。其中,变量是时间,权数是每一期的现金流,价格就相当于是权数的总和(因为价格是用现金流贴现算出来的)。这样一来,债券久期的计算公式就是一个加权平均数的公式了,因此,它可以被看成收回成本的平均时间。

在债券分析中,债券的久期还可以用来衡量债券价格变动对利率变化的敏感度。债券久期和债券价格变化的关系为:

$$\frac{\Delta P}{P} \cong -\frac{D \times \Delta y}{1+y} \qquad (4\text{-}26)$$

其中,$\Delta P/P$ 表示债券价格变动的百分比,D 表示债券久期,y 表示价格 P 对应的到期收益率,Δy 表示收益率的变化。其中,我们用:

$$D_m = \frac{D}{1+y} \qquad (4\text{-}27)$$

表示修正后的久期,式(4-26)可以改写为:

$$\frac{\Delta P}{P} \cong -D_m \times \Delta y \qquad (4\text{-}28)$$

其中,$\Delta P/P$ 表示债券价格变动的百分比,D_m 表示修正久期,Δy 表示债券的到期收益率的变化。可见,修正久期越大,债券价格对收益率的变动就越敏感,收益率上升所引起的债券价格下降的幅度就越大,而收益率下降所引起的债券价格上升的幅度也越大。或者说债券的久期大致反映了当利率变动1%的时候,债券价格变动的百分比。同等要素条件下,修正久期小的债券比修正久期大的债券抗利率上升风险能力强,但抗利率下降风险能力较弱。正是久期的上述特征给我们的债券投资提供了参照。当我们判断当前的利率水平存在上升的可能时,就可以集中投资于短期品种,缩短债券久期;而当我们判断当前的利率水平有可能下降时,就拉长债券久期,加大长期债券的投资,这就可以帮助我们在债市的上涨中获得更高的溢价。

久期的概念不仅广泛应用在个券上,而且广泛应用在债券的投资组合中。一个长久期的债券和一个短久期的债券可以组合成一个中等久期的债券投资组合,而增加某一类债券的投资比例又可以使该组合的久期向该类债券的久期倾斜。所以,当投资者在进行大资金运作时,准确判断好未来的利率走势后,就应该确定债券投资组合的久期,在该久期确定的情况下,灵活调整各类债券的权重,基本上就能达到预期的效果。在实际应用中,修正久期也可用如下公式计算:

$$D = \frac{P_+ - P_-}{2 \times P \times \Delta y} \qquad (4\text{-}29)$$

其中,D 表示久期,P_+ 表示收益率下降后债券的价格,P_- 表示收益率上升后债券的价格,P 表示未变动前的价格,Δy 表示收益率的变动。比如年收益率9%、面值100元、20年期的债券,如果现在市场价格为 134.6722 元,那么到期收益率就是 6%。如果到期收益率下降 0.2% 到 5.8%,那么价格将上升到 137.5888 元。如果到期收益率上升 0.2% 到 6.2%,那么债券价格将下降到 131.8439 元。那么:

$$D = \frac{137.5888 - 131.8439}{2 \times 134.6722 \times 0.002} = 10.66$$

这个债券的修正久期为 10.66,表示债券的收益率变化 1% 的话,债券价格大约变化 10.66%。

本章提要

1. 货币的时间价值指的是目前拥有的货币比未来收到同样金额的货币具有更大的价值。我们可以用单利法或者复利法来计算一笔存款的本利和。贴现是在一定贴现率下,求将来的现金流折算成现值的过程。

2. 债券的主要特征是可以获得较稳定的现金流,到期还本付息。一般用到期收益率来衡量债券的价值,到期收益率是使债券未来现金流的现值之和等于债券价格的贴现率。

3. 债券的定价原理在于,当期价格应等于其后所能获取的现金流根据必要收益率贴现的现值之和。这一定价原理不仅适用于典型的付息债券,也适用于零息债券和永久性债券。

4. 久期描述的是债券价格对利率的敏感性,其表明当利率发生一个小的变化时,债券的价格应该变化多少。

课后习题

1. 影响债券价格的主要因素有哪些?
2. 如何对债券投资价值进行估算与分析?
3. 如何理解久期的概念?
4. 如果 3 年后 150 元的当前价值为 130 元,则贴现率是多少?贴现因子呢?
5. 年贴现率是 12%,6 年期的贴现因子是多少?507 元以每年 12% 的复利投资 6 年后的价值是多少?
6. 持有浮动利率债券一手,未来 3 年的现金流分别是 50 元、46 元、1 050 元,已知市场必要收益率是 4.5%。请计算该债券的现值。若目前债券市场价格是 980 元,则净现值是多少?是否值得购买?
7. 一份 10 年期的政府债券,票面价值 1 000 元,票面利率 5%,到期一次性还本付息。假设市场利率水平是 6%,请计算该债券的市场价值。
8. 某机构持有 3 年期附息债券,年息票率为 7.5%,每年付息一次,该债券当前价格为 975 元(面值 1 000 元),贴现率 10%,问该机构应卖掉债券还是持有债券?
9. 某债券的票面价值为 1 000 元,票面利率为 10%,期限 5 年,单利计息,到期一次还本付息,如果目前市场上的必要收益率是 8%。
   (1)计算此债券的内在(理论)价值;
   (2)若此债券当前市场价格为 1 050 元,你该如何决策?
   (3)如果用复利计息方式,请问该债券的内在价值是多少?

第五章

股票投资价值分析

> **知识与技能目标**

本章的主要目标是向读者介绍股票的收益、股票的价格、股票的估值和股票价格指数。学完本章后,读者将能够:
1. 了解股票收益的来源,并能衡量股票的收益大小。
2. 理解股票的账面价值、理论价格和市场价格。
3. 掌握几种常见的股票估值模型,并能应用于计算股票的理论价格。
4. 理解股票价格指数的概念及其计算方法。

> **案例导入**

巴菲特的投资经验

巴菲特的成功,靠的是一套与众不同的投资理念、不同的投资哲学与逻辑、不同的投资技巧。在看似简单的操作方法背后,你其实能悟出深刻的道理,它简单到任何人都可以利用。巴菲特曾经说过,他对华尔街那群受过高等教育的专业人士的种种非理性行为感到不解。《美国新闻与世界报道》周刊介绍了巴菲特式投资的六要素,称巴菲特的神秘之处恰在于他简单有效的投资方式。巴菲特的投资方式究竟有什么要素?其中两点和股票估值有关:

1. 别被收益蒙骗

巴菲特更喜欢用股本收益率来衡量企业的盈利状况。股本收益率是用公司净收入除以股东的股本,它衡量的是公司利润占股东资本的百分比,能够更有效地反映公司的盈利增长状况。根据他的价值投资原则,公司的股本收益率应该不低于15%。在巴菲特持有的上市公司股票中,可口可乐的股本收益率超过30%,美国运通公司达到37%。

2. 要看未来

人们把巴菲特称为"奥马哈的先知",因为他总是有意识地去辨别公司是否有好的发展前途,能不能在今后 25 年里继续保持成功。巴菲特常说,要透过窗户向前看,不能看后视镜。预测公司未来发展的一个办法,是计算公司未来的预期现金收入在今天值多少钱。这是巴菲特评估公司内在价值的办法。然后他会寻找那些严重偏离这一价值、低价出售的公司。

(来源:华讯财经,http://fs.591hx.com/Article/2012-04-12/0000035951s.shtml,2012 年 4 月 12 日。)

编者按: 巴菲特偏好价值被低估的股票,即便经济低迷的时候也会时常买入。虽然我们不能确定他是用什么方法判定一只股票的价值是否被低估,但显然评估股票的价值是一件重要的事情。那就让我们从本章的学习开始吧。

第一节 股票的收益

一、股票收益的来源

股票投资的收益是指投资者从购入股票开始到出售股票为止整个持有期间的收入,包括股息、资本利得和公积金转增股本收入三个部分。

1. 股息

股息是指股票持有者依据其所持有的股票从发行公司分取的盈利。股息作为股东的投资收益,用以股份为单位的货币金额表示,但股息可以有现金股息、股票股息、财产股息、负债股息和建业股息等多种形式。其中,现金股息是以货币形式支付的股息和红利,是最普通、最基本的形式。

2. 资本利得

除了获取股息之外,投资者还可以在股票市场上出售持有的股票收回投资,赚取盈利,也可以利用股票价格的波动低买高卖来赚取差价收入。股票买入价和卖出价之间的差额就是资本利得,或称资本损益。资本利得可正可负,当股票卖出价大于买入价时,资本利得为正,此时可称为资本收益;当卖出价小于买入价时,资本利得为负,此时可称为资本损失。资本利得在有些时候甚至大大超过股票发行公司分红派息的收益。

3. 公积金转增股本

公积金转增股本是采取送股的形式,但送股的资金不是来自当年可分配盈利,而是公司提取的公积金。

二、股票的收益率

衡量股票投资收益水平的指标主要有股利收益率、持有期收益率。

1. 股利收益率

股利收益率指股份有限公司以现金形式派发的股息与股票市场价格的比率。该收益率可用于计算已得的股利收益率,也可以用来预测未来可能的股利收益率。如果投资者以某一市场价格购入股票,在持有股票期间得到公司派发的现金股息,则股利收益率可用本期每股股息与股票买入价格计算,这种已得的股利收益率对长期持有股票的股东来说特别有意义。如果投资者打算投资某种股票,可用该股票预计的本期现金股息与当前股票市场价格算出预计的股利收益率。

$$股利收益率 = D/P_0 \times 100\% \tag{5-1}$$

其中,D 表示年现金股息,P_0 表示股票买入价格。

2. 持有期收益率

持有期收益率指投资者持有股票期间的股息收入与买卖差价占股票买入价格的比率。股票没有到期日,投资者持有股票的时间短则几天,长则数年,持有期收益率就是反映投资者在一定的持有期内的全部股息收入加上资本损益和投资本金的比率。持有期收益率是投资者最关心的一个收益指标。

$$持有期收益率 = \frac{D + (P_1 - P_0)}{P_0} \times 100\% \tag{5-2}$$

其中,D 表示年现金股息,P_0 表示股票买入价格,P_1 表示股票卖出价格。从式中我们可以看出,D 反映了股票的股息收益,$(P_1 - P_0)$ 反映了股票的资本损益,可能为正,也可能为负。

不同类型的投资者对这两部分的关注程度不同。对于准备长期持有、关心公司价值的价值投资者来说,更看重股息收益。对于进行短期投机的投资者来说,更关注资本损益的大小也就是价差的大小。另外,股票的持有期收益率跟具体的持有期限是相关的,和其他种类的金融资产的收益率进行比较的时候,要换算成一年的收益率。

第二节 股票的估值

这一节我们介绍用于计算股票内在价值的模型,内在价值的计算取决于对投资基本面和特点的分析,而基本面取决于投资者具体的估值方法。投资者可以从宏观环境着手,确定前景较好的行业,然后分析这个行业中以前表现较好的公司股票;也可以选定几个特定的行业,然后预计这些行业的基本面,有针对性地对公司的股票进行估值。不管采用哪一种方法,投资者估计股票的内在价值的目的都是想确定市场对股票的定价是否合理,股价是被高估还是被低估。

一、股票估值和市场价格

投资者评估股票的内在价值,也就是通过一定的方法来计算股票的理论价格,然后将理论价格和股票的市场价格进行比较,可以发现这个股票在市场上是被高估、低估还是被合理定价的。如果某种股票的市场价格是 10 元,而投资者评估的内在价值是 12 元,可以认为这个股票在市场上被低估了。反之,如果投资者评估的内在价值是 8 元,则这个股票在市场上就被高估了。如果内在价值也是 10 元,可以认为这个股票的市场价格是合理的。

在实际对股票估值的时候,投资者必须要面对的一个问题是不确定性。因为股票的收益、公司的未来业绩、市场环境等都是不确定的。所以在估值的时候,要考虑估值方法的合理性,要尽可能多地考虑影响股票价值的各种因素,选择合理的估值方法。从估值的目的来说,投资者是希望通过估值,买入那些被市场低估的股票,卖出被市场高估的股票,从而获得收益。这里有一个隐含的前提,即市场价格会收敛于股票的内在价值。然而,当估值不准确或者不合理的时候,投资者用于作为投资标准的股票估值就没有意义了。

二、股票的主要估值模型

对股票内在价值的评估需要用到一些规范的方法。通常用到的估值模型主要有现金流贴现模型、乘数模型和资产估值模型。

1. 现金流贴现模型

这类模型主要是估计股票未来现金流的现值,把这个现值作为股票的理论价格。很多估值模型都属于这一类,从相对简单到非常复杂,主要取决于对未来现金流的估计采用的方法。我们后面主要介绍两种比较简单的现金流贴现模型:零增长模型和不变增长模型。

2. 乘数模型

这类模型主要基于股票价格乘数或者企业价值乘数。基于股票价格乘数模型,通过将一些财务指标,比如销售收入、现金流、净资产,乘以一个价格乘数,来得到股票的理论价格。企业价值乘数等于企业价值除以财务指标,企业价值一般用公司的市值减去现金和短期投资来表示;财务指标一般用销售总收入来表示。用乘数算出企业价值后,减去负债和优先股的价值,然后间接地算出普通股的价值,除以普通股数量,就得到股票的理论价值。

3. 资产估值模型

这类模型通过估计总资产的市场价值,然后减去负债和优先股的价值,得到普通股的价值。总资产的市场价值一般由总资产的账面价值经过调整得到。这个模型的理论基础是股票的理论价格应该等于资产价格。

对股票进行投资价值分析的时候往往要用到不止一种模型。我们在采用模型估值的时候,要清楚任何一种模型都有一定的假设前提,是对现实的一个简化和估计,都存在不确定性。我们选择哪一种或哪几种模型来进行股票价值评估,取决于我们能够获取的信息和应用的场合。下面,我们介绍几种常用的估值模型。

三、零增长模型

现金流贴现模型的一个基础思想是:投资者放弃目前的消费,用于投资,以期获得将来的收入。显而易见,将来的收入的现值应该和现在的投资价值相等。对于股票投资来说,将来的收入就是股息,所以一种简单的估值方法就是股息贴现模型。假定一个投资者准备买一只股票并且持有一年,如果这个投资者预计这只股票这一年能够获得的股息为 D_1;一年后能够以 P_1 的价格卖掉股票;对于这只股票的要求收益率或者说贴现率为 r_1,那么这只股票的理论价格就是对一年后的现金流 D_1 和 P_1 进行贴现。如果持有 n 期,我们可以用下式来计算股票的理论价格:

$$P = \left[\frac{D_1}{(1+r_1)} + \frac{D_2}{(1+r_1)(1+r_2)} + \cdots + \frac{D_n}{(1+r_1)(1+r_2)\cdots(1+r_n)} \right]$$

$$+ \frac{P_n}{(1+r_1)(1+r_2)\cdots(1+r_n)} \tag{5-3}$$

其中，P 表示股票现值，即理论价格；$D_1,D_2,\cdots,D_n$ 表示每股股利；r 表示贴现率；P_n 表示股票出售时的价格；n 表示持有股票的年限。零增长模型对这个公式做了简化：首先，假定每年的股息不变，也就是说每年的股息是零增长的，即 $D_1=D_2=\cdots=D_n=D$；其次，假定贴现率不变，即 $r_1=r_2=\cdots r_n=r$；最后，假定投资者的持有期为永久，即 $n\to\infty$，则：

$$P = \left[\frac{D}{1+r} + \frac{D}{(1+r)^2} + \frac{D}{(1+r)^3} + \cdots + \frac{D}{(1+r)^\infty}\right] + \frac{P_n}{(1+r)^\infty} \tag{5-4}$$

在上式中，考虑到贴现率为正且小于 1 的事实，可得

$$P = \frac{D}{r} \tag{5-5}$$

四、不变增长模型

在前面的模型中我们假定这只股票的股息是不变的，麦伦·戈登（Myron Gordon）在 1962 年提出了一个估值模型，考虑了股息随时间增长的因素。在这个模型中，戈登假定公司股息以固定的比例增长，所以这个模型也叫做不变增长模型。假设股息按不变的增长率 g 增长，则：

$$P = \sum_{t=1}^{n} \frac{D_0(1+g)^t}{(1+r)^t} \tag{5-6}$$

其中，P 表示股票的理论价格；D_0 表示当期股息；r 表示必要收益率；g 表示股息增长率。当持有期趋向无穷，并且股息增长率小于必要收益率的时候，我们可以利用等比数列的求和式得到股票的理论价格为：

$$P = \frac{D_0(1+g)}{r-g} = \frac{D_1}{r-g} \tag{5-7}$$

举个例子，某公司今年的股息分红为每股 1 元，以后股息预计将以每年 5% 的速度增长，股票的必要收益率为 8%，那么股票的理论价格为：

$$1\times(1+5\%)/(8\%-5\%) = 35(元)$$

需要注意的是，这个式子当中的分子是第一年年末的股息，而不是当期的股息，所以 1 要乘以 $(1+5\%)$。

五、乘数模型

这里的乘数指股票的市场价格相对于某些财务指标的比率，比如市盈率就是股票的市场价格相对于股票每股收益的比率，一般用 P/E 表示：

$$P/E = \frac{股票价格}{股票每股收益} \tag{5-8}$$

我们可以在股票行情软件里或者财经网站等各种渠道查到一个上市公司股票的市盈率。我们也可以根据一个公司的股票价格和财务报表里面的每股收益数据，根据式（5-8）来计算这个公司股票的市盈率。假定有三个公司的市盈率如表 5-1 所示。

表 5-1　三个公司的股票市盈率

	201X 年 12 月 31 日股票价格(元)	201X 年每股收益(元)	P/E(动)
公司 A	15	0.5	30
公司 B	32	0.8	40
公司 C	12	0.6	20
平均市盈率			30

我们从表 5-1 中知道,三个公司的市盈率分别为 30 倍、40 倍和 20 倍。那么,怎么从这些数据中判断这些公司的股票价格是被高估、低估还是合理的呢? 首先,我们要选取一个合理的市盈率作为比较的基准。假定这三个公司属于同一个行业,经营状况、财务状况等都差不多,我们可以认为这三个公司是可以比较的。通常的做法是采用这三个公司的平均市盈率,即 30 倍作为标准。其次,我们把这个平均市盈率作为乘数,去计算这三个公司股票的合理价格:

股票 A 的合理价格 = 每股收益 × 平均市盈率 = 0.5 × 30 = 15(元)
股票 B 的合理价格 = 每股收益 × 平均市盈率 = 0.8 × 30 = 24(元)
股票 C 的合理价格 = 每股收益 × 平均市盈率 = 0.6 × 30 = 18(元)

通过以上计算,我们可以得出结论:公司 A 的股票市场价格是合理的,而公司 B 的股票市场价格被市场高估,公司 C 的股票价格则被市场低估。当然,了解了市盈率的概念之后,我们也可以直接从市盈率的大小来判断股票价格定价的合理性。市盈率高于平均市盈率的股票被高估;市盈率低于平均市盈率的股票被低估;市盈率等于平均市盈率的股票市场定价是合理的。除了市盈率,作为乘数的还可以是股票价格对每股净资产的比率(市净率)、股票价格对销售额的比率、股票价格对现金流的比率。这些乘数在应用到股票价值评估的时候,是一个相对的概念,通过这些乘数大小的比较,来判断一个公司的股票市场价格相对来说是否合理。但是,这些进行比较的公司之间,在业务范围、公司经营状况、财务状况、规模等各方面要比较接近,才可以进行比较。

六、资产估值模型

资产估值模型通过直接计算公司资产价值来评估公司股票市场价值,托宾 Q 值就是能使人们更有效地运用资产导向的一种概念和方法。托宾 Q 被定义为公司的市场价值与现有资产的重置成本之比,即:

$$Q = \frac{公司的市场价值}{资产的重置成本} \tag{5-9}$$

通过公式变换,我们有:

$$公司的市场价值 = Q × 资产的重置成本 \tag{5-10}$$

这里,所谓的"重置成本",是指在产品市场上购买该公司的厂房、设备所需支付的费用。托宾 Q 值最初是一个宏观经济的概念,主要被用来评估公司的资本投资是会增加还是会减少公司的市场价值。托宾认为,当 $Q > 1$ 时,就意味着在股票市场上每股资本的价格大于资本的实际成本,因此,企业可以继续发行新股,利用筹集到的资金进行投资,并将部分超额收益留给股东。从这个意义上说,$Q > 1$ 就成了企业能够通过发行新股来进行新的投资活动的一个标志。托宾 Q 值能够说明实际经济情况与金融市场之间的联系,同时也能代表不同股票的一种资产评价标准。我们知道,理论上均衡价值的托宾 Q 值应为 1,其可以看作公平价值的一个标准。而 $Q>1$ 可视为价值高估的一个指标,相应地,$Q<1$ 说明公司前景不妙或被低估。

使用托宾 Q 值[或者其他的比率如市盈率(P/E)、价格/账面值比率(P/B)]对公司股票进行估价时,最常用也最简单的方法是选择一些"可比"的公司,如同行业的类似公司,计算其平均的托宾 Q 值,再根据该平均值估计被评估公司的托宾 Q 值,然后根据式(5-10)计算出公司的市值。目前,托宾 Q 在美国等市场使用得较多,它被认为是衡量公司内在价值的一个较好的指标。当通货膨胀导致资产价格上升或技术进步导致资产价格下降的时候,托宾 Q 值能够提供对资产价值低估的更好的判断标准。然而,该方法在实际运用中也存在一些问题。首先,即使公司从事相同的业务,但其资产结构也会有很大的不同,这样给托宾 Q 值的选择带来很大的困难;其次,有些公司具有很强的独特性,我们很难估计它们的重置成本(如无形资产)。因此,投资分析人员通常采用一些简单的方法来计算托宾 Q 值,例如,他们有时会使用资产的账面价值来代替重置成本。对于我国尚未成熟的股票市场来说,这种方法还不能广泛地应用,因为目前我国许多上市公司的股价远远偏离其实际价值。

第三节 除 权 除 息

一、除权除息的概念

股份有限公司每年的税后盈利要按一定的方式对股东进行分配,主要的分配方式有全部发放现金股息、全部派发股票股息或者现金股息与股票股息配合发放等。另外,公司为增资发行也会给老股东以优先认股权。以上这几种情况,都需要对股票的价格进行除权除息,除权除息是指通过对股票价格的调整,除去股息、送股、配股等相应的价值。和除权除息相关的日期有宣布日、股权登记日、除权(除息)日和发放日。

1. 宣布日

在经过股东大会审议通过后,董事会宣布在将来某个具体日期发放股息、送股或者配股,以及具体的分配方案。

2. 股权登记日

确认和登记具有领取本次权(息)权利的投资者的日期,因为股票不断地在投资者之间流通转让,公司为了确定本次权(息)的具体发放对象,需要在权(息)发放之前对股东名册进行登记,股权登记日就是截止登记的日期。也就是在股权登记日这一天股市闭市之前买入股票的投资者会被记录在公司股东的名册上以领取本次公司的权(息)。

3. 除权(除息)日

除权(除息)日又叫除权(除息)基准日,是除去交易中股票所含权(息)权利的日期。在网络和计算机技术不是很发达的时候,股票从成交到清算交割过户需要数天时间,为了使公司有一定的时间办理过户手续和改变股东名册,也为了使投资者有充分的时间过户,除权(除息)日一般定在股权登记日之后的 3—4 个营业日。我国上海证券交易所和深圳证券交易所成交当天就能完成过户手续,所以规定股权登记日的下一个营业日为除权(除息)日。除权(除息)日以前的股票是含权(息)股票,在除权(除息)日以前买入股票的股东享有领取本次权(息)的权利,即使在除权(除息)日以后将股票出售,也不会失去这一权利。在除权(除息)日当天和日后购买的股票是除权(除息)股票,即当天及以后买入股票的股东不享有领取本次权(息)的权利。

4. 发放日

发放日就是公司发放权(息)的日子,公司会把股息、送股或者配股打到投资者在证券公司所开的资金账户或者证券账户上。

知识链接

上海大众科技创业(集团)股份有限公司配股说明

以 2001 年 12 月 31 日股本总数 476 181 666 股为基数,每 10 股配 2.68 股。
配股价格:每股人民币 6.18 元。
预计募集资金总量:43 260 万元(含发行费用)。
股权登记日:2002 年 10 月 25 日,即在这一天持有公司股票的投资者有配股权利。
除权基准日:2002 年 10 月 28 日,在这一天及以后购入股票的投资者不享有配股权。
配股缴款起止日:2002 年 10 月 28 日至 2002 年 11 月 8 日。

二、除权除息的价格调整

当股份有限公司决定对股东发放现金股息时,为了保证股票交易的连续性和股票价格的公正性,必须对除息日的股票交易价格进行调整,把这一天的股票价格除去本次派发的现金股息,作为开盘指导价格,也称为除息基准价。除息基准价的公式可以表示为:

$$除息基准价 = 除息日前一天收盘价 - 现金股息 \tag{5-11}$$

由于对除息日当天的股票价格做了除息处理,除息日前一天的股票收盘价与除息日的开盘价之间会出现一个价格缺口,本次发放的现金股息数额越大,价格缺口也就越大。除息以后,若股价上涨并将除息后的缺口填满甚至超越除息前一天的收盘价,称为填息;若股票价格不涨或上涨幅度未能将缺口填满,称为贴息。我国上海证券交易所和深圳证券交易所成交当天就能完成过户手续,所以规定股权登记日的下一个营业日为除息日。股权登记日当天持有股票的投资者有权取得本次股息,而在股权登记日以后买入的投资者没有这一权利,因此要在登记日下一个营业日的股票开盘价中减去本次发放的现金股息。

除权是指除去交易中股票配送股的权利。当股份有限公司发放红股、公积金转增股本以及对原有股东配股时需要对股票进行除权处理。除权后的股票价格叫做除权基准价,是以除权前一日该股票的收盘价除去所含的股权。除权基准价是一种开盘指导价,除权日的实际开盘可能等于、高于或低于除权基准价,其具体价格取决于投资者的预期和供求关系。除权基准价有以下几种情况:

1. 无偿送股方式

$$除权基准价 = \frac{除权前一天收盘价}{1 + 无偿送股率} \quad (5-12)$$

比如,某股份有限公司本年度以每 10 股送 4 股的比例向全体股东派发红股,2 月 24 日为除权日,除权日前一个营业日 2 月 23 日的收盘价为 12 元,则:

$$除权基准价 = \frac{12}{1+0.4} = 8.57(元)$$

2. 配股方式

$$除权基准价 = \frac{除权日前一天收盘价 + 新股每股配股价 \times 新股配股率}{1 + 新股配股率} \quad (5-13)$$

比如,某公司向现有股东按每 10 股配 4 股的比例进行配股,配股价为每股 4.50 元,2 月 24 日为除权日,2 月 23 日该股票收盘价为 12 元,则:

$$除权基准价 = \frac{12 + 4.5 \times 0.4}{1 + 0.4} = 9.86(元)$$

3. 无偿送股与配股搭配方式

$$除权基准价 = \frac{除权前一天收盘价 + 新股每股配股价 \times 新股配股率}{1 + 新股配股率 + 无偿送股率} \quad (5-14)$$

比如,某公司向现有股东按每 10 股送 2 股和每 10 股配 2 股的比例进行送配股,配股价为每股 4.50 元,2 月 24 日为除权日,2 月 23 日该股票收盘价为 12 元,则:

$$除权基准价 = \frac{12 + 4.5 \times 0.2}{1 + 0.2 + 0.2} = 9.21(元)$$

4. 连息带权搭配方式

$$除权除息基准价 = \frac{除权除息日前一天收盘价 - 股息 + 新股配股价 \times 新股配股率}{1 + 新股配股率 + 无偿送股率}$$

比如,某公司向现有股东按每 10 股送现金股息 10 元、送红股 2 股,并按每 10 股配 2 股的比例进行配股,配股价为每股 4.50 元,2 月 24 日为除权除息日,2 月 23 日该股票收盘价为 12 元,则:

$$除权除息基准价 = \frac{12 - 1 + 4.5 \times 0.2}{1 + 0.2 + 0.2} = 8.50(元)$$

知识链接

除权除息相关知识

1. 股票代码前加 XR、DR、XD 是什么意思?

除息的英文是 Exclude Dividend,简称 XD。除权的英文是 Exclude Right,简称 XR。如果又除息又除权,则英文简称为 DR。

2. 为什么在除权除息日,股价一落千丈?

股价落差的产生是因为投资人在除权或除息日之前购买与当天购买,两者买到的虽然是同一家公司的股票,但是内含的权益不同,如果价格一致显然相当不公平。因此,必须在除权或除息日当天向下调整股价,成为除权或除息参考价。

比如,某上市公司上年度利润分配方案为:每 10 股配售 5 股,配售价格为 10 元/股,并派发红利 5 元。该股票除权前一日的收盘价为 20 元,计算除权价格。

解:$\dfrac{20 - 0.5 + 0.5 \times 10}{1 + 0.5} = 16.33(元)$

也就是说,除权当天该股票的开盘指导价是 16.33 元,该价格等价于除权前的 20 元。

第四节 股票价格指数

一、股票价格指数的定义

股票价格指数,简称股价指数,是将计算期的股价与某一基期的股价相比较的相对变化数,用以反映市场股票价格的相对水平及其变动趋势。股票价格指数除了具有直接反映股票市场平均股价走势这一告示功能外,还是股市人气聚散的征兆,同时也是反映一个国家或地区社会经济发展状况的灵敏信号。由于股票的市场价格受多种因素的影响,不仅单个股票的价格变动频繁,而且股票市场总体价格水平也瞬息万变,对于某一只具体股票的价格变化,投资者很容易了解,但对于整个股票市场的价格变化,却很难通过逐一了解每只股票来把握。为了解决这一问题,证券交易所和一些金融服务机构通过编制股票价格指数作为衡量股票市场价格变动的指标。

按照涵盖股票数量和类别的不同,可以把股票价格指数分为综合指数、成分指数和分类指数三类。综合指数是指在计算股票价格指数时将某个交易所上市的所有股票市价升跌都计算在内的指数,如纽约证券交易所综合指数、上海证券交易所综合指数等。成分指数是指在计算股价指数时仅仅选择具有代表性的股票作为成分股。目前世界上大多数的指数都是成分指数,如道琼斯股价指数、标准普尔 500 指数、伦敦金融时报 100 指数、上证 180 指数、深圳成分股指数等。成分指数选择的股票一般具有市值大、交易量大、业绩好的特点。分类指数则是指选择具有某些相同特征(如,同行业)的股票作为目标计算出来的指数,如房地产股指数、金融股指数、工业股指数等。

二、股票价格指数的计算

证券市场上的股票价格指数是运用统计学中的指数方法编制而成的。由于经济、技术、市场、政治等种种因素的影响,股票价格常常处于变动之中。为了能够及时、准确地反映出这种变化趋势,世界各大证券市场都编制了股价指数,通过将某一时点上成千上万种此起彼伏的股票价格表现为一个综合指标,来表示该股票市场一定标准的价格水平和变动情况。编制股票价格指数的主要步骤分两步:

1. 计算股价平均数

股价平均数的计算方法主要有两种:一是简单算术平均法,二是加权平均法。

简单算术平均法的计算就是将样本股的价格加总求和,然后除以样本股的只数,即:

$$股价平均数 = \frac{p_1 + p_2 + \cdots + p_n}{n}$$

在这里要注意的是除数因子(上式中为 n)的修正。由于样本股的拆分、送配股及更换,为了使股票价格指数具有连续性和时间上的可比性,除数因子会进行修正。

加权平均法是将各样本股的发行量或成交量作为权重进行加权平均,即:

$$股价平均数 = \frac{p_1 w_1 + p_2 w_2 + \cdots + p_n w_n}{w_1 + w_2 + \cdots + w_n}$$

其中,w_i 表示 i 种股票的发行量或成交量。

2. 计算股票价格指数

股票价格指数是将计算期的平均股价与某一基期的平均股价相比较得到的相对值,用以反映市场股票价格的相对水平。

假定基准日的股票价格指数定为 100,则:

$$计算日的股票价格指数 = \frac{计算日的股价平均数}{基准日的股价平均数} \times 100 \tag{5-15}$$

对于用算术平均法计算的股价平均数,上述股票价格指数的计算公式(5-15)不会存在疑问。但如果是用加权平均法计算出来的股价平均数,运用上述公式时,会存在这样一个问题:应该选用基期的权数还是计算期的权数?不同的选择得到的指数是不一样的。

(1)基期加权股票价格指数,又称拉式指数,采用基期发行量或成交量作为权数,计算公式为:

$$计算日的股票价格指数 = \frac{\sum_{i=1}^{n} P_{1i} Q_{0i}}{\sum_{i=1}^{n} P_{0i} Q_{0i}} \times 100$$

其中,Q_{0i} 表示第 i 种股票的基期发行量或成交量。

(2)计算期加权股票价格指数,又称派式指数,采用计算期发行量或成交量作为权数,其适用性较强,使用较广泛,很多著名的指数如标准普尔 500 指数,就是使用该方法编制的。计算公式为:

$$计算日的股票价格指数 = \frac{\sum_{i=1}^{n} P_{1i} Q_{1i}}{\sum_{i=1}^{n} P_{0i} Q_{1i}} \times 100$$

其中,Q_{1i} 表示第 i 种股票的计算期发行量或成交量。

以下的实战分析说明了加权平均法的具体计算运用。

实战分析

股票价格指数的计算

目前的深圳综合指数和成分股指数均为加权价格指数,深圳综合指数以 1991 年 4 月 3 日为基期(基期指数定为 100),1991 年 4 月 4 日开始公布。它以在深圳证券交易所上市交

易的全部股票为计算对象,计算公式如下:

即日指数 = (即日指数股份总市值 ÷ 基期指数股份总市值) × 100

下面以6种股票作为指数股,基期指数为100,对指数的计算做如下说明:

基期股票价格和市值表

股票	股份数	收市价(元)	市值(元)
A	5 000	15.00	75 000
B	7 000	20.00	140 000
C	8 000	12.00	96 000
D	10 000	8.00	80 000
E	12 000	10.00	120 000
F	15 000	8.50	127 500
总市值(元)			638 500

即日股票价格变动如下:

股票	股份数	收市价(元)	市值(元)
A	5 000	14.50	72 500
B	7 000	20.50	143 500
C	8 000	12.00	96 000
D	10 000	8.50	85 000
E	12 000	11.00	132 000
F	15 000	8.00	120 000
总市值(元)			649 000

指数计算如下:

总市值(元)		基日指数	即日指数
即日①	基期②	③	③×①/②
649 000	638 500	100	101.64

三、我国的股票价格指数

(一)上海证券交易所股票价格指数

1. 上证综合指数

上证综合指数的全称是上海证券交易所股票价格综合指数,该指数自1991年7月15日起开始实时发布,以1990年12月19日为基期,基期指数定为100点,以全部上市股票为样本,以发行量为权数加权平均。随着上市品种的逐步丰富,上海证券交易所在这一综合指数的基础上,从1992年2月起分别公布了上证A股指数和上证B股指数,以反映全部A股和全部B股的股价走势。上证B股指数以1992年2月21日为基期,基期指数定为100点。

2. 上证成分股指数

上证成分股指数简称上证180指数,是上海证券交易所对原上证30指数进行调整和更名产生的指数。上证成分股指数从上海证券交易所上市的所有A股股票中抽取具有市场代表性的180种样本股票为计算对象,以样本股的调整股本数为权数,采用流通股本占总股本的比例分级靠档加权计算而编制。该指数以2002年6月28日为基期,以原上证30指数在当日的收盘3 299.06点为基点,于2002年7月1日正式发布。

3. 上证50指数

上证50指数是根据流通市值、成交金额对股票进行综合排名,从上证180指数样本中选择排名前50位的股票组成样本股,指数以2003年12月31日为基期,基期指数定为1 000点,于2004年1月2日正式发布。上证50指数成分股数量适中、成交活跃、流动性好、规模较大,适合作为金融衍生工具基础的投资指数,以及作为指数基金和交易所交易基金的标的物。

4. 上证分类指数

上海证券交易所按全部上市公司的主营范围、投资方向及产出分别计算工业类指数、商业类指数、房地产类指数、公用事业类指数和综合业类指数,这些指数均以全部发行股数为权数进行计算,以1993年4月30日为基期,基期指数定为1 358.78点,于1993年6月1日正式发布。

(二) 深圳证券交易所股票价格指数

1. 深证综合指数

深证综合指数的全称是深圳证券交易所股票价格综合指数,是由深圳证券交易所于1991年4月4日开始编制发布的。深证综合指数以在深圳证券交易所上市交易的全部股票为样本,采用计算日股份数为权数计算编制,以1991年4月3日为基期,基期指数定为100点。此外,深圳证券交易所还编制了分别反映全部A股和全部B股股价走势的深证A股指数和深证B股指数。深证A股指数以1991年4月3日为基期,1992年10月4日开始发布,基期指数定为100点。深证B股指数以1992年2月28日为基期,1992年10月6日开始发布,基期指数定为100点。

2. 深证中小企业板指数

深证中小企业板指数简称中小板指数,是由深圳证券交易所编制的、以全部在中小企业板正常交易的股票为样本股的综合指数。在计算指数时使用了最新自由流通股本数为权重参与指数计算的方法,即扣除了流通受到限制的股份后的股本数量作为权重予以计算。新股于上市次日起纳入指数计算,指数成分股的加权方法沿用派氏加权,并以逐日连续计算的方法得出实时指数。中小板指数以2005年6月7日为基期,基期指数定为1 000点,于2005年12月1日正式发布。

3. 深证成分股指数

深圳成分股指数简称深证成指,是深圳证券交易所编制的主要股价指数。它是按一定标准选出40家有代表性的上市公司作为成分股,用成分股的可流通数作为权数,采用加权平均法编制而成的股价指数。深证成分股指数以1994年7月20日为基期,基期指数为1 000点,起始计算日为1995年1月25日。

4. 深证100指数

深圳证券信息有限公司于2003年年初发布深证100指数。深证100指数成分股的选取主要考察A股上市公司流通市值和成交金额两项指标,从在深圳证券交易所上市的股票中选取100只A股作为成分股,以成分股的可流通A股数为权数,采用派氏综合法编制。深证100指数以2002年12月31日为基准日,基期指数定为1 000点,从2003年第1个交易日开始编制和发布。

5. 深证分类指数

深证分类指数包括农林牧渔指数、采掘业指数、制造业指数、水电煤气指数、建筑业指数、运输仓储指数、信息技术指数、批发零售指数、金融保险指数、房地产指数、社会服务指数、传播文化指数、综企类指数共13类。其中,制造业指数又分为食品饮料指数、纺织服装指数、木材家具指数、造纸印刷指数、石化塑胶指数、电子指数、金属非金属指数、机械设备指数、医药生物指数9类。深证分类指数以1991年4月3日为基期,基期指数设为1 000点,起始计算日为2001年7月2日。

(三) 沪深300指数

沪深300指数简称沪深300,是沪深证券交易所于2005年4月8日联合发布的反映A股市场整体走势的指数。沪深300指数由中证指数有限公司编制,编制目标是反映中国证券市场股票价格变动的概貌和运行状况,并能够作为投资业绩的评价标准,为指数化投资和指数衍生产品创新提供基础条件。沪深300指数从上海和深圳证券交易所中选取300只A股作为样本,其中,沪市208只、深市92只,覆盖了沪深市场70%左右的市值,具有良好的市场代表性和可投资性。沪深300指数以2004年12月31日为基期,基期指数为1 000点,其计算是以调整股本为权重,采用派氏加权综合价格指数公式进行计算。其中,调整股本根据分级靠档方法获得。目前,我国唯一一只股指期货产品就是以沪深300指数作为标的证券的。

(四) 香港恒生指数

香港恒生指数是香港股票市场上历史最久、影响最大的股票价格指数,由香港恒生银行于1969年11月24日开始编制发布。它挑选33家有代表性且经济实力雄厚的大公司股票作为成分股,包括4种金融业股票、6种公用事业股票、9种地产业股票和14种其他工商业(包括航空和酒店)股票,以1964年7月31日为基期,基期指数为100点,后来,因为恒生指数按行业增设了4个分类指数,遂将基期改为1984年1月13日,并将该日收市指数975.47点定为新的基期指数。

四、世界主要股票价格指数

(一) 道琼斯股价指数

道琼斯股价指数是世界上历史最为悠久的股价指数,全称是道琼斯股票价格平均指数。1884年由道琼斯公司的创始人查尔斯·亨利·道和爱德华·琼斯根据当时美国具有代表性的11种股票编制,并发表在该公司编辑出版的《每日通讯》上。以后,道琼斯股价指数的样本股逐渐扩大到65种,《每日通讯》也于1889年改为《华尔街日报》。

长期以来,道琼斯股价指数被认为是世界上最权威的股价指数,主要原因是道琼斯股价指数所选用的股票都是有代表性且具有重要影响力的著名公司所发行的股票,而且所选用的股票经常予以调整,使其更具有代表性,能够比较好地与在纽约证券交易所上市的2 000多种股票变动同步。另外,公布道琼斯股价指数的新闻载体《华尔街日报》是世界金融界最有影响力的报纸,该报每天对该指数都有及时而详尽的报道。

（二）标准普尔500股票综合指数

标准普尔500股票综合指数是美国最大的证券研究机构——标准普尔公司编制发布的,用以反映美国股票市场行情变化的股价指数,简称标准普尔500指数。标准普尔500指数于1932年开始编制,最初采样股票共233种。1957年采样股票扩大到500种,其中,工业股票425种,铁路股票15种,公用事业股票60种,涉及的子行业增加到83个。1976年7月又进行了改动,采样股票仍为500种,但其构成变为工业股票400种,运输业股票20种,工业事业股票40种,金融股票40种。1988年4月,标准普尔500指数取消了对各个行业股票数量的限制,决定根据公司的实际情况来判断是否加入样本,但样本的总数仍保持在500家。标准普尔500指数采用加权平均法,以1941—1943年间的平均市价总额为基期值,基期指数为100点,以上市股票市值为权数进行计算。

（三）《金融时报》股票价格指数

《金融时报》股票价格指数是由英国伦敦《金融时报》编制发布的反映伦敦证券交易所工业和其他行业股票价格变动的指数,采用加权算术平均法计算。该指数的采样股票分为三组:第一组是在伦敦证券交易所上市的英国工业有代表性的30家大公司的30种股票;第二组和第三组分别由100种股票和500种股票组成,其范围包括各行各业。该指数以1935年7月1日为基期,基期指数为100点。该指数以能及时反映伦敦股票市场动态而闻名。

（四）日经225股价指数

日经225股价指数是日本经济新闻社编制和公布的反映日本股票市场价格变动的股票价格平均数。该指数从1950年9月开始编制,最初根据东京证券交易所第一市场上市的225家公司的股票算出修正平均股价,称为东证修正平均股价。1975年5月1日,日本经济新闻社向道琼斯公司买进商标,采用美国道琼斯公司的修正指数法计算,指数也就改称日经道式平均股价。1985年5月合同期满,经协商,又将名称改为"日经股价指数"。现在日经股价指数分成两种:一是日经225种股价指数,这一指数以在东京证券交易所第一市场上市的225家公司的股票为样本股,样本选定后原则上不变。由于该指数从1950年一直延续下来,因而其连续性及可比性较好,成为反映和分析日本股票市场长期变动趋势的最常用和最可靠的指标。二是日经500种股价指数。该指数从1982年1月4日起开始编制,样本股扩大到500种股票,约占东京证券交易所第一市场上市股票的一半,因而更具有代表性,但它的样本是不固定的,每年4月要根据上市公司的经营状况、成交量和成交金额、市价总值等因素对样本进行更换。因此,该指数不仅能较全面地反映日本股市的行情变化,还能如实反映日本产业结构的变化和市场变化情况。

本章提要

1. 对金融资产价值决定的研究有助于我们了解影响投资者估价的因素是什么,从而更好地理解这些因素的变化将如何影响证券未来的市场价格。同时,我们可以运用估价概念和模型找到市场上被错误定价的证券,进而获得高于均衡投资收益的超额报酬。

2. 常用的股票估值模型可以分为三类:现金流贴现方法、乘数估值模型和资产估值模型。每类模型都有其各自的适用性和局限性,其中,现金流贴现方法应用最为广泛,其原理是"现值"规律,即任何资产的价值等于其未来全部现金流的现值总和。

3. 证券估价的核心就是通过对证券均衡价值的估计来找到被错误定价的证券,并研究其价值的决定因素。当证券的均衡价值高于市场价值时,该股票被低估;反之则被高估。

4. 股票价格指数是将计算期的股价与某一基期的股价相比较的相对变化指数,用以反映市场股票价格的相对水平及其变动趋势。按照指数涵盖股票数量和类别的不同,可以把股票价格指数分为综合指数、成分指数和分类指数三类。

课后习题

1. 在进行股票投资之前,应考虑哪些影响因素?如何对股票的内在价值进行估值?
2. 国内证券市场主要指数、最新指数请各列出 5 个,并了解其各自的编制方法。
3. 某股票每年支付的股息为 2 美元/股,市场无风险利率为 6%,该股票的风险溢价为 4%。(注:必要收益率 = 无风险利率 + 风险溢价)
   (1) 如果预期股息不变,试计算该股票的均衡价值。
   (2) 如果预期股息以每年 5% 的方式增长,试计算该股票的均衡价值。
4. 假设你计划购买某公司的股票,该公司第一年支付的股息为 1 美元/股,以后股息支付预期每年增加 10%,假设该股票的期望收益为 15%(可看作是必要收益率),试计算其均衡价值。若当前该股票市场价格为 16.65 美元,试问是否应该买进该股票?
5. 某公司的普通股,期望收益为 24%,$t=1$ 时,预期股息为 1 美元,接下来连续 2 年以 20% 增长,随后无限期地以每年 5% 增长,那么该股票的均衡价值为多少?
6. 某股票宣布 2015 年送配方案是:每 10 股送 3 股、分红 3.2 元,并配股 2 股,配股价每股 4.7 元,除权除息日是 5 月 17 日。5 月 16 日该股收盘价是 8.9 元,试求其除权除息基准价。

第六章

其他投资工具价值分析

知识与技能目标

本章的主要目标是向读者介绍证券投资基金、期货、期权等投资工具的估值原理和方法。学完本章后,读者将能够:
1. 了解证券投资基金的收益来源及基金价格的计算。
2. 了解金融期货的种类及价格计算。
3. 了解期权的种类以及期权买卖双方的盈亏计算。
4. 了解可转换证券的价值和市场价格。
5. 了解优先认股权的价值估算。

案例导入

基金定投真的能赚钱吗?

在国际上,基金定投是许多人的首选投资策略,因为通过定投,可以摊低成本,避免了因择时不准而带来的损失。然而,这一策略似乎在我国并不太行得通。近几年,随着理财知识的普及,参与基金定投的人越来越多,可赚到钱的人并不多。根据好买基金网的统计,截至2012年10月12日,一年定投收益率超过4%的股票型和混合型基金只有15只,能取得正收益的基金只有69只,占比还不到15%;两年定投收益率为正数的股票型和混合型基金总共只有16只,占比为4%,收益率最高的也只有6.98%,年化收益率只有3.5%左右,还不一定有银行理财产品的收益高。

从统计结果看,无论是短期还是长期,基金定投在国内的效果都并不理想。造成这种情况的原因是什么呢?恐怕和我国股市"牛短熊长"的情况有关。只要牛市不出现,无论你是采取定投的方式,还是采用一次性投入的方式,都很难从股市里赚钱;再看看美国的道琼斯指数,现在已经恢复到金融危机前的水平了,如果是定投 5 年美国基金,多数情况下会取得不错的收益。

那么,对于已经实施的定投计划应该怎么办?笔者认为,最好还是能坚持下去,毕竟没有人能准确预测牛市什么时候开始,不妨趁现在指数还不是很高,增加一些投入。切记,定投一定要在牛市中结束,并选择一个适当的时机,赎回定投的基金,将获利放到口袋里。否则,又要白忙一场。

(来源:同花顺基金频道,http://fund.cnfol.com/121019/105,1365,13467310,00.shtml,2012 年 10 月 19 日。)

编者按:近年来,很多投资者从投资股票转向购买基金,或一次性购买,或以定投方式购买,理由是相信"专家理财"。这虽然不无道理,但实际效果往往却并不理想。其中原因,除了股市"牛短熊长"之外,基金经理的个人能力、道德水平也都是影响因素。

第一节 证券投资基金

一、证券投资基金的费用

证券投资基金的费用包括基金持有人费用和基金运营费用两大类。基金持有人费用指投资者交易基金时一次性支付的费用,直接由投资者承担,主要包括封闭式基金的交易佣金,开放式基金的申购费、赎回费和转换费。基金运营费用指证券投资基金在运作过程中一次性或周期性发生的费用,从基金资产中扣除,主要包括基金管理费、托管费、证券交易佣金、信息披露费用等。对于不收取申购费、赎回费的货币市场基金,可以从基金资产中计提一定比例的持续性营销费,这也属于基金运营费用。这两类费用的性质是不同的。基金持有人费用不参与基金的会计核算,基金运营费用则参与基金的会计核算,直接在基金资产中列支。

(一)基金持有人费用

封闭式基金的持有人费用包括基金发行费、交易佣金、过户登记费、分红手续费和其他费用。基金发行费包括会计师费、律师费、发行协调人费、发行公告费、材料制作费以及上网发行费等。我国封闭式基金的发行费用为面值的 1%,即每基金单位收取 0.01 元的发行费用,这是由投资者直接承担的。开放式基金的持有人费用分为交易收费和非交易收费。交易收费包括认购/申购费、赎回费、红利再投资费、基金转换费等。非交易收费包括开户费、账户维护费、注册登记费、代理公司直销网点资金结算费等。

1. 认购/申购费

认购/申购费,又称认购/申购佣金,指投资者购买基金单位时需支付的费用,主要用于向基金销售机构支付销售费用以及广告费和其他营销支出。在基金认购/申购收费上存在两种模式,一种是前端收费模式,一种是后端收费模式。前端收费模式是指在认购/申购基金时就支付认购/申购费的付费模式。后端收费模式是指在认购/申购基金时不收费,在赎回基金时才支付费用的收费模式。后端收费设计的目的是鼓励投资者能够长期持有基金,因此后端收费的费率一般会随着投资时间的延长而递减,直至不再收取认购/申购费。

2. 赎回费

赎回费指基金持有人赎回基金单位时需缴纳的费用。作为一种后端收费,后收申购费与赎回费不同,后收申购费属销售佣金,只不过在时间上不是在申购时,而是在赎回时收取。赎回费是针对赎回行为本身而收取的一次性费用。后收申购费收入是由基金管理公司或销售机构支配的,而赎回费收入中的一部分归基金资产所有,赎回费是一种用于抑制基金投资者短期交易的费用。我国目前规定,开放式基金赎回费收入在扣除基本手续费后,至少25%的部分归入基金资产。

3. 红利再投资费

红利再投资费指基金持有人将从开放式基金所得到的分配收益继续投资于该基金时所要支付的申购费用。为鼓励投资者将现金红利继续投资,目前我国所有的开放式基金都不收取红利再投资费。

4. 基金转换费

基金转换费指基金持有人在同一家基金管理公司所管理的不同基金品种之间,由一只基金转换为另一只基金时所要支付的费用。目前绝大多数基金公司都可以提供旗下管理的部分基金之间的相互转换,一般基金之间的转换费用主要由赎回费补差和申购费补差两部分构成。

5. 其他收费

如开户费,指投资者在开立基金账户时支付的费用。账户维护费,一般只有当投资余额低于某一水平时才收取。目前我国开放式基金并不收取开户费和账户维护费。

(二) 基金运营费用

基金运营费用指基金在运作过程中发生的费用,主要包括管理费、托管费、其他费用等。管理费、托管费可按基金净资产的一定比例逐日计算、按月支付,其他费用则在收益期内摊销或据实列支。基金运营费用在基金利润分配前直接从基金资产中扣除。

1. 基金管理费

基金管理费是支付给基金管理人的费用。基金管理人可按固定费率或固定费率加提业绩报酬的方式收取管理费。固定费率的管理费,按基金资产净值的一定比例逐日计算,定期提取。业绩报酬是指固定管理费之外的支付给基金管理人的与基金业绩挂钩的费用。目前,我国股票型基金大部分按照1.5%的比例计提基金管理费,债券型基金的管理费则低于1%,货币型基金的管理费为0.33%。

2. 基金托管费

基金托管费是指基金托管人为保管和处置基金资产而向基金收取的费用。基金托管费通常按照基金资产净值的一定比例提取,逐日计算并累计,至每月末支付给托管人,此费用也是从基金资产中支付,无需另向投资者收取。基金的托管费计入固定成本。基金托管费收取的比例与基金规模和所在地区有一定关系,托管费收入与托管规模成正比。目前,我国封闭式基金按照0.25%的比例计提托管费,开放式基金根据基金合同规定的比例计提,通常低于0.25%。股票型基金的托管费率高于债券型及货币市场型基金的托管费率。

3. 其他运营费用

其他运营费用是为了保证基金正常运营而发生的应由基金承担的费用,包括会计师费、律师费、召开年会费和基金信息披露费等。按照有关规定,这些费用的发生按照是否影响基金份额净值的十万分之一为临界点,未达到临界点的,应于发生时直接计入基金损益;达到临界点的,应采用预提或待摊的方式计入基金损益。

二、证券投资基金的资产

在某一时点上证券投资基金的总资产扣除了各项费用后的价值就是证券投资基金的净资产。不管是开放式基金还是封闭式基金,在基金份额发行的时候,其单位基金是等额的,一般每单位1元人民币。比如,一个基金设立的时候发行10亿份,每份1元人民币,那么这个基金筹集的就是10亿元人民币。证券投资基金的大部分资金用于证券投资,所以基金的大部分资产以股票或者债券的形式持有。随着基金管理人对筹集的资金进行投资,基金的资产就随着基金持有的证券价格变动而变动。计算基金资产净值的时候,首先要确定估算日。把基金所持有的证券这一天的收盘价乘以证券的数量就得到所持证券的市值总额,然后加上现金和应计的利息收入,就得到基金资产总值:

$$基金总资产 = 所持有的证券市值总额 + 现金 + 应计利息收入 \quad (6-1)$$

基金总资产减去各项费用就是基金的净资产,费用包括应付税金、应付利息以及基金管理费,计算公式如下:

$$基金净资产 = 基金总资产 - 应付税金 - 应付利息 - 基金管理费 \quad (6-2)$$

单位基金净资产等于某一时点上基金净资产除以基金发行在外的总份数,计算公式如下:

$$单位基金净资产 = 基金净资产 / 基金总份数 \quad (6-3)$$

例 6-1:刚才提到的投资基金共发行10亿份,每单位基金面额1元,总共筹集10亿元。在201X年12月31日,这个基金所持有的证券市值总额为11亿元,银行存款5 000万元,应计利息50万元,应付税款450万元,应付基金管理费1 000万元,如果基金份数没有变动,那么:

$$基金总资产 = 110\,000\ 万元 + 5\,000\ 万元 + 50\ 万元 = 115\,050\ 万元$$

$$基金净资产 = 115\,050\ 万元 - 1\,450\ 万元 = 113\,600\ 万元$$

$$单位基金净资产 = 11.36\ 亿元 / 10\ 亿份 = 1.136\ 元 / 份$$

三、证券投资基金的收益来源

证券投资基金的收益是基金资产在运作过程中所产生的超过本金部分的价值。基金收益主要来源于基金投资所得红利、股息、债券利息、证券买卖差价、银行存款利息以及其他收入。

(1) 基金的红利收入是指基金通过对公司股票的投资而在年中或年末分配时获得的收入。基金因持有股票而分配得到的投资收益主要包括股票红利和现金红利两种。

(2) 股息是指基金管理公司因优先股的投资而在年中或年末分配时获得的收入。

(3) 债券利息是指基金资产因投资于不同种类的债券(国债、地方政府债券、企业债、金融债等)而定期取得的利息。

(4) 证券买卖差价是指基金在证券市场上买卖证券形成的价差收益,通常也称资本利得。证券买卖差价是基金收益的重要组成部分,主要包括股票买卖差价和债券买卖差价。

（5）银行存款利息是指基金将资金存入银行或中国证券登记结算有限公司所获得的利息收入。这部分收益仅占基金收益很小的一部分。开放式基金由于必须随时准备支付基金持有人的赎回申请，所以必须保留一部分现金存在银行。

（6）其他收入是指运用基金资产而带来的成本或费用的节约额，如基金因大额交易而从券商处得到的交易佣金优惠、新股手续费返还、发行费结余等杂项收入。

四、证券投资基金的收益分配

证券投资基金的收益分配通常有两种方式：一是分配现金，这是最普遍的分配方式；二是分配基金份额，即将应分配的净利润折为等额的新的基金份额送给受益人。

封闭式基金的收益分配，根据《证券投资基金运作管理办法》的规定，每年不得少于一次，封闭式基金年度收益分配比例不得低于基金年度已实现收益的90%。

开放式基金的基金合同应当约定每年基金收益分配的最多次数和基金收益分配的最低比例。基金收益分配应当采用现金方式。开放式基金的基金份额持有人可以事先选择将所获分配的现金收益，按照基金合同有关基金份额申购的约定转为基金份额。基金份额持有人事先未做出选择的，基金管理人应当支付现金。

货币市场基金的收益分配，中国证监会有专门的规定，《货币市场基金管理暂行规定》第九条规定：对于每日按照面值进行报价的货币市场基金，可以在基金合同中将收益分配的方式约定为红利再投资，并应当每日进行收益分配。

五、开放式基金的价格

开放式基金的发行总额不固定，投资者可以随时在基金承销机构购入基金份额或者赎回基金份额。基金承销机构根据估值日的每份基金净资产来计算基金的赎回价格和认购价格。所以，承销机构报出的认购价和赎回价，以单位基金净资产为基础。认购价格等于单位基金净资产加上基金的销售费用，销售费用按照认购价的一定比率来收取，即销售费用率，认购价计算如下：

$$认购价 = 单位基金净值/(1 - 销售费用率) \qquad (6-4)$$

仍以例6-1来分析：如果这个基金的销售费用率为1%，那么刚开始发行的时候，这个基金的认购价就是：

$$认购价 = 1/(1 - 1\%) \approx 1.0101(元)$$

如果这个基金是开放式基金，投资者在201X年12月31日想认购这个基金，认购价是：

$$认购价 = 1.136/(1 - 1\%) \approx 1.1475(元)$$

对于开放式基金，投资者可以在任何时候根据个人意愿赎回基金，也就是把自己投资的资金从基金当中取出来。赎回的时候，需要支付赎回费用。赎回费用按赎回价格的一定比率来收取，即赎回费率，赎回价计算如下：

$$赎回价 = 单位基金净资产/(1 + 赎回费率) \qquad (6-5)$$

针对例6-1，假定赎回费率为0.5%，投资者在201X年12月31日想赎回持有的这个基金，那么每单位基金的赎回价为：

$$赎回价 = 1.136/(1 + 0.5\%) \approx 1.1303(元)$$

六、封闭式基金的价格

封闭式基金的价格可以分为发行价格和交易价格。封闭式基金的发行价格由两部分组成：基金面值和基金发行费用。封闭式基金发行期满后一般都申请上市交易，因此它的交易价格和股票价格的表现形式一样，也有开盘价、收盘价、最高价、最低价、成交价等。封闭式基金不承担赎回基金份额的义务，投资者只能在交易市场上进行交易转让，这就使得封闭式基金的交易价格除受基金净资产的影响外，还受市场对这种基金的供求关系的影响，其交易价格的决定可以参照普通股票的估值方法。

第二节 金融期货

一、金融期货的定价原理

金融期货价格是指由交易双方约定在未来某一时间交割一定数量某一特定金融资产的价格。期货价格随着交割时间的临近，逐渐趋向现货价格。期货的价格在理论上应该等于持有现货价格加上持有现货的持有成本，减去在这段时间能够获得的收益。但是，在金融期货市场上，交易各方对影响期货价格的各种因素看法不同，从而导致期货的市场价格围绕着理论价格波动。下面我们来分析期货理论价格的形成。

我们定义金融资产的现货价格与期货价格之差为基差，即：

$$基差(B) = 现货价格(S) - 期货价格(F) \tag{6-6}$$

这个基差的大小受持有成本以及在这段时间持有金融资产所能获得的收益（比如股息收入、利息收入等）的影响。持有成本是指持有现货金融资产直至合约规定的到期日必须支付的净成本。购买一定数量金融资产需要付出一定的成本，而持有现货金融资产的期间也可能取得一定收益，收益可以在一定程度上抵消支付的成本。影响持有成本的因素主要有：现货价格、利率和期货合约的期限。在仅考虑购买现货金融资产的成本时，金融期货的理论价格为：

$$F = S + S \times r \times (T - t) \tag{6-7}$$

其中，F 为金融期货的理论价格；S 为金融期货的现货价格；r 为利率；$(T-t)$ 为期货到期期限。当考虑到持有金融资产现货期间取得的收益时，金融期货的理论价格为：

$$F = S + S \times r \times (T-t) - S \times y \times (T-t) = S \times [1 + (r-y)(T-t)] \tag{6-8}$$

其中，y 为持有金融资产现货期间取得的收益率，其他同式(6-7)。根据这个式子，当融资成本小于金融资产现货收益率的时候，金融期货的理论价格小于金融资产的现货价格；当融资成本大于金融资产现货收益率的时候，金融期货的理论价格大于金融资产的现货价格；当融资成本等于金融资产现货收益率的时候，金融期货的理论价格等于金融资产的现货价格。以上是金融期货的定价原理，当期货买卖双方对融资成本和现货的收益率看法不同的时候，就会使实际的市场价格偏离理论价格。

二、利率期货

利率期货是指以具有固定利率的债券类证券为基础工具的金融期货合约。利率期货产生的主要目的是投资者可以通过其买卖来规避市场利率变动而引起证券价格变动所带来的风险。我们已经知道债券的价格和市场利率成反比,所以债券就成为利率期货的基础工具或者说是利率期货合约的标的证券。以国债期货为主的债券期货是各个主要交易所最重要的利率期货品种。以美国期货市场上较有代表性的短期国库券、长期政府债券期货为例,芝加哥交易所下属的国际货币市场(IMM)中的13周国库券期货以面值100万美元的3个月期国库券为基础资产,交割月份为每年的3月、6月、9月和12月。国际货币市场规定,国库券期货交易按国际货币市场指数报价,该指数以100与国库券的年贴现率的差价来计算。下面的"实战分析"中是芝加哥交易所3个月期的国库券期货合约。这个合约以3个月期(13个星期为91天,约3个月)100万美元面值的国库券为基础工具,最小波动幅度为半个基点(0.005)。如果3个月期国库券目前报价是94,意味着年贴现率为6%,那么一份国库券期货合约的价格为:

$$100 万美元 \times (1 - 6\% \times 3/12) = 98.5 万美元$$

美国财政部给出的贴现率是一年的贴现率,所以不同期限的债券的贴现率要根据具体期限进行相应的调整,对于3个月期的国库券,年贴现率6%就要乘以3/12,计算出来的就是3个月的贴现率。合约价格的最小变动额为:

$$100 万美元 \times 0.005 \times 3/12 = 1\,250 美元$$

下面的"实战分析"中以芝加哥交易所3个月期的国库券期货合约为例,具体来说明这个期货合约的盈利或者亏损情况。

实战分析

3个月期美国国库券期货买方盈亏

	3个月期美国国库券贴现率	3个月期美国国库券期货价格(万美元)	盈亏(万美元)
买入时刻	6%	98.50	
持有期某时刻1	8%	98.00	-0.50
持有期某时刻2	5%	98.75	0.25
到期时刻	3%	99.25	0.75

假定合约买方买入这个合约的时候,美国财政部的3个月期国库券的年贴现率是6%,如刚才所计算的,这个合约的价格为98.5万美元,在持有期某时刻1,3个月期国库券的年贴现率上升到8%,合约的价格为:

$$100 万美元 \times (1 - 8\% \times 3/12) = 98 万美元$$

合约买方账面上亏损0.5万美元,这个时候投资者如果选择卖出一份相同的合约,实现对冲,那么不考虑其他费用,这个投资者的损失就是0.5万美元。投资者也可以继续持有合约,那么在持有期某时刻2,3个月期国库券的年贴现率下降到5%,合约的价格为:

$$100 万美元 \times (1 - 5\% \times 3/12) = 98.75 万美元$$

相对于原先买入时的98.5万美元,合约买方在这个时候账面上盈利0.25万美元,投资者可以在这个时候选择对冲,获得实际盈利0.25万美元,也可以继续持有合约。在到期时,

假定3个月期国库券的年贴现率下降到3%,那么合约的价格为:

$$100 \text{ 万美元} \times (1 - 3\% \times 3/12) = 99.25 \text{ 万美元}$$

所以合约的买方如果在合约到期前没有选择对冲,而是持有到期,那么不考虑其他费用,交割的时候最终盈利为0.75万美元。这个合约实行的是现金交割,最终交割的时候不是对基础证券(在这里是3个月期国库券)进行实际的交割。

从"实战分析"中可以看出,国库券期货价格和贴现率呈反方向变动,这是因为国库券期货的标的物是国库券,而国库券的价格是和利率呈反方向变动的。在进行债券期货投资的时候,不要弄错买卖的方向。如果判断利率将上升,意味着债券价格将下降,债券期货的价格也会下降,应该卖出;如果判断利率将下降,意味着债券的价格将上升,债券期货的价格也会上升,应该买入。

三、股指期货

股指期货,就是以股票价格指数为标的的期货合约。股指期货之所以能回避股票交易中的风险,是因为股票价格指数是根据一组股票价格变动而编制的指标,它反映了股票市场上价格的总体水平,与大多数股票的价格变动是同方向的。因此,股票持有者可以在股指期货市场通过反向操作抵消在股票市场上面临的风险。比如,某个投资者持有价值100万元的一个由20只股票组成的投资组合,如果这个投资者不想立刻卖掉股票,又想回避股市下跌对自己造成的损失,就可以在期货市场上通过卖出股指期货来套期保值。股指期货交易有如下特点:

(1) 股指期货以某一股票价格指数乘以一定的倍数来衡量合约的价格,没有具体的标的物,这一点与其他的金融期货不同,它们有具体的基础金融工具作为标的物,比如利率期货一般以债券作为标的物。

(2) 股票价格指数反映的是股票的平均价格。股票价格指数上涨的时候,大多数股票价格会上涨,但是也有的股票价格是下跌的。所以当投资者持有的股票数量比较多而且板块分布较广的时候,用股指期货来进行套期保值才比较有效。

(3) 股指期货因为没有具体的基础金融工具作为标的物,所以无法进行实物交割,只能进行现金交割。

我国的股指期货起步比较晚,2006年9月8日,经国务院同意、中国证监会批准,由上海期货交易所、郑州商品交易所、大连商品交易所、上海证券交易所和深圳证券交易所共同发起设立中国金融期货交易所。中国金融期货交易所的沪深300指数期货合约以沪深300指数为标的,每份合约的价格为沪深300的远期指数乘以300元,比如市场上沪深300 3个月远期指数(由市场决定)为3 000点,那么每份合约的价格就是3 000×300 = 900 000(元),即90万元。如果合约到期的时候沪深300即期指数为3 100点,那么交割价格就是3 100×300 = 9 300 000(元),即93万元。那么对于每一份合约,多方盈利3万元,空方亏损3万元。实际上,很多合约在到期前就对冲掉了,不一定等到合约最后交割日才进行现金交割。

实战分析

沪深 300 股指期货 IF1202 的行情(部分)

日期	合约代码	今开盘	最高价	最低价	持仓量	今收盘	HS300 收盘
2011.12.19	IF1202	2 389.0	2 411.6	2 329.4	986	2 410.8	2 384.4
2012.02.03	IF1202	2 488.0	2 527.6	2 474.0	38 447	2 509.0	2 506.1
2012.02.10	IF1202	2 531.0	2 572.4	2 519.8	28 628	2 532.2	2 533.6
2012.02.13	IF1202	2 517.8	2 565.0	2 501.0	26 783	2 531.0	2 532.0
2012.02.14	IF1202	2 529.0	2 537.6	2 505.6	19 648	2 519.6	2 522.1
2012.02.15	IF1202	2 520.4	2 562.8	2 515.4	7 791	2 546.6	2 549.6
2012.02.16	IF1202	2 540.2	2 552.8	2 513.0	3 784	2 533.6	2 536.1
2012.02.17	IF1202	2 545.4	2 558.0	2 522.6	0	2 537.4	2 537.1

来源:中国金融期货交易所。

上表显示沪深300的2012年2月远期指数是逐渐和沪深300即期指数趋近的,到交割日的时候两者应该相等(表中的差别是由于统计方法的差异造成的,期货交易所的收盘指数是指最后一笔交易的指数,而股市的收盘是最后一分钟的加权平均指数)。另外,随着合约到期日的临近,持仓量是不断减少的,因为很多合约对冲掉了,直到2012年2月17日(2012年2月的第三个星期五),持仓量为零。

第三节 期 权

一、期权的盈亏分析

(一)看涨期权

看涨期权又称为买入期权,是期权的买方在约定的期限内有按协议价格买入一定数量金融资产的权利。交易者买入看涨期权是因为预期这种金融资产的价格会上涨。如果判断正确,可按协议价格买入该项金融资产并以市价卖出,或者以现金方式结清差价,从中赚取市价与协议价格之差额。如果判断失误,则损失期权费。对于一个看涨期权,买卖双方的盈亏情况如图 6-1 所示。

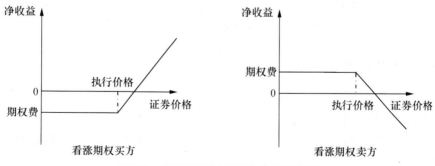

图 6-1 看涨期权买卖双方的盈亏分析

对于买方来说,如果标的证券的市场价格低于期权执行价格,那么买方就会选择不执行合约,但是需支付期权费,所以买方的亏损是期权费;相对应地,卖方的净收益为期权费用。如果证券的市场价格高于执行价格,买方就会选择执行合约,但是如果证券的市场价格和执行价格的差额不足以弥补期权费用,买方还是亏损的。同时,这也是看涨期权卖方的盈利。只有当证券的市场价格和执行价格的差额大于期权费的时候,看涨期权的买方才是盈利的;这个时候看涨期权的卖方开始亏损。我们举个例子,假定标的证券的执行价格是100元,期权费为4元。如果到期时市场价格是98元,买方选择不执行合约,亏损4元期权费;卖方盈利4元。如果市场价格是102元,那么买方可以100元的价格从看涨期权的卖方那里买下证券,然后在市场上以102元卖出,就可以获取2元的差价,扣除4元期权费,亏损2元;卖方盈利2元。如果市场价格是106元,那么买方可以100元的价格从看涨期权的卖方那里买下证券,然后在市场上以106元卖出,就可以获取6元的差价,扣除4元期权费,盈利2元;而卖方亏损2元。所以我们发现,当证券的市场价格高于104元的时候,买方开始盈利;卖方开始亏损。

(二) 看跌期权

看跌期权又称为卖出期权,是期权的买方在约定的期限内有按协议价格卖出一定数量金融资产的权利。交易者买入看跌期权是因为预期这种金融资产的价格会下跌。如果判断正确,可从市场上以较低的价格买入该项金融资产并以协议价卖给期权的卖方,从中赚取协议价与市价之差额。如果判断失误,则损失期权费。当然,期权双方也可以不进行实物交割,而直接由亏损的一方向盈利的一方支付相应的金额从而结束双方的期权合约。实际上,大部分的期权交易最终是以现金结算而非实物交割完成的。对于看跌期权,买卖双方的盈亏情况如图6-2所示。

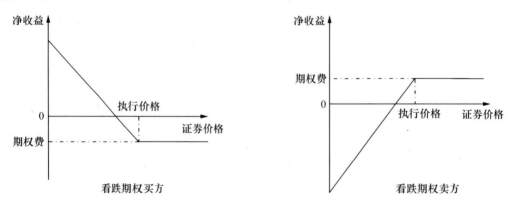

图 6-2 看跌期权买卖双方的盈亏分析

二、期权的价值和定价模型

(一) 期权的价值

期权的价值主要由内在价值和时间价值组成。

期权的内在价值也称为履约价值,指的是期权价格中反映期权执行价格与标的资产现行市场价格之间差额的那部分价值。就看涨期权而言,其内在价值是标的资产现行市场价格高出期权执行价格的那部分价值,此时我们称期权处于实值状态;如果市场价格低于执行价格,我们称期权处于虚值状态;如果市场价格等于执行价格,我们称期权处于零值状态。后两种情况下,期权的内在价值都为零,但不可能为负值。就看跌期权而言,其内在价值是标的资产现行市场价格低于期权执行价格的那部分价值,此时我们称期权处于实值状态;如果市场价格高于执行价格(虚值状态)或等于执行价格(零值状态),这时,期权的内在价值为零。看跌期权的内在价值同样不能为负值。

期权的时间价值也称为外在价值,是指期权购买者为购买期权而实际付出的期权费超过期权的内在价值的那部分价值。购买者之所以乐于支付这部分费用,是因为他希望随着时间的推移和市场价格的变动,该期权的内在价值会增加。一般而言,期权的时间价值与期权有效期的时间长短成正比,距离期权到期日的时间越长,期权的时间价值就越大,随着时间的流逝,期权的时间价值会减小。当期权到期时,它的时间价值为零,这时期权的价值通常是它的内在价值。

(二) Black-Scholes 定价模型

1997 年 10 月 10 日,第二十九届诺贝尔经济学奖授予了两位美国学者——哈佛商学院教授罗伯特·默顿(Robert Merton)和斯坦福大学教授迈伦·斯克尔斯(Myron Scholes)。他们创立和发展的 Black-Scholes 期权定价模型,为包括股票、债券、货币、商品在内的新兴衍生金融市场的各种以市场价格变动定价的衍生金融工具的合理定价奠定了基础。

斯克尔斯与他的同事、已故数学家费雪·布莱克(Fischer Black)在 20 世纪 70 年代初合作研究出了一个期权定价的复杂公式。与此同时,默顿也发现了同样的公式及许多其他有关期权的有用结论。结果两篇论文几乎同时在不同刊物上发表。所以 Black-Scholes 定价模型亦可称为 Black-Scholes-Merton 定价模型。默顿扩展了原模型的内涵,使之同样运用于许多其他形式的金融交易。瑞典皇家科学协会赞誉他们在期权定价方面的研究成果是今后 25 年经济科学中的最杰出贡献。下面对该模型做一简单介绍。

Black-Scholes 模型的假设条件是:市场无摩擦,即不存在税收和交易成本;在到期日之前标的资产没有任何现金支付;市场不存在套利机会;该期权是欧式期权,即在期权到期前不可执行。

Black-Scholes 的认股权证定价模型为:

$$C = S \times N(d_1) - X \times e^{-rt} \times N(d_2) \tag{6-9}$$

其中:

$$d_1 = \frac{\ln\left(\frac{S}{X}\right) + (r + 0.5\sigma^2) \times t}{\sigma\sqrt{t}}$$

$$d_2 = d_1 - \sigma\sqrt{t}$$

S 为计算时标的股票的价格;X 为执行价格;r 为无风险利率;$N(*)$ 为累计正态分布概率;σ 为标的股票价格的波动率;t 为权证的存续期(以年为单位)。

例 6-2:假设某认购权证目前对应股价为 5 元,行权价为 4.5 元,存续期 1 年,股价年波动率为 0.25,无风险利率为 8%。求该认购权证的价值。

解:首先计算 d_1、d_2。

$$d_1 = \frac{\ln\left(\frac{S}{X}\right) + (r + 0.5\sigma^2) \times t}{\sigma\sqrt{t}} = \frac{\ln\left(\frac{5}{4.5}\right) + (0.08 + 0.5 \times 0.25^2) \times 1}{0.25 \times \sqrt{1}} = 0.8664$$

$$d_2 = d_1 - \sigma\sqrt{t} = 0.8664 - 0.25\sqrt{1} = 0.6164$$

接下来,查累计正态分布表,得 $N(0.8664) = 0.8069$, $N(0.6164) = 0.7312$,我们只要把相关数据代入式(6-9),即可得到:

$$C = 5 \times 0.8069 - 4.5 \times e^{-0.08 \times 1} \times 0.7312 = 1(元)$$

所以,该认股权证的理论价值为1元。

在实际中,认股权证的市场价格很少与其理论价值相等。事实上,在许多情况下,认股权证的市场价格要大于其理论价值。市场价格超过其理论价值的部分被称为"认股权证溢价"。

(三) 二叉树定价模型

为期权进行估值的一个很有用的方法是二叉树图,该图表示了期权的标的资产价格在有效期内可能遵循的路径。假设一种股票当前的价格为20元,3个月后的价格可能为22元或者18元。为了简单起见,假设股票在这段时期内不支付红利,我们打算对3个月后执行价格为21元的欧式看涨期权进行估值。如果到时候股票价格为22元,那么期权的价值将是1元;如果到时候股票价格为18元,买方将选择不执行合约,那么期权的价值将是0元,如图6-3所示。

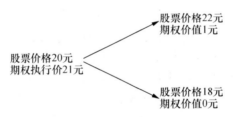

图6-3 某种股票单步二叉树分析

我们可以构造一个股票和期权的组合,使得在3个月末该组合的价值是确定的。对于一个未来价值确定的组合,我们可以认为是无风险的,所以组合的收益率应该等于无风险收益率。我们假定在这个组合中包含 w 股股票的多头头寸和一个看涨期权的空头头寸。如果股票价格从20元上升到22元,股票的价值为 $(22 \times w)$ 元,期权的价值为1元,所以该证券组合的价值为 $(22 \times w - 1)$ 元;如果股票价格从20元下降到18元,股票的价值为 $(18 \times w)$ 元,期权的价值为0,该证券组合的总价值为 $(18 \times w)$ 元。如果选择一个合理的 w 值,我们就能够使得这个组合的终值在两种不同的股票价格下是相等的,或者说该组合就是无风险的。我们可以列出方程:

$$22 \times w - 1 = 18 \times w$$

可以解得 $w = 0.25$,如果股票价格上升到22元,该组合的价值为:

$$22 \times 0.25 - 1 = 4.5(元)$$

如果股票价格下降到18元,那么该组合的价值为:

$$18 \times 0.25 = 4.5(元)$$

所以无论股票价格是上升还是下跌,在期权到期的时候,该组合的价值总是 4.5 元。在无套利机会的情况下,无风险证券组合的盈利必定为无风险利率。假设在这种情况下,无风险利率为年利率 12%。那么今天该组合的价值一定是 3 个月后 4.5 元的现值。我们可以得到 3 个月后 4.5 元的现值为:

$$4.5 \times e^{-0.12 \times 0.25} = 4.367(元)$$

已知今天的股票价格为 20 元,假设期权的价格由 f 来表示。因此今天该组合的价值为:

$$20 \times 0.25 - f = 4.367(元)$$

可以解得 $f = 0.633$ 元,这说明在无套利机会的情况下,期权的当前价值一定为 0.633 元,如果期权的价格超过了 0.633 元,那么构造该组合的成本就低于 4.367 元,将获得超过无风险利率的额外收益;如果期权的价值低于 0.633 元,那么卖空该证券组合将获得低于无风险利率的收益。

从上面的分析,可以得出更为一般的结论。考虑一个无股息支付的股票,价格为 S,基于这个股票的看涨期权当前的价格为 f。假定当前为零时刻,在期权有效期内,股票价格或者从 S 上升到 Su ($u > 1$),股票价格增长的比率记为 $(u-1)$;或者从 S 下降到 Sd ($d < 1$),股票价格下降的比率记为 $(1-d)$。在 T 时刻,如果股票价格上升,我们假设期权的价值为 f_u;如果股票价格下降,我们假设期权的价值为 f_d,如图 6-4 所示。

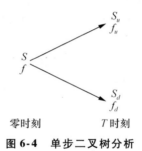

图 6-4 单步二叉树分析

如前所述,我们设想一个证券组合由 w 股的股票多头和一个期权空头来组成,然后我们计算使得该组合为无风险资产的 w 值。如果股票价格上升,期权有效,T 时刻该组合的价值为:

$$S_u \times w - f_u$$

如果股票价格下降,期权有效期末该组合的价值为:

$$S_d \times w - f_d$$

如果要使这个组合是无风险的,那么股票价格无论上升还是下降,这个组合的价值都应该是相同的,即:

$$S_u \times w - f_u = S_d \times w - f_d$$

可以解得:

$$w = \frac{f_u - f_d}{S_u - S_d} \qquad (6\text{-}10)$$

式(6-10)说明当我们在零时刻和 T 时刻两个节点运动时,w 是期权价值变化与股票价格变化之比。考虑无风险利率 r,该组合的现值为:

而构造该组合的成本是：
$$(S_u \times w - f_u) \times e^{-rT}$$

$$S \times w - f$$

两者应该相等：
$$(S_u \times w - f_u) \times e^{-rT} = S \times w - f$$

把式(6-10)代入上式，并化简，即得到期权的定价公式：
$$f = e^{-rT}[p \times f_u + (1-p) \times f_d] \tag{6-11}$$

其中：
$$p = \frac{e^{rT} - d}{u - d}$$

第四节　可转换证券

一、可转换证券的价值

可转换证券赋予投资者将其持有的债券或优先股以规定的价格和比例，在规定的时间内转换成普通股的选择权。这个规定的时间就称为转换期限，通常是从发行日之后若干年起至债务到期日止。可转换证券有两种价值：理论价值和转换价值。

（一）理论价值

可转换证券的理论价值是指当它作为不具有转换选择权的一种证券时的价值。为了估计可转换证券的理论价值，需将其转换前的利息收入和转换时的价格，按适当的必要收益率折算成现值。

（二）转换价值

如果一种可转换证券可以立即转让，它可转换的普通股的市场价值与转换比例的乘积便是转换价值，即：

转换价值 = 普通股市场价格 × 转换比例

式中，转换比例指每一份证券可转换的普通股股票数。

二、可转换证券的市场价格

可转换证券的市场价格必须保持在它的理论价值和转换价值之上。如果可转换证券的市场价格在理论价值之下，该证券价格被低估，这是显而易见的；如果可转换证券的市场价格在转换价值之下，购买该证券并立即转化为股票就有利可图，投资者的购买行为会促使该证券价格上涨至转换价值之上。为了更好地理解这一点，我们引入以下概念。

（一）转换平价

转换平价是可转换证券持有人在转换期限内，依据可转换证券的市场价格和转换比例把证券转换成公司普通股时的每股价格。转换比例指"一张可转换证券能够兑换的标的股票的股数"，由证券发行人在发行可转换证券时明确规定，除非发生特定情形，如发售新股、配股、送股、派息、股份的拆细与合并以及公司兼并、收购等情况，转换比例一般不做任何调整。

$$\text{转换平价} = \text{可转换证券的市场价格} / \text{转换比例} \tag{6-12}$$

转换平价是一个非常有用的指标,可视为一个盈亏平衡点。因为如果现实股价低于转换平价,则转股是亏损的;一旦实际股票市场价格上升到转换平价水平,则转股不亏不赢;如果股票价格继续上升至大于转换平价,转股将会有利可图。

(二) 转换升水和转换贴水

一般来说,投资者在将可转换证券进行转股时,都要支付一笔转换升水。每股的转换升水等于转换平价与普通股当期市场价格(也称为基准股价)的差额,或者说是可转换证券持有人在将证券转换成股票时,所付出的代价。公式如下:

$$\text{转换升水} = (\text{转换平价} - \text{基准股价}) \times \text{转股比例} \tag{6-13}$$

$$\text{转换升水比例} = \frac{\text{转换升水}}{\text{基准股价} \times \text{转股比例}} \times 100\% \tag{6-14}$$

而如果转换平价小于基准股价,基准股价与转换平价的差额就被称为转换贴水,公式如下:

$$\text{转换贴水} = (\text{基准股价} - \text{转换平价}) \times \text{转股比例} \tag{6-15}$$

$$\text{转换贴水比率} = \frac{\text{转换贴水}}{\text{基准股价} \times \text{转股比例}} \times 100\% \tag{6-16}$$

例 6-3:某公司可转债的转股比例为 20,其普通股当期市场价格为 40 元,该债券的市场价格为 1 000 元,请计算转换平价、转换升水、转换升水比例。

解:转换平价: $\frac{1\,000}{20} = 50(\text{元})$

转换升水: $1\,000 - 40 \times 20 = 200(\text{元})$

转换升水比例: $\frac{200}{800} = 25\%$

第五节 优先认股权

优先认股权是指在发行新股票时,应给予原有股东优先购买新股票的权利。其做法是给每个股东一份证书,写明他有权购买新股票的数量,数量多少根据股东现有股数乘以规定比例求得。一般来说,新股票的定价低于股票市价,从而使优先认股权具有价值。股东可以行使该权利,也可以转让给他人。

一、附权优先认股权的价值

优先认股权通常在某一股权登记日前颁发。在此之前购买的股东享有优先认股权,或者说此时股票的市场价格含有分享新发行股票的优先权,其价值可由下式求得:

$$M - (R \times N + S) = R \tag{6-17}$$

其中,M 表示附权股票的市价,R 表示附权优先认股权的价值,N 表示购买 1 股股票所需的认股权数,S 表示新股票的认购价。式(6-17)可以这样理解:投资者在股权登记日前购买 1 股股票,应该付出市价 M,同时也获得 1 个优先认股权;投资者也可购买申购 1 股新股所需的若干股权,价格为 $R \times N$,并且付出每股认购价 S 的金额。这两种选择都可获得 1 股股票,唯一的差别在于，前一种选择还获得了1个优先认股权。因此，这两种选择的成本差额就是1个优先认股权的价值，即 $M-(R\times N+S)$ 必然等于 R。式(6-17)可以改写为：

$$R = (M-S)/(N+1) \tag{6-18}$$

这就是优先认股权的价值。例如，分配给现有股东的新发行股票与原有股票的比例为1∶5，每股认购价格为30元，原有股票每股市价为40元，则在股权登记日前，此附权优先认股权的价值为：

$$(40-30)/(5+1) = 1.67(元)$$

于是，除权日当天，已无优先认股权的该股票，其价格将下降到 $40-1.67=38.33$（元）。

二、除权优先认股权的价值

在股权登记日以后，股票的市场价格中将不再含有新发行股票的认购权，此时就被称为除权优先认股权。其价值可由下式得到：

$$M-(R\times N+S) = 0 \tag{6-19}$$

其中，M 表示除权股票的市价，R 表示除权优先认股权的价值，N 表示购买1股股票所需的认股权数，S 表示新股票的认购价。投资者可以在公开市场购买1股股票，付出成本 M，也可以购买申购1股股票所需的认股权，并付出1股股票的认购金额，总成本为 $(R\times N+S)$，两种选择的成本应该相同。变换式(6-19)，得到：

$$R = (M-S)/N \tag{6-20}$$

在前面的例子中，除权后认股权的价值应为：

$$(38.33-30)/5 = 1.67(元)$$

优先认股权的主要特点之一就是它能提供较大程度的杠杆作用，也就是说，优先认股权的价格要比其可购买的股票价格的上升或下降的速度快得多。比如说，某公司股票在除权之后价格为15元，其优先认股权的认购价格为5元，认购比率为1∶4，则其优先认股权的价格为 $(15-5)/4=2.5$（元）。假定公司收益改善的良好前景使股票价格上升到30元，增长100%，则优先认股权的价格为 $(30-5)/4=6.25$（元），增长率为 $(6.25-2.5)/2.5\times100\%=150\%$，远快于股票价格的增长速度。

本章提要

1. 本章介绍了证券投资基金的交易与价格、基金的收益、基金的费用等方面的内容。
2. 金融市场上的不确定性产生了大量的套期保值需求，金融期货应运而生。金融期货主要包括利率期货、股票期货和外汇期货，金融期货可以用来套期保值和投机。
3. 期权是一种合约，它赋予其持有者在一定期限内，以一定的协议价格或执行价格向合约出具方买进或卖出一定数量基础证券的权利。权证是期权的一种。
4. 对期权进行定价的模型，主要有Black-Scholes模型和二叉树模型。

课后习题

1. 某一证券投资基金,基金资产总值根据当天市场收盘价格计算为 12 亿元,基金的各种费用为 50 万元,基金单位数量为 1 亿份,试计算该基金的单位资产净值。

2. 有一可转换债券,面值为 1 000 元,票面利率为 5%,转换率为 25,转换年限为 5 年(即第五年结束后可以转股),当前普通股的市价为 30 元/股,股票价格预期每年上涨 10%,而投资者预期的可转换债券必要收益率为 9%,试求该可转换债券的理论价值。

3. 某公司可转换债券的转换比率为 20,其普通股票当期市场价格(即基准价格)为 40 元,该债券的市场价格为 1 000 元。请计算转换平价、转换升水和转换升水比率。

4. 设 ABC 公司股票期权的价格为 4.5 美元。请在表格中计算投资于下列一月份到期的期权的收益、利润、状态(状态指实值、虚值或零值)。假定到期日股价为 105 美元,X 表示期权执行价。

   a. 看涨期权,$X = 100$ 美元;   b. 看跌期权,$X = 100$ 美元
   c. 看涨期权,$X = 105$ 美元;   d. 看跌期权,$X = 105$ 美元
   e. 看涨期权,$X = 110$ 美元;   f. 看跌期权,$X = 110$ 美元

	a	b	c	d	e	f
收益						
利润						
状态						

5. 根据 Black-Scholes 公式,计算下列股票的看涨期权价值:期限:6 个月;标准差:50%/年;执行价:50 美元;股价:5 美元;利率:10%

6. a. 假定一份期货合约,其标的股票不支付红利,现价为 150 美元,期货 1 年后到期。如果国库券利率为 6%,期货价格是多少?
   b. 如果合约期限是 3 年,期货价格又是多少?
   c. 如果利率为 8%,且合约期限是 3 年呢?

7. 假定沪深 300 股票指数的值为 3 150,如果 1 年期的国库券利率为 3%,沪深 300 股指的预期红利为 2%。1 年期的期货价格是多少?

第七章

证券投资基本分析

知识与技能目标

本章的主要目标是向读者介绍宏观经济分析、行业分析、公司基本面和公司财务分析。学完本章后,读者将能够:

1. 了解宏观经济分析的意义与方法。
2. 理解宏观经济运行与证券市场的关系。
3. 掌握行业分析的主要内容与方法。
4. 掌握公司分析的主要内容与方法。

案例导入

股权分置改革对中国股市构成长期利好

受中国证监会公布第二批 42 家股权分置改革试点名单影响,昨日沪深股市放量大涨。上证综指和深成指涨幅分别达到 2.76% 和 2.77%,与股权分置概念密切相关的基金重仓股和中小企业板股票涨势强劲。市场的热烈反应说明,股权分置改革对中国证券市场的长期利好意义,已经被越来越多的投资者认可。

(来源:新华网,http://news.xinhuanet.com/comments/2005-06/20/content_3110571.htm,2005 年 6 月 20 日。)

编者按:2005 年 4 月启动的股权分置改革,给中国证券市场带来了福音。受此刺激,上证综指从 2005 年 6 月的 1 000 点附近上冲到 2007 年 10 月的 6 124 点。那么,为什么这一改革会对市场产生如此重大的影响?改革本身的内容和意义何在?它给股市的基本面带来了哪些重大变革?这些都是证券投资基本分析应该关注和探究的问题。

第一节 宏观经济分析

一、宏观经济分析概述

证券投资基本分析的第一步就是要分析和判断投资的经济环境,即宏观经济。宏观经济分析是判断证券市场发展趋势和投资价值的基础。宏观经济发展趋势决定证券市场的发展方向,宏观经济的增长速度和质量决定证券市场的投资价值。宏观经济是个体经济的总和,不同行业、不同部门所有企业的业绩共同形成了宏观经济发展的速度和质量,而宏观经济的发展状况又是企业投资价值的综合反映。投资者通过宏观经济分析,判断经济运行目前处于什么阶段,预测经济形势将会发生什么变化,从而做出投资方向的决策。证券市场与宏观经济密切相关,尤其是股票市场素有宏观经济晴雨表之称。所以,宏观经济分析对于证券投资来说是非常重要的,不仅投资对象要受到宏观经济形势的深刻影响,而且证券业本身的生存、发展和繁荣也与宏观经济因素息息相关。

鉴于宏观经济分析对证券投资的重要性,证券公司、基金公司等机构投资者都有进行宏观经济分析的专业人员,定期撰写宏观经济研究报告,提供给机构投资者自身和客户参考。一个典型的宏观经济分析框架包括总体经济运行指标、经济周期分析、财政政策和货币政策、通货膨胀等内容。当然,宏观经济分析的各个方面都是互相联系的。比如,经济增长的减缓可能意味着经济周期中衰退的到来;经济衰退与通货膨胀都会影响相关的财政政策和货币政策;等等。以下选取了一份专业的宏观经济分析报告要点。

> **知识链接**
>
> **宏观经济分析报告要点**
>
> ◆ 工业增速基本平稳。1—2月,规模以上工业增加值同比增长14.1%,剔除口径调整因素,增长13.6%,与去年12月基本持平,略高于市场预期(13.3%)和我们的预期(13.4%)。环比看,1—2月工业季调环比化增长率由12月的12%升至16%,工业增速基本平稳。
>
> ◆ 总需求增长比较平稳,未来将略有放缓。1—2月消费增速有所回落,投资和出口相对于去年12月有所回升,总需求比较平稳。零售增速低于预期主要是受到政策退出和限制性政策出台的影响。1—2月出口回升,从去年12月的17.9%回升至21.4%。房地产投资增长较快以及工业品价格等因素是投资增速回升的重要原因。随着房地产的影响显现,投资增速将有所回落,这将导致总需求有所放缓。
>
> ◆ 3月通胀将回升至5.2%左右。2月CPI为4.9%,高于我们预期的4.7%和市场预期的4.6%;PPI为7.2%,高于我们和市场的预期。预计3月CPI将反弹至5.2%左右,第二季度还将处于高位。预计2011年通胀走势将是前高后低的走势。
>
> ◆ 货币政策前紧后稳。考虑到通胀处于高位以及3月、4月到期的央票和回购较多,预计3月和4月将继续提高存款准备金。由于利率水平较低,以及通胀可能继续上升,4月可

能加息25个基点。人民币将继续升值5%—6%。由于下半年通胀水平将回落,预计下半年货币政策将趋稳。

(来源:中信证券2011年3月宏观经济月报。)

在以上的宏观经济分析报告要点中,提到了工业增加值、总需求、CPI等重要的经济总量指标。

工业增加值是指工业企业在报告期内以货币形式表现的工业生产活动的最终成果,是工业企业全部生产活动的总成果扣除了在生产过程中消耗或转移的物质产品和劳务价值后的余额,是工业企业生产过程中新增加的价值。增加值是国民经济核算的一项基础指标,各部门增加值之和就是国内生产总值,它反映了生产单位或部门对国内生产总值的贡献。

总需求指一个国家或地区在一定时期内由社会可用于投资和消费的支出所实际形成的对产品和劳务的购买力总量。它取决于总的价格水平,并受到国内投资、净出口、政府开支、消费水平和货币供应等因素的影响。这两个数据反映了宏观经济分析中的总体经济运行情况。

CPI是居民消费价格指数,是度量居民生活消费品和服务价格水平随着时间变动的相对数。世界各国一般用CPI作为测定通货膨胀的主要指标。如果CPI升幅过大,表明通货膨胀已经成为经济不稳定因素。

PPI则是生产者价格指数,是衡量工业企业产品出厂价格变动趋势和变动程度的指数,是反映某一时期生产领域价格变动情况的重要经济指标。如果PPI比预期数值高,表明有通货膨胀的风险;如果PPI指数比预期数值低,则表明有通货紧缩的风险。

最后,分析报告对货币政策进行了预测,其中提到了央票、回购和存款准备金。央票和回购都是央行公开市场交易工具。央票即央行票据,是央行为调节商业银行超额准备金而向商业银行发行的短期债务凭证。央行回购分为正回购和逆回购,都是央行在公开市场上吞吐货币的行为,是一种调整货币政策的方式。正回购为央行向一级交易商卖出有价证券,并约定在未来特定日期买回有价证券的交易行为,是央行从市场收回流动性的操作;逆回购的交易过程正好相反,是央行向市场上投放流动性的操作。存款准备金,也称为法定存款准备金,是指金融机构为保证客户提取存款和资金清算的需要而存放在央行的存款。央行要求的存款准备金占其存款总额的比例就是存款准备金率。央行通过调整存款准备金率,可以影响金融机构的信贷扩张能力,从而间接调控货币供应量。

宏观经济分析主要是围绕各项宏观经济指标展开的。要了解国民经济形势,可以通过观察国民生产总值、工农业总产值等指标来进行;要了解当年经济形势与上年相比有何变化,可以通过将各年的总体指标值进行对比来寻找答案。但是,要分析为什么会发生这种变化,仅就笼统的总体指标进行分析是不行的,还必须把各项总体指标进行层层分解,使之成为一个个具体的分部指标,通过对比这些分部指标的变动情况,分析导致变动产生的原因,从一个个不同的侧面来反映经济运行的内在规律,并根据这一规律预测未来的经济形势。

二、经济周期分析

经济周期的特点是国民总产出、总收入、总就业量的周期性波动,它以大多数经济部门的扩张与收缩为标志，是各种经济现象变动的综合反映。经济周期包括衰退、萧条、复苏和繁荣四个阶段。在繁荣阶段，国民收入高于充分就业的水平，其特征为生产迅速增加，投资增加，信用扩张，价格水平上升，就业增加，公众对未来乐观；衰退阶段是从繁荣到萧条的过渡时期，这时经济开始从顶峰下降，但仍未达到谷底；在萧条阶段，国民收入低于充分就业水平，其特征为生产急剧减少，投资减少，信用紧缩，价格水平下跌，失业严重，公众对未来悲观，萧条的最低点称为谷底，这时就业与产量跌至最低；复苏是从萧条到繁荣的过渡时期，这时经济开始从谷底回升，但仍未达到顶峰。

经济周期与股市有着密切的关系。一般来说，在经济衰退时期，股价会逐渐下跌；到萧条时，股价跌至最低点；而当经济开始复苏时，股价又会逐步上升；到繁荣时，股价则上涨至最高点。这种变动的具体原因是，当经济开始衰退之后，企业的产品滞销，利润相应减少，促使企业减少产量，从而导致股息、红利也随之不断减少，持股的股东因股票收益不佳而纷纷抛售，使股价下跌。当经济衰退达到萧条时，整个经济生活处于瘫痪状况，大量的企业倒闭，股票持有者由于对形势持悲观态度而纷纷卖出手中的股票，从而使整个股市大跌，市场处于萧条和混乱之中。经济周期经过最低谷之后又出现缓慢复苏的势头，随着经济结构的调整，商品开始有一定的销售量，企业又能开始给股东分发一些股息红利，股东慢慢觉得持股有利可图，于是纷纷购买，使股价缓缓回升；当经济由复苏达到繁荣阶段时，企业的商品生产能力与产量大增，商品销售状况良好，企业开始大量盈利，股息、红利相应增多，股价上涨至最高点。

经济周期影响股价变动，但两者的变动周期又不是完全同步的。通常的情况是股价的变动总是领先于经济周期的波动。不管在经济周期的哪一阶段，股价变动总是比实际的经济周期变动要领先一步：在衰退以前，股价已开始下跌，而在复苏之前，股价已经回升；经济周期未步入高峰阶段，股价已经见顶；经济仍处于衰退期间，股市已开始从谷底回升。这是因为股价的涨落包含着投资者对经济走势变动的预期和投资者的心理反应等因素。

根据经济周期来进行股票投资的策略选择是：衰退期的投资策略以保本为主，投资者在此阶段应多持有现金（储蓄存款）或购买低风险的证券，比如政府债券以及对经济周期不敏感行业的公司股票，如日用品以及必需品生产企业的股票；而当经济扩张即将开始的时候，投资者将会逐步倾向于较高风险的证券；在经济繁荣期，大部分产业及公司经营状况改善和盈利增加时，即使是不懂股市分析而盲目跟进的散户，往往也能从股票投资中赚钱。当然也会有例外情况发生，例如，一般情况是经济景气的时期，资金会大量流入股市，但有时却出现萧条时期资金不是从股市流走，而是流进股市的现象。原因是在此期间，政府为了促进经济景气而扩大财政支出，或公司因为对前景不看好而不愿进行新的投资，因而拥有大量的闲置货币资本。一旦这些资本流入股市，股市的价格上升就与企业收益无关了，而是带有一定的投机性。此外，投资股票除了要洞悉整个大市场趋势外，还要了解不同种类的股票在不同市况中的表现，有的股票在上涨趋势初期有优异的表现，这类股票称为增长型股票，在过去的十年中，如互联网、新能源类的股票就属于此类；有的却能在下跌趋势的末期发挥较强的抗跌能力，称为防守型的股票，如公用事业、消费弹性较小的日用消费品部门的股票。当然，大部分股票的价格波动周期与经济周期趋同，称为周期型股票。总之，投资者还应该考虑各类股票本身的特性，以便在不同的市况下做出具体选择。

三、财政政策分析

财政政策是国家重要的宏观经济政策,是政府依据客观经济规律制定的指导财政工作和处理财政关系的一系列方针、准则与措施的总称,是市场经济条件下国家干预经济的一种手段。财政政策手段主要包括国家预算、税收、国债、财政补贴、财政管理体制、转移支付制度等。

根据宏观调控的需要,政府可采取扩张性财政政策、紧缩性财政政策和中性财政政策。实施紧缩性财政政策时,政府财政在保证各种行政与国防开支外,并不从事大规模的投资;而实施扩张性财政政策时,政府积极投资于能源、交通、住宅等建设,从而刺激相关产业如水泥、钢材、机械等行业的发展。总的来说,紧缩性财政政策将使过热的经济受到控制,证券市场也将走弱;而扩张性财政政策将刺激经济发展,证券市场则将走强。下面我们以扩张性财政政策为例,分析其对股市的作用机理:

——减少税收、降低税率、扩大减免税范围,将增加微观经济主体的收入,刺激经济主体的投资需求和消费支出。增加收入将直接引起证券市场价格上涨,增加投资需求和消费支出又会拉动社会总需求,刺激企业扩大生产规模,增加利润总额,从而促进股票价格上涨。

——扩大财政支出、加大财政赤字,将增加对商品和劳务的需求,激励企业增加投入,提高产出水平,于是企业利润增加,经营风险降低,将使得股票价格和债券价格上升。但若过度使用此项政策,财政收支会出现巨额赤字,虽然进一步扩大了需求,但却增加了经济的不稳定因素,造成通货膨胀加剧、物价上涨,有可能使投资者对经济的预期不乐观,反而造成股票价格下跌。

——减少国债发行(或回购部分短期国债),将使市场债券供给量减少,从而对证券市场原有的供求平衡产生影响,导致更多的资金转向股票,推动股票市场上扬。

——增加财政补贴往往使财政支出扩大,扩大社会总需求和刺激供给增加,从而使整个证券市场的总体水平趋于上涨。

紧缩性财政政策的经济效应及其对证券市场的影响与上述情况相反。

> **知识链接**

历次印花税调整对股市的影响

1991年10月,为刺激低迷的股市,深市印花税税率从6‰调整到3‰,牛市行情启动。半年后,上证综指从180点飙升至1992年5月的1429点,升幅高达694%。

1997年5月,针对当时证券市场过度投机的倾向,印花税税率由3‰提高到5‰,直接导致上证综指出现200点左右的跌幅。

1998年6月12日,印花税税率从5‰下调到4‰,上证综指当日涨幅达2.65%,但此后形成阶段性头部,股指调整近一年。

1999年6月1日,为拯救低迷的B股市场,B股印花税税率降低为3‰,上证B股指数一个月内从38点飙升至62.5点,升幅逾50%。

2001年11月16日,印花税税率从4‰下调到2‰。沪深两市当日大幅跳高开盘,上证综指和深证成指分别高开104点和241点。但开盘后,股指迅速震荡回落,最终沪市以1646

点报收,仅上涨 25 点,涨幅为 1.57%,深市涨幅仅为 1.12%。

2005 年 1 月 24 日,印花税税率从 2‰下调到 1‰,当日股市上涨 1.91%。

2007 年 5 月 30 日,印花税税率从 1‰上调到 3‰,当日沪市下跌 281.83 点,跌幅 6.50%;深市下跌 829.45 点,跌幅 6.16%。

2008 年 4 月 24 日起,财政部宣布证券交易印花税税率从 3‰下调至 1‰。这一重大利好刺激股市当天高开高走,90% 的股票封涨停板。上证综指当天涨 304.70 点,涨幅 9.29%;深证成指上涨 1 130.61 点,涨幅 9.59%,创七年(2011 年)来单日最大涨幅。

2008 年 9 月 19 日起,财政部决定对证券交易印花税政策进行调整,由现行双边征收改为单边征收。当天两市 A 股历史上首次全部涨停,权证、封闭式基金也全部涨停,两市 B 股仅两家未涨停。

四、货币政策分析

货币政策是国家重要的宏观经济政策,是指政府为实现一定的宏观经济目标所制定的关于货币供应和货币流通组织管理的基本方针与基本准则。中央银行通过运用货币政策工具来实现货币政策目标。

货币政策工具可分为一般性政策工具和选择性政策工具。

一般性政策工具包括法定存款准备金率、再贴现政策和公开市场业务。法定存款准备金率是指中央银行规定的金融机构为保证客户提取存款和资金清算需要而存放在中央银行的存款占其存款总额的比例。再贴现政策是指中央银行对商业银行用持有的未到期票据向中央银行融资所做的政策规定。再贴现政策一般包括再贴现率的确定和再贴现的资格条件。中央银行根据市场资金供求状况调整再贴现率,以影响商业银行借入资金的成本,进而影响商业银行对社会的信用量,从而调整货币供给总量。公开市场业务是指中央银行在金融市场上公开买卖有价证券,以此来调节市场货币供应量的政策行为。当中央银行认为应该增加货币供应量时,就在金融市场上买进有价证券(主要是政府债券);反之,就出售所持有的有价证券。

选择性货币政策工具主要有两类:直接信用控制和间接信用指导。直接信用控制是指以行政命令或其他方式,直接对金融机构尤其是商业银行的信用活动进行控制。其具体手段包括:规定利率限额与信用配额、信用条件限制、规定金融机构流动性比率和直接干预等。间接信用指导是指中央银行通过道义劝告、窗口指导等办法来间接影响商业银行等金融机构行为的做法。

从货币政策的类型来看,通常将货币政策分为紧的货币政策和松的货币政策。如果市场物价上涨,需求过度,经济过度繁荣,则被认为是社会总需求大于总供给,中央银行就会采取紧缩货币的政策以减少需求。紧的货币政策对证券市场的发展将起到一定的抑制作用。而当市场产品销售不畅,经济运转困难,资金短缺,设备闲置,被认为是社会总需求小于总供给时,中央银行则会采取扩大货币供应的办法增加总需求。松的货币政策对证券市场的发展将起到一定的推动作用。下面以紧的货币政策为例,分析其对证券市场的作用机理:

——提高法定存款准备金率,使商业银行可运用的资金减少,贷款能力下降,货币乘数变小,市场货币流通量便会相应减少,从而对证券市场产生消极影响。

——提高利率,中央银行调高基准利率,一方面,会直接影响到公司的融资成本,增加公司的利息负担,不利于上市公司的业绩;另一方面,高企的利率会吸引部分资金流出股市而进入银行,这些都会导致股价下跌。

——公开市场业务,中央银行通过大量卖出有价证券回笼货币,一方面使市场上流通的资金量减少,对证券市场产生消极影响;另一方面导致资金成本上升,企业利润下降,股市应声下跌。

五、通货膨胀和通货紧缩

一般来说,通货膨胀与通货紧缩都会对经济的长期发展带来不利影响。通货膨胀是指一般物价水平持续、普遍、明显的上涨;通货紧缩与此概念相反。

分析通货膨胀对证券市场的影响要分不同阶段和不同程度。首先,我们来看看不同阶段的通货膨胀。早期的通货膨胀还处于经济较为繁荣时期,物价虽有上涨,但仍处于市场可以接受的范围,这种涨幅还不至于影响市场的各种交易。在这个阶段,企业订单不断,购销两旺,就业状况也令人满意,收入呈上涨趋势,所以证券市场的交易势头十分旺盛,各种证券的价格能够上扬。当通货膨胀进入中期以后,随着供需比例的严重失调、企业效益的减少和收入的降低,证券价格开始呈下跌态势,有些证券甚至下跌破位,投资者再也没有信心去涉足证券市场,而逐步将资金撤离。经过急剧下挫,证券市场交易清淡,其价格也一蹶不振,这是因为通货膨胀已经处于晚期,市场的经济恢复仍需要通过一个较长时期的休整,投资者对前景持不乐观态度,证券价格因此也十分低迷。

其次,我们来看不同程度通货膨胀对证券市场的影响。一般情况下,温和、稳定的通货膨胀对证券价格上扬有推动作用。这种类型的通货膨胀,通常被理解为一种积极的经济政策结果,旨在调整某些商品的价格并以此推动经济的增长。以温和、稳定的通货膨胀来刺激经济,其初始阶段将会导致证券市场各品种之间的结构性调整。如果通货膨胀在一定范围内存在,经济又处于比较景气阶段,证券价格也会稳步向上攀升。但是严重的通货膨胀则是非常危险的,因为此时的价格被严重扭曲,货币不断大幅度贬值,人们为资金保值而囤积商品、购买房产,资金相应流出资本市场,证券价格随之下跌;同时,政府不能长期容忍通货膨胀的存在,又必然会运用宏观经济政策抑制通货膨胀,其结果是置企业于紧缩的宏观形势下,这又势必在短期内导致企业利润的下降,资金进一步离开资本市场,证券市场的价格又会形成新一轮的下跌。

通货紧缩对证券市场的影响一般来说是不利的。通货紧缩将损害消费者和投资者的积极性,造成经济衰退和经济萧条,通货紧缩甚至被认为是导致经济衰退的"杀手"。首先,从消费者的角度来说,通货紧缩持续下去,使消费者对物价的预期值下降,而更多地推迟购买。其次,对投资者来说,通货紧缩将使投资产出的产品未来价格低于预期,这会促使投资者更加谨慎,或推迟原有的投资计划。消费和投资的下降减少了总需求,使物价继续下跌,从而进入恶性循环。最后,从利率的角度分析,通货紧缩形成了利率下调的稳定预期,由于真实利率等于名义利率减去通货膨胀,下调名义利率降低了社会的投资预期收益率,导致有效需求和投资支出进一步减少,工资降低,失业增多,企业的效益下滑,居民收入减少,引致物价更大幅度的下降。可见,通货紧缩带来的负增长,使得股票、债券及房地产等资产价格大幅下降,银行状况严重恶化。而经济危机与金融萧条的出现反过来又大大削弱了投资者对证券市场走势的信心。

第二节 行 业 分 析

一、行业分析概述

分析上市公司所属行业与股票价格变化的关系意义重大。首先,它是宏观经济形势分析的具体化。我们在分析宏观经济形势时,根据国民生产总值等指标可以知道或预测某个时期整个国民经济的状况。但是整个经济的状况与构成经济总体的各个行业的状况并非完全吻合。当整个经济形势向好时,只能说明大部分行业的形势较好,而不是每个行业都好;反之,经济整体形势恶化,则可能是大多数行业面临困境,而某些行业的发展可能仍然较好。分析国民经济整体形势也不能知道某个行业的兴衰发展情况,不能了解产业结构的调整。例如,20 世纪初,美国的铁路处于鼎盛时期,铁路股票炙手可热。但是在今天,铁路股票已不能再引起人们的兴趣。相反,过去被人们冷落的高新技术产业如计算机、移动式电话等行业的股票现在已是炙手可热。这些说明,只有进行行业分析,我们才能更加明确地知道某个行业的发展状况,并据此做出正确的投资决策。其次,进行行业分析可以为更好地进行企业分析奠定基础。行业是由许多同类企业构成的群体。如果我们只进行企业分析,虽然可以知道某个企业的经营和财务状况,但不能知道其他同类企业的状况,无法通过横向比较知道目前企业在同行业中的位置。另外,行业所处生命周期的位置制约着或决定着企业的生存和发展。投资者在选择股票时,要分析和判断企业所属的行业是处于幼稚期、成长期、还是成熟期或衰退期。

行业分析的主要任务包括:解释行业本身所处的发展阶段及其在国民经济中的地位,分析影响行业发展的各种因素以及判断对行业影响的力度,预测行业的未来发展趋势,判断行业投资价值,揭示行业投资风险,从而为政府部门、投资者及其他机构提供决策依据或投资依据。行业分析是对上市公司进行分析的前提,也是连接宏观经济分析和上市公司分析的桥梁,是基本分析的重要环节。

二、行业的分类

行业分类有助于投资者分析行业的发展趋势,对同行业里的公司进行比较分析。在全球经济一体化的背景下,一个统一的行业分类体系对于行业分析至关重要。比如,分析全球汽车行业的时候,所分析的公司来自各个国家和地区。目前行业的分类体系多种多样,不同的国家有不同的分类标准,每一个国家的不同机构和组织也可能采用不同的标准。下面介绍几种常见的行业分类体系:

（一）联合国《国际标准行业分类》

《国际标准行业分类》由联合国统计司制定,是生产性经济活动的国际基准分类。自 1948 年《国际标准行业分类》第 1 版通过以来,世界绝大多数国家都采用了《国际标准行业分类》,或根据《国际标准行业分类》制定自己的国家分类。无论是在各国还是在世界范围内,《国际标准行业分类》都在经济和社会统计领域,按经济活动进行数据分类方面得到了广泛的应用,如国家账户统计、企业统计、就业统计等。《国际标准行业分类》最新版本是修订本第4版,它在结构上更为具体详细,适合众多新兴行业的需要。这一点在服务行业中尤为突出,而且通过引入全新的高级分类,能够更好地反映当前的经济现象。名为"信息和通信"的新设门类就是此类创新的一个例子。

(二) 我国国民经济的行业分类

1985年,中国国家统计局明确划分三大产业。把农业(包括林业、牧业、渔业等)定义为第一产业;把工业(包括采掘业、制造业、自来水、电力、煤气)和建筑业定义为第二产业;把第一、第二产业以外的各行业定义为第三产业,主要是指向全社会提供各种劳务的服务性行业,具体包括交通运输业、邮电通信业、仓储业、金融保险业、餐饮业、房地产业、社会服务业等。2002年,新《国民经济行业分类》(国家标准 GB/T4754-2002)推出,新标准共有行业门类20个、行业大类95个、行业中类396个、行业小类913个,基本反映了我国目前的行业结构状况。其中,大的门类从A到T分别为:A. 农、林、牧、渔业;B. 采矿业;C. 制造业;D. 电力、燃气及水的生产和供应业;E. 建筑业;F. 交通运输、仓储和邮政业;G. 信息传输、计算机服务和软件业;H. 批发和零售业;I. 住宿和餐饮业;J. 金融业;K. 房地产业;L. 租赁和商务服务业;M. 科学研究、技术服务与地质勘查业;N. 水利、环境和公共设施管理业;O. 居民服务和其他服务业;P. 教育;Q. 卫生、社会保障和社会福利业;R. 文化、体育和娱乐业;S. 公共管理和社会组织;T. 国际组织。

(三) 我国上市公司的行业分类

中国证监会于2001年4月4日公布了《上市公司行业分类指引》(简称《指引》)。《指引》是以国家统计局《国民经济行业分类与代码》(国家标准 GB/T4754-94)为主要依据,借鉴联合国《国际标准行业分类》、北美行业分类体系的有关内容制定而成的。《指引》将上市公司分成13个门类,即农、林、牧、渔业,采掘业,制造业,电力、煤气及水的生产和供应业,建筑业,交通运输、仓储业,信息技术业,批发和零售贸易,金融、保险业,房地产业,社会服务业,传播与文化产业,综合类;以及90个大类和288个中类。2012年中国证监会又修订了《指引》,修订版的具体门类如表7-1所示。

表7-1 《指引》2012年修订版的行业分类

代码	类别名称	大类
A	农、林、牧、渔业	本门类包括01—05大类
B	采矿业	本门类包括06—12大类
C	制造业	本门类包括13—43大类
D	电力、热力、燃气及水的生产和供应业	本门类包括44—46大类
E	建筑业	本门类包括47—50大类
F	批发和零售业	本门类包括51和52大类
G	交通运输、仓储和邮政业	本门类包括53—60大类
H	住宿和餐饮业	本门类包括61和62大类
I	信息传输、软件和信息技术服务业	本门类包括63—65大类
J	金融业	本门类包括66—69大类
K	房地产业	本门类包括70大类

(续表)

代码	类别名称	大类
L	租赁和商务服务业	本门类包括71和72大类
M	科学研究和技术服务业	本门类包括73—75大类
N	水利、环境和公共设施管理业	本门类包括76—78大类
O	居民服务、修理和其他服务业	本门类包括79—81大类
P	教育	本门类包括82大类
Q	卫生和社会工作	本门类包括83和84大类
R	文化、体育和娱乐业	本门类包括85—89大类
S	综合	本门类包括90大类

来源：中国证监会。

关于如何确定一家上市公司所属的行业，中国证监会网站2012年11月18日发布的修订后的《指引》规定：当上市公司某类业务的营业收入比重大于或等于50%时，则将其划入该业务相对应的行业；当上市公司没有一类业务的营业收入比重大于或等于50%，但某类业务的收入和利润均在所有业务中最高，而且均占到公司总收入和总利润的30%以上（包含本数）时，则该公司归属该业务对应的行业类别；不能按照上述分类方法确定行业归属的，由上市公司行业分类专家委员会根据公司实际经营状况判断公司行业归属；归属不明确的，划为综合类。修订后的《指引》改变了原来以营业收入为单一分类依据的情况，增加了营业利润作为行业分类的辅助分类依据，这主要是考虑到上市公司是以盈利为主要目的的公司，同时也是为了解决部分上市公司多元化经营、主营业务收入不突出时行业归属难以划分的问题。

三、行业生命周期

每个行业都要经历一个由成长到衰退的发展演变过程，这个过程便称为行业的生命周期。一般地，行业的生命周期可分为幼稚期、成长期、成熟期和衰退期。投资者应当仔细研究公司所处的行业生命周期阶段，跟踪考察该行业的发展趋势，分析行业的投资价值和投资风险。如图7-1，投资者可以把不同行业标在生命周期曲线的不同位置上，通过了解行业在生命周期不同阶段的特点，选择合适的投资对象。

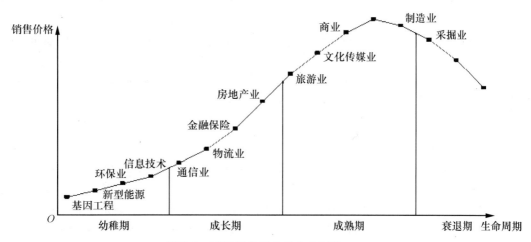

图7-1 不同行业所处的生命周期

(一) 幼稚期

在这一阶段,由于新行业刚刚诞生或初建不久,只有为数不多的投资公司投资于这个新兴的行业。另外,创业公司的研究和开发费用较高,而大众对其产品尚缺乏全面了解,致使产品市场需求狭小,销售收入较低,因此这些创业公司财务上可能不但没有盈利,反而会出现较大亏损。同时,较高的产品成本和价格与较小的市场需求之间的矛盾使得创业公司面临很大的市场风险,而且还可能因财务困难而引发破产风险。比如在20世纪60年代,半导体工业处于幼稚期。在20世纪80年代,全球的手机行业处于幼稚期。而在当下,物联网行业、抗肿瘤医药处于幼稚期。在幼稚期后期,随着行业生产技术的成熟、生产成本的降低和市场需求的扩大,新行业便逐步从高风险、低收益的幼稚期迈入高风险、高收益的成长期。

(二) 成长期

行业的成长实际上就是行业的扩大再生产。成长能力主要体现在生产能力和规模的扩张、区域的横向渗透能力以及自身组织结构的变革能力上。在成长期的初期,企业的生产技术逐渐成形,市场认可并接受该行业的产品,产品的销量迅速增长,市场逐步扩大,然而企业可能仍然处于亏损或者微利状态。进入加速成长期后,企业的产品和劳务已为广大消费者所接受,销售收入和利润开始加速增长,新的机会不断出现,但企业仍然需要大量资金来实现高速成长。这个时期的行业增长非常迅猛,部分优势企业脱颖而出,投资于这些企业的投资者往往能获得极高的投资回报,所以成长期阶段有时被称为投资机会时期。进入成长期后期,生产厂商不仅要依靠扩大产量和提高市场份额来获得竞争优势,同时还需不断提高生产技术水平、降低成本,研制和开发新产品,从而战胜或紧跟竞争对手,维持企业的生存。这一时期企业的利润虽然增长很快,但所面临的竞争风险也非常大,破产率与被兼并率相当高。由于市场竞争优胜劣汰规律的作用,生产厂商的数量会在一个阶段后出现大幅度减少,之后开始逐渐稳定下来。由于市场需求趋向饱和,产品的销售增长率减慢,迅速赚取利润的机会减少,整个行业便开始进入成熟期。在当下,如新能源行业、快递行业等处于成长期。

(三) 成熟期

进入成熟期的行业市场已被少数资本雄厚、技术先进的大厂商控制,各厂商分别占有自己的市场份额,整个市场的生产布局和份额在相当长的时期内处于稳定状态。厂商之间的竞争手段逐渐从价格手段转向各种非价格手段,如提高质量、改善性能和加强售后服务等。行业的利润由于一定程度的垄断达到了较高的水平,而风险却因市场结构比较稳定、新企业难以进入而较低。在成熟期,行业增长速度降到一个适度水平。在某些情况下,整个行业的增长可能会完全停止,其产出甚至下降。行业的发展很难较好地保持与国民生产总值同步增长。当然,由于技术创新、产业政策、经济全球化等各种原因,某些行业可能会在进入成熟期之后迎来新的增长。在当下,如电信业、超市业等处于成熟期。

(四) 衰退期

衰退期出现在较长的稳定期之后。由于大量替代品的出现,原行业产品的市场需求开始逐渐减少,产品的销量也开始下降,某些厂商开始向其他更有利可图的行业转移资金,因而原行业出现了厂商数目减少、利润水平停滞不前或不断下降的萧条景象。至此,整个行业便进入了衰退期。但在很多情况下,行业的衰退期往往比行业生命周期的其他三个阶段的总和还要长,大量的行业都是衰而不亡,甚至会与人类社会长期共存。例如,钢铁业、纺织业在衰退，但是人们却看不到它们的消亡。

按照行业景气波动的特征，可以将行业分为周期性和非周期性两大类。周期性行业主要指这些行业的业绩会随经济周期的变动而变动，呈现明显的周期性和较大的波动性，有可能某几年此行业不景气，过几年又非常红火。如证券行业就是非常典型的周期性行业，其他的周期性行业还有钢铁、有色金属、房地产、化工、水泥建材、工程机械等。非周期性行业是那些生产必需品的公司，不论经济走势如何，人们对这些产品的需求都不会有太大变动，如商业零售、食品饮料、医药等行业。

知识链接

七大战略新兴产业

国务院总理温家宝2012年5月30日主持召开国务院常务会议，讨论通过《"十二五"国家战略性新兴产业发展规划》(简称《规划》)。会议指出，发展战略性新兴产业是一项重要战略任务，在当前经济运行下行压力加大的情况下，对于保持经济长期平稳较快发展具有重要意义。《规划》提出了七大战略性新兴产业的重点发展方向和主要任务。

（一）节能环保产业。要突破能源高效与梯次利用、污染物防治与安全处置、资源回收与循环利用等关键核心技术，发展高效节能、先进环保和资源循环利用的新装备与新产品，推行清洁生产和低碳技术，加快形成支柱产业。

（二）新一代信息技术产业。要加快建设下一代信息网络，突破超高速光纤与无线通信、先进半导体和新型显示等新一代信息技术，增强国际竞争力。

（三）生物产业。要面向人民健康、农业发展、资源环境保护等重大需求，强化生物资源利用等共性关键技术和工艺装备开发，加快构建现代生物产业体系。

（四）高端装备制造产业。要大力发展现代航空装备、卫星及应用产业，提升先进轨道交通装备发展水平，加快发展海洋工程装备，做大做强智能制造装备，促进制造业智能化、精密化、绿色化发展。

（五）新能源产业。要发展技术成熟的核电、风电、太阳能光伏和热利用、生物发电、沼气等，积极推进可再生能源技术产业化。

（六）新材料产业。要大力发展新型功能材料、先进结构材料和复合材料，开展共性基础材料研究和产业化，建立和认定统计体系，引导材料工业结构调整。

（七）新能源汽车产业。要加快高性能动力电池、电机等关键零部件和材料核心技术研发及推广应用，形成产业化体系。

（来源：新华网，http://news.xinhuanet.com/politics/2012-05/30/c_112074828.htm，2012年5月30日。）

第三节 公司基本面分析

公司基本面分析主要是利用历年资料，对公司的经济背景、资本结构、经营管理水平、盈利能力、竞争实力等进行具体细致的分析,同时还要将该公司的状况与其他同类型的公司进行比较、与本行业的平均水平进行比较、与本公司的历史情况进行比较。

一、公司经济背景分析

公司的经济背景,包括公司所处的行业、公司的行业地位、公司所在的经济区位等。

由前面行业分析部分的内容可知,每个行业都有自己的生命周期,在同一时间上,不同行业处于生命周期的不同阶段,因而具有不同的投入产出率和风险程度。因此,了解上市公司所属行业,分析该行业当前所处的生命周期阶段,有助于投资者把握投资前景,对收益和风险有一个基本的判断。

公司的行业地位分析则是判断公司在所处行业中的竞争地位,如是否为领导企业、在价格上是否具有影响力、是否有竞争优势等。在大多数行业中,无论其行业平均盈利能力如何,总有一些企业比其他企业具有更强的盈利能力。企业的行业地位决定了其盈利能力是高于还是低于行业平均水平,决定了其在行业内的竞争位置。衡量公司行业竞争地位的主要指标是行业综合排序和产品的市场占有率。

所谓经济区位是指地理位置上的经济辐射区。分析上市公司所处的经济区位,一般从这样几方面展开:一是有没有资源优势。比如同样是煤炭开采公司,一家位于煤炭大省山西,一家位于东部沿海某省份,毫无疑问,前一家上市公司在资源上占有得天独厚的优势,更能吸引投资者的关注。二是有没有地方政府的产业倾斜政策。比如2011年年初,国家批复浙江建设国家海洋经济发展示范区,则浙江乃至长三角地区的涉海类上市公司都会因此获益,得到较大的发展空间。三是区位的经济条件,也就是已有的经济特色和优势。比如北京、上海、深圳等城市是国内高新技术产业相对发达地区,如果一家上市的高科技企业位于上述城市,相比其他城市的类似企业将会对投资者更具有吸引力。

二、公司经营情况分析

生产经营情况是影响上市公司评价的最为关键的因素,是上市公司的立足之本。我们主要从以下几方面对此展开分析:

(一) 产品的竞争能力

产品的竞争能力包括成本优势、技术优势和质量优势。成本优势是指公司的产品依靠低成本获得高于同行业其他企业的盈利能力。在很多行业中,成本优势是决定竞争优势的关键因素。一般来讲,产品的成本优势可以通过规模经济、专有技术、优惠的原材料、低廉的劳动力、科学的管理、发达的营销网络等实现。其中,由资本的集中程度决定的规模效益是决定产品生产成本的基本因素。技术优势是指公司拥有的比同行业其他竞争对手更强的技术实力及其研究与开发新产品的能力。在现代经济中,公司新产品的研究与开发能力是决定公司竞争成败的关键因素。质量优势是指公司的产品以高于其他公司同类产品的质量赢得市场,从而取得竞争优势。在与竞争对手成本相等或成本近似的情况下,具有质量优势的公司往往在该行业中占据领先地位。

> **知识链接**
>
> **某太阳能电力公司产品竞争能力分析**
>
> 该公司是一家专业从事太阳能光伏设备生产、安装的拟上市企业,在2011年下半年之前,也就是美国、欧盟相继对中国太阳能光伏产业实行贸易壁垒政策之前,该企业99%的产品销往国外,生产销售两旺,2010年净利润接近10亿元。从我们对公司的走访了解到,公司产品之所以能畅销国际市场,最主要的优势在于这样几方面:
>
> 质量优势。信誉度及客户满意率极高。关键是公司检测关把得严,两道检测程序都是投入巨资所建,只要一点不合格就不出厂。相应地,由于有了严格的质量保证,公司在售后服务方面,投资、队伍规模都较小,节省了售后服务费用。
>
> 成本优势。欧洲同样的工人,2 000欧元工资,还经常有工会的干扰;而该企业工人月薪平均3 000元人民币,高管亦很敬业,机器24小时不停,工人三班倒,相比欧洲,产业化制造的成本低。
>
> 技术优势。企业产品的光电转换率高,不比欧洲差。光电转换率每提高1%,企业成本就能降低6%。技术优势得益于公司由几十人组成的研发队伍,每年投入巨额研发费;并与国内高校(中山大学、浙江大学、上海交通大学等)开展产学研合作。
>
> (来源:根据2011年3月对企业的访谈笔记整理。)

(二)产品的市场占有率

产品的市场占有率在衡量公司产品竞争力方面占有重要地位。市场占有率是对公司的实力和经营能力较精确的估计。市场占有率是指一个公司的产品销量占该类产品整个市场销售总量的比例。市场占有率越高,表示公司的经营能力和竞争力越强,公司的销售和利润水平越好、越稳定。一般在炒股软件的公司基本信息中(F10界面),会显示该公司在同行业上市公司中的相关指标排名情况。

(三)产品的外贸依存度

近年来,随着国际金融危机蔓延,世界贸易增长明显放缓,欧债危机阴霾下的欧洲经济复苏动力不足,欧美国家经济形势普遍不景气,外需不振对我国众多出口依赖型的企业造成严重影响。那些属于传统产业的上市公司,如果原有盈利模式高度依赖于低附加值、劳动密集型产品的加工和出口,那么,在国际政治经济形势发生严重变化的时候,极易遭受重创。

> **知识链接**
>
> **上市公司外向型类普遍亏损,内需消费类业绩猛增**
>
> 2011年度上市公司年报以及今年一季报正在陆续公布,从中可以看出,航运海运、纺织服装等外需依赖型企业出现大幅亏损,而立足内需尤其是消费需求的部分上市公司如丽江旅游,则业绩表现优良。

航运业成为2011年"亏损户"最为集中的行业。截至2012年4月17日,已公布年报的A股市场航运板块12家上市公司,去年共实现归属于上市公司股东的净利润-134亿元,相比2010年的盈利132.5亿元,同比下降201%。干散货船队世界排名第一的中国远洋2011年净利润同比下降271%,创下A股市场最大亏损。我国内河规模最大的干散货运输企业长航凤凰的业绩预告显示,2011年该公司净利润亏损8.7亿元。

纺织服装业同样面临外需不振的压力。2008年国际金融危机发生时,为应对外需下滑,国内纺织业缩减产能、降低库存。此后,随着一系列经济刺激计划的实施,2009年和2010年,纺织业产能再度扩张。2011年外围经济再度不振,整个行业也陷入低迷。在服装大省广东,2011年服装行业整体低位运行,盈利水平下降。全年全省规模以上服装企业累计完成服装产量59.8亿件,同比增幅下降近16个百分点。从诸多纺织服装类上市公司的情况看,一季度终端收入不少已是零增长,家纺的增速下滑最为明显。

与外需型行业相比,立足内需尤其是消费需求的部分上市公司,受益于消费升级换代,需求稳定增长,2011年业绩表现优良。以旅游股为例,2011年旅游酒店业发展迅猛,上市公司业绩喜人。丽江旅游2011年净利润1.17亿元,同比增长158.81%,经营业绩创历史新高。随着进入二季度,旅游板块将迎来季节性旺季。节假日集中且相对较长有可能带动二季度旅游规模增长超预期。

(来源:网易新闻,http://news.163.com/12/0420/04/7VGP4TP30014AED.html,2012年4月20日。)

三、公司法人治理结构分析

公司法人治理结构有狭义和广义两种定义。狭义上的公司法人治理结构是指有关公司董事会的功能、结构和股东的权利等方面的制度安排;广义上的公司法人治理结构是指有关企业控制权和剩余索取权分配的一整套法律、文化和制度安排,包括人力资源管理、收益分配和激励机制、财务制度、内部制度和管理等。本书仅讨论狭义的公司法人治理结构。健全的公司法人治理机制至少体现在以下几个方面:规范的股权结构;有效的股东大会制度;董事会权力的合理界定与约束;完善的独立董事制度;监事会的独立性和监督责任;优秀的职业经理层;相关利益者的共同治理。

公司法人治理结构的要旨在于明确划分权力机构、经营管理机构、决策机构与监督机构的权利、责任和利益,确立几者之间制度的有效运作。其中,股东大会是全体股东组成的对公司经营管理和股东利益进行决策的最高权力机构;董事会是公司意志的执行机关;经理层是依法由董事会聘任的经营日常事务的机关;监事会则是公司的监督机构,行使监督权。在具体的治理结构中,公司的所有者将自己的财产交由公司的董事会管理,并通过组成股东大会来行使权利。董事会作为拥有执行权和治理权的常设机关,全权负责公司的经营活动,拥有支配公司法人财产、任命与指挥公司经理人员的权力,起承上启下的作用。经理层受雇于董事会,组成董事会领导下的执行机构,在董事会的授权范围内行使业务执行权。同时,股东大会选举监事会,监督公司的财务状况和业务执行情况。这样,股东大会、董事会、经理层、监事会协调运行整个公司的运作,使公司以一个独立的法人实体参加到经济生活之中来。

第四节　公司财务分析

财务分析是指以财务报表及其他资料为依据和起点,采用专门的方法,系统地分析与评价企业过去和现在的经营成果、财务状况及其变动。财务分析的基本功能,是将大量的报表数据转换成对特定决策有用的信息,以减少决策的不确定性。财务分析的起点是财务报表,故财务分析的前提是正确理解公司的财务报表。财务分析的结果是对企业的偿债能力、盈利能力和抵抗风险能力做出评价,或找出存在的问题。财务分析通常只能发现问题而不能提供解决问题的答案,只能做出评价而不能改善企业的状况。例如,某企业资产收益率低,通过分析知道原因是总资产周转率低,进一步分析知道总资产周转率低的原因是存货过高,再进一步分析知道存货过高主要是产成品积压。但财务分析却不能提供解决产成品积压的办法,只能指明需要详细调查和研究的项目,即产成品积压问题。

一、公司主要的财务报表

财务报表是根据财务会计制度和其他相关制度的规定编制的,用来反映企业的财务状况、经营成果和现金流量等财务信息的报表。上市公司必须遵守财务公开的原则,定期公开自己的财务状况,提供有关财务资料,便于投资者查询。根据中国证监会《公开发行证券的公司信息披露编报规则第 15 号——财务报告的一般规定》(2010),上市公司需公开披露的财务报表包括资产负债表、利润表、现金流量表和所有者权益变动表。

（一）资产负债表

资产负债表是反映企业在某一特定日期财务状况的会计报表。它是根据资产、负债和所有者权益之间的相互关系,按"资产 = 负债 + 所有者权益"等式编制而成。我国企业的资产负债表按账户式反映,即资产负债表分为左方和右方,左方列示资产各项目,右方列示负债和所有者权益各项目,资产各项目的合计等于负债和所有者权益各项目的合计。通过账户式资产负债表,可以反映出资产、负债和所有者权益之间的内在关系,并达到资产负债表左方和右方的平衡。同时,资产负债表还提供期初数和期末数的比较。表 7-2 给出了 A 公司 2011 年度和 2012 年度的资产负债表。

表 7-2　A 公司 2011 年度和 2012 年度资产负债表　　　　　（单位:万元）

项目	2012 年年末	2011 年年末	项目	2012 年年末	2011 年年末
流动资产:			流动负债:		
货币资金	46 761.22	42 982.26	短期借款	30 070.00	79 170.00
交易性金融资产			交易性金融负债		
应收票据	36 314.78	35 380.40	应付票据	7 348.48	5 432.34
应收账款			应付账款	21 773.93	6 966.87
预付款项			预收款项	10 229.93	7 123.89
应收利息			应付职工薪酬	2 208.59	1 190.63

(续表)

项目	2012年年末	2011年年末	项目	2012年年末	2011年年末
应收股利	5,443.39	1 939.61	应交税费	17 443.19	7 017.33
其他应收款	364.22	232.65	应付股利		17 888.00
存货	62 264.97	61 398.00	其他应付款	21 348.38	2 965.42
一年内到期的非流动资产	873.89	438.45	一年内到期的非流动负债	40 000.00	242.67
其他流动资产			其他流动负债	298.12	
流动资产合计	152 022.47	142 371.37	流动负债合计	150 720.62	127 997.15
非流动资产：			非流动负债：		
可供出售金融资产			长期借款	103 776.00	22 800.00
持有至到期投资			应付债券		
固定资产	405 818.91	328 691.01	专项应付款		
减：累计折旧	152 062.49	111 497.37	其他非流动负债		
固定资产净值	253 756.42	217 193.64	非流动负债合计	103 776.00	22 800.00
减：固定资产减值准备	955.34		负债合计	254 496.62	150 797.15
固定资产净额	252 801.08	217 193.64			
在建工程	122 563.08	29 214.16	股东权益：		
固定资产清理			实收资本	44 720.00	44 720.00
无形资产			资本公积	152 173.96	152 173.96
长期待摊费用			盈余公积	20 439.24	15 203.04
其他非流动资产			未分配利润	55 556.80	25 885.01
非流动资产合计	375 364.16	246 407.8	股东权益合计	272 890.00	237 982.02
资产总计	527 386.62	388 779.17	负债和股东权益总计	527 386.62	388 779.17

（二）利润表

利润表，也叫损益表，是反映企业一定期间生产经营成果的会计报表。利润表把一定期间的营业收入与同一会计期间的营业费用进行配比，以计算出企业一定时期的净利润（或净亏损）。通过利润表显示的收入、费用等情况，能够反映企业生产经营的收益和成本耗费情况，表明企业生产经营的成果；同时，通过利润表提供的不同时期的比较数字，可以分析企业利润增长的趋势及获利能力，了解投资者投入资本的完整性。表7-3给出了A公司2011年度和2012年度的利润表，假定该公司发行的股票总数为10亿股，可以在净利润的基础上计算出该年度的基本每股收益。稀释每股收益是指存在可转债，并且假定可转债都实行转股的情况下每股的收益。如果不存在可转债等或有股权的发行，稀释每股收益和基本每股收益相等。另外，利润分配表是利润表的附表，反映对企业实现净利润的分配情况。

表 7-3　A 公司 2011 年度和 2012 年度利润表　　　　　　　　　　（单位：万元）

项目	2012 年	2011 年
一、营业收入	443 083.30	392 623.04
减：营业成本	374 086.33	353 209.98
营业税金及附加	2 590.42	1 339.70
销售费用	2 352.89	1 956.74
管理费用	10 441.69	5 035.75
财务费用	2 050.25	2 928.90
加：投资收益（损失以"－"号填列）	737.68	349.58
二、营业利润	52 299.40	28 501.54
加：营业外收入	111.64	35.35
减：营业外支出	955.34	63.25
三、利润总额	51 455.70	28 473.65
减：所得税费用	16 547.72	2 605.30
四、净利润	34 907.98	25 868.35
五、每股收益		
（一）基本每股收益	0.349 元	0.259 元
（二）稀释每股收益	0.349 元	0.259 元

（三）现金流量表

现金流量表是以现金为基础编制的财务状况变动表，反映企业一定期间内现金的流入和流出，表明企业获得现金和现金等价物的能力。现金流量表所指的现金包括企业库存现金、银行存款、其他货币资金和现金等价物。按照企业经营业务发生的性质，现金流量表将企业一定期间内产生的现金流量分为三类：经营活动产生的现金流量、投资活动产生的现金流量、筹资活动产生的现金流量。

现金流量表反映的是资产负债表上现金项目从期初到期末的具体变化过程。通过分析现金流量表，将有助于投资者估计公司今后支付股利的能力、公司的偿债能力和公司的增长潜力。表 7-4 给出了 A 公司 2011 年度和 2012 年度的现金流量表。

表 7-4　A 公司 2011 年度和 2012 年度现金流量表　　　　　　　　（单位：万元）

项目	2012 年	2011 年
一　经营活动产生的现金流量		
销售商品提供劳务收到的现金	543 050.83	362 403.53
收到的税费返还	1 184.00	72 866.72
收到的其他与经营活动有关的现金	1 598.95	208.10
现金流入小计	545 833.78	435 478.34
购买商品接受劳务支付的现金	376 885.33	322 806.90
支付给职工以及为职工支付的现金	35 949.21	14 680.38
支付的各项税费	43 734.67	82 127.11
支付的其他与经营活动有关的现金	6 022.82	2 789.11
现金流出小计	462 592.00	422 403.50
经营活动产生的现金流量净额	83 241.75	13 074.84

（续表）

项目	2012年	2011年
二　投资活动产生的现金流量		
收回投资所收到的现金		
取得投资收益所收到的现金		
处置固定资产、无形资产和其他长期资产而收回的现金净额	44.97	78.54
收到的其他与投资活动有关的现金		
现金流入小计	44.97	78.54
购建固定资产、无形资产和其他长期资产所支付的现金	126 958.80	44 984.64
权益性投资所支付的现金		
支付的其他与投资活动有关的现金		
现金流出小计	126 958.80	44 984.64
投资活动产生的现金流量净额	-126 913.83	-44 906.10
三　筹资活动产生的现金流量		
吸收投资所收到的现金		
借款所收到的现金	171 046.00	135 070.00
收到的其他与筹资活动有关的现金		
现金流入小计	171 046.00	135 070.00
偿还债务所支付的现金	99 170.00	68 270.00
分配股利或偿付利息所支付的现金	24 424.97	7 334.37
支付的其他与筹资活动有关的现金		
现金流出小计	123 594.97	75 604.37
筹资活动产生的现金流量净额	47 451.03	59 465.63
四　汇率变动对现金的影响		
五　现金及现金等价物净增加额	3 778.95	27 634.37

（四）所有者权益变动表

所有者权益变动表是反映构成所有者权益的各组成部分当期增减变动情况的报表。该表全面反映了企业的所有者权益在一年内的变化情况，便于投资者了解股东权益如何因企业经营的盈亏及现金股利的发放而发生变化。它是说明管理阶层是否公平对待股东的最重要的信息。所有者权益变动表的内容包括：① 净利润；② 直接计入所有者权益的利得和损失项目及其总额；③ 会计政策变更和差错更正的累积影响金额；④ 所有者投入资本和向所有者分配利润等；⑤ 按照规定提取的盈余公积；⑥ 实收资本（或股本）、资本公积、盈余公积、未分配利润的期初和期末余额及其调节情况。

因篇幅关系，此处不列示所有者权益变动表。有兴趣的读者可以参阅上市公司的年度财务报告。

二、财务比率分析

财务比率分析是进行财务分析的重要方法。财务比率一般可以分为以下三类：偿债能力比率、经营效率比率和盈利能力比率。下面，我们将逐一考察企业的偿债能力、经营效率和盈利能力。

（一）偿债能力分析

衡量偿还短期债务能力的比率有流动比率和速动比率等，偿还长期债务能力的比率有资产负债率和利息保障倍数等。

1. 流动比率

流动比率是流动资产除以流动负债的比值,流动比率高表明企业偿还短期债务的能力较强,流动比率低表明企业偿还短期债务的能力较弱。一般认为,生产型公司流动比率的最低标准是2。流动比率的计算公式为:

$$流动比率 = 流动资产 \div 流动负债$$

2. 速动比率

流动比率可以用来评价流动资产总体的变现能力,前提是流动资产中的存货能够以合理的价格迅速变现。但实际中存在存货变现困难的事实,由于某种原因,部分存货可能已损失报废还没做处理;部分存货已抵押给某债权人;存货估价还存在着成本与合理市价相差悬殊的问题。因此,投资者还希望获得比流动比率更进一步的有关偿还短期借款的比率指标。这个指标被称为速动比率,它是从流动资产中扣除存货部分,再除以流动负债的比值,一般标准为1。其计算公式为:

$$速动比率 = (流动资产 - 存货) \div 流动负债$$

3. 现金比率

现金比率是衡量公司短期偿债能力的另一个重要指标,因为流动负债的期限短,很快需要用现金来偿还。现金比率的计算公式为:

$$现金比率 = 现金余额 \div 流动负债$$

对于债权人来说,现金比率总是越高越好,现金比率越高,说明公司短期偿债能力越强。然而对公司来说,现金比率并非越高越好,保持过高的现金比率虽然提高了公司的偿债能力,但同时降低了公司的盈利能力,这不是公司希望看到的。

以上是衡量公司短期偿债能力的指标,下面介绍长期偿债能力指标。

4. 资产负债率

资产负债率是负债总额除以资产总额的比值,表明在总资产中有多大比例是通过借债来筹资的,它反映企业偿付到期长期债务的能力,也可以衡量企业在清算时保护债权人利益的程度。资产负债率越大,表明公司的负债程度越高,从股东的立场看,在全部资本利润率高于借款利息率时,负债比例越大越好,否则相反。资产负债率的计算公式如下:

$$资产负债率 = 负债总额 \div 资产总额$$

5. 利息保障倍数

利息保障倍数,又称已获利息倍数,是指企业息税前利润与利息费用的比率,用以衡量企业偿付借款利息的能力。利息保障倍数大,表明公司偿债能力较强;利息保障倍数小,表明公司利息负担较重,财务风险相应增大。其计算公式如下:

$$已获利息倍数 = 息税前利润 \div 利息费用$$

根据以上公式和表7-2中A公司2011年度和2012年度资产负债数据,以及表7-3中A公司的财务费用和利润数据,计算A公司的偿债能力财务指标,如表7-5所示。

表 7-5　A 公司偿债能力财务指标

项目	2012 年度	2011 年度
流动比率	1.01	1.11
速动比率	0.59	0.63
现金比率	0.31	0.34
资产负债率(%)	48.26	38.79
利息保障倍数	26.10	10.72

（二）经营效率分析

1. 存货周转率

在流动资产中，存货所占的比重较大。存货的流动性将直接影响企业的流动比率，因此，必须特别重视对存货的分析。存货的流动性，一般用存货的周转速度指标来反映，即存货周转率或存货周转天数。

存货周转率是衡量和评价企业购入存货、投入生产、销售收回等各环节管理状况的综合性指标。它是销售成本被平均存货所除而得到的比率，或叫存货的周转次数。用时间表示的存货周转率就是存货周转天数。计算公式为：

$$存货周转率 = 销售成本 \div 平均存货$$

$$存货周转天数 = 365 \div 存货周转率$$

$$= (平均存货 \times 365) \div 销售成本$$

公式中的销售成本数据来自利润表，平均存货来自资产负债表中的"期初存货"与"期末存货"的平均数。一般来讲，存货周转率越高，存货的占用水平越低，流动性越强，存货转换为现金、应收账款等的速度越快；而存货周转率越低，则变现能力越差，说明存货管理水平越低。

2. 应收账款周转率

应收账款周转率，也就是年度内应收账款转为现金的平均次数，它说明应收账款流动的速度。用时间表示的应收账款周转速度是应收账款周转天数。一般来说，应收账款周转率越高，平均收现期越短，说明应收账款的收回越快；否则，企业的营运资金会过多地呆滞在应收账款上，影响资金的正常周转。计算公式为：

$$应收账款周转率 = 销售收入 \div 平均应收账款$$

$$应收账款周转天数 = 365 \div 应收账款周转率$$

$$= (平均应收账款 \times 365) \div 销售收入$$

3. 总资产周转率

总资产周转率是销售收入与平均资产总额的比值。该项指标反映资产总额的周转速度。周转越快，说明销售能力越强。企业可以通过薄利多销的办法加速资产的周转，带来利润绝对额的增加。计算公式为：

$$总资产周转率 = 销售收入 \div 平均资产总额$$

根据以上公式以及 A 公司的资产负债表和利润表，计算反映 A 公司经营效率的财务指标，如表 7-6 所示。

表 7-6　A 公司经营效率财务指标

项目	2012 年度
存货周转率	6.05
存货周转天数	60.33
应收账款周转率	120.03
应收账款周转天数	3.04
总资产周转率	0.97

（三）盈利能力分析

1. 销售毛利率

销售毛利率是毛利占销售收入的百分比，其中，毛利是销售收入与销售成本（包括销售税金及附加）的差。销售毛利率表示每一元销售收入扣除销售成本后，有多少钱可以用于各项期间费用和形成盈利。销售毛利率是企业销售净利率的最初基础，没有足够大的毛利率便不能盈利。其计算公式如下：

销售毛利率 = [（销售收入 - 销售成本）÷ 销售收入] × 100%

2. 销售净利率

销售净利率是指净利润占销售收入的百分比，反映每一元销售收入带来的净利润是多少，表示销售收入的收益水平。企业在增加销售收入额的同时，必须相应地获得更多的净利润，才能使销售净利率保持不变或有所提高。通过分析销售净利率的升降变动，可以促使企业在扩大销售的同时，注意改进经营管理，提高盈利水平。其计算公式为：

销售净利率 =（净利润 ÷ 销售收入）× 100%

3. 总资产收益率

总资产收益率是企业净利润与平均资产总额的百分比，也叫资产收益率或资产报酬率。该指标越高，表明资产的利用效率越高，说明企业在增加收入和节约资金使用等方面取得了良好的效果，否则相反。其计算公式为：

总资产收益率 =（净利润 ÷ 平均资产总额）× 100%

4. 净资产收益率

净资产收益率是净利润与平均净资产的百分比，也叫净值报酬率或权益报酬率。净资产收益率反映公司所有者权益的投资报酬率，具有很强的综合性。其计算公式为：

净资产收益率 =（净利润 ÷ 平均净资产）× 100%

根据以上公式以及 A 公司的资产负债表和利润表，计算 A 公司的盈利能力财务指标，如表 7-7 所示。

表 7-7　A 公司盈利能力财务指标

项目	2012 年度
销售毛利率(%)	14.99
销售净利率(%)	7.88
总资产收益率(%)	6.62
净资产收益率(%)	12.79

> **知识链接**

刘姝威爆料蓝田股份财务造假

蓝田股份自 1996 年上市以来,以 5 年间股本扩张了 360% 的骄人业绩,创造了中国股市的神话。然而就在 2001 年 12 月,中央财经大学一位叫刘姝威的学者却以一篇写给《金融时报》的内部刊物《金融内参》的 600 字的短文《应立即停止对蓝田股份发放贷款》,对蓝田神话直接提出了质疑。下面选编自刘姝威的分析:

2000 年蓝田股份的流动比率是 0.77,说明短期可转换成现金的流动资产不足以偿还到期流动负债;速动比率是 0.35,说明扣除存货后,蓝田股份的流动资产只能偿还 35% 的到期流动负债;净营运资金是 -1.3 亿元,说明蓝田股份将不能按时偿还 1.3 亿元的到期流动负债。

2000 年蓝田股份的水产品收入位于"A07 渔业"上市公司的同业最高水平,高于同业平均值 3 倍。与此同时,其应收款回收期位于"A07 渔业"上市公司的同业最低水平,公司声称其水产品销售采用"钱货两清"办法。这意味着,在渔业上市公司中,蓝田股份采用最严格的销售条件(赊账期最短),却销售了最多的水产品,这显然是有悖常理的。

2000 年蓝田股份的农副水产品实现销售收入 12.7 亿元。"钱货两清"的方式应该产生的是 12.7 亿元现金。按理说,各家商业银行会争先恐后地在公司所在地瞿家湾设立分支机构,会为争取这"12.7 亿元销售水产品收到的现金"业务而展开激烈的竞争。商业银行还没有迟钝到"瞿家湾每年有 12.7 亿元销售水产品收到的现金"而无动于衷。

(来源:选编自新浪财经,http://finance.sina.com.cn/focus/20ltsh/index.shtml。)

三、财务综合分析

上一小节介绍了几种常见的财务比率的计算方法,但是在对公司的财务状况进行分析的时候,计算几个财务比率是不够的。我们需要对公司财务报表中各个项目所占比重及其变化、公司最近几年的财务比率变化情况,以及财务比率之间的相互关系进行进一步综合分析。下面介绍几种常见的财务分析方法。

(一)结构分析法

结构分析法是分析同一会计年度财务报表中各项目之间的相对比重,从而揭示各个会计项目在公司财务中的相对重要性,并且使同一行业中规模不同公司的财务报表具有可比性的一种方法。结构分析法一般把会计报表中的各个项目除以某一个总额。比如,对资产负债表进行结构分析的时候,将同一会计年度资产负债表中的资产总额、负债和股东权益总额作为分析的基础,然后将资产的各个项目除以资产总额,将负债和股东权益的各个项目除以负债和股东权益总额,得到各个项目的比重。这样就可以反映公司的资产构成情况及公司资金来源的构成情况,进而可以分析资产构成、负债和股东权益构成是否合理。根据 A 公司的资产负债表计算的资产负债结构如表 7-8 所示。

表 7-8 A 公司 2011 年度和 2012 年度资产负债表结构分析

项目	2012 年度（占比）	2011 年度（占比）
流动资产合计	28.83%	36.62%
非流动资产合计	71.17%	63.38%
流动负债合计	28.58%	32.92%
非流动负债合计	19.68%	5.86%
负债合计	48.26%	38.79%
股东权益合计	51.74%	61.21%

对利润表进行结构分析的时候，一般把销售收入作为基数，计算各项成本、费用和利润的百分比，这样可以清楚地反映公司的各项费用率和销售利润率等情况。A 公司的利润表结构情况如表 7-9 所示。

表 7-9 A 公司 2011 年度和 2012 年度利润表结构分析

项目	2012 年（占比）	2011 年（占比）
一、营业收入	100.00%	100.00%
减：营业成本	84.43%	89.96%
营业税金及附加	0.58%	0.34%
销售费用	0.53%	0.50%
管理费用	2.36%	1.28%
财务费用	0.46%	0.75%
加：投资收益（以"-"号填列）	0.17%	0.09%
二、营业利润	11.80%	7.26%
加：营业外收入	0.03%	0.01%
减：营业外支出	0.22%	0.02%
三、利润总额	11.61%	7.25%
减：所得税费用	3.73%	0.66%
四、净利润	7.88%	6.59%

同样，还可以对现金流量表以及某一财务报表中的某一小项目进行结构分析，如流动资产中各项目占流动资产的比重、经营活动现金流量中各项目的比重等。

（二）趋势分析法

趋势分析法是将同一个公司连续几年的会计报表中的重要项目，如营业收入、营业成本、费用、净利润放在一起，分析其变化的趋势及原因，从而对公司将来的财务状况进行预测。在进行趋势分析的时候，首先要选择某一会计年度为基期，要注意基期必须是各方面情况比较正常、具有代表性的会计年度。表 7-10 是 B 公司 2008—2012 年各财务年度资产的变化情况。

表 7-10　2008—2012 年 B 公司资产变化情况表　　　　　　　（单位：百万元）

	2008 年	2009 年	2010 年	2011 年	2012 年
货币资金	39	29	27	19	16
应收账款	44	41	37	67	79
存货	15	25	36	25	27
非流动资产	1	2	6	9	8
总资产	100	104	113	126	134

如果选定 2008 年作为基年，那么该年的各个项目数据都定为 1，然后将其后各年度的会计报表中各项目的数据除以基年的相应项目数据，得到相应的百分比。比如，2008 年货币资金为 3 900 万元，2009 年货币资金为 2 900 万元，那么 2009 年度货币资金相对于 2008 年度的百分比就是 74%（2 900 除以 3 900 等于 74%）。如此计算各年度的百分比，就可以分析各年度相对基年的变化趋势，如表 7-11 所示。

表 7-11　2008—2012 年 B 公司资产变化趋势分析　　　　　　（单位：%）

	2008 年	2009 年	2010 年	2011 年	2012 年
货币资金	100	74	69	49	41
应收账款	100	93	84	152	180
存货	100	167	240	167	180
非流动资产	100	200	600	900	800
总资产	100	104	113	126	134

从表 7-11 可以看出，相对于 2008 年，B 公司 2012 年的货币资金减少超过一半，说明公司可能流动性下降；应收账款和存货相对基年来说都有所增加，说明公司可能扩大了销售规模，也可能是因为公司对应收账款和存货的管理效率下降；非流动资产逐年增加，2012 年为基年的 8 倍，说明公司逐步加大了对设备、厂房等的投资；总资产逐年稳步增加，说明公司的规模不断扩大。以上只是对数据的初步分析，需要结合其他的财务报表和数据，以及公司的经营状况、经营战略调整等来进一步分析这些趋势变化背后的原因。

（三）杜邦财务分析法

杜邦财务分析法是由美国杜邦公司创造的，实质上是一种将财务指标进行分解的方法。例如，我们可以将净资产收益率分解为：

$$净资产收益率 = \frac{净利润}{平均净资产}$$

$$= \frac{净利润}{平均总资产} \times \frac{平均总资产}{平均净资产}$$

$$= \frac{净利润}{销售收入} \times \frac{销售收入}{平均总资产} \times \frac{平均总资产}{平均净资产}$$

$$= 总资产收益率 \times 权益乘数$$

$$= 销售净利率 \times 总资产周转率 \times 权益乘数$$

这样,我们得到的公式是:

$$净资产收益率 = 销售净利率 \times 总资产周转率 \times 权益乘数$$

从公式中可以看出,决定净资产收益率的因素有三个:销售净利率、总资产周转率和权益乘数。这样分解之后,可以把净资产收益率这一综合性指标发生升、降的原因具体化,比只用一项综合性指标更能说明问题。

销售净利率高低的因素分析,需要我们从销售额和销售成本两个方面进行。这方面的分析可以参见有关盈利能力指标的分析。总资产周转率是反映运用资产以产生销售收入能力的指标,对总资产周转率的分析,需对影响资产周转的各因素进行分析。除了对资产的各构成部分从占用量上是否合理进行分析外,还可以通过对流动总资产周转率、存货周转率、应收账款周转率等有关各资产组成部分使用效率的分析,判明影响资产周转的主要问题出在哪里。权益乘数是总资产与股东权益的比值,也叫杠杆比率,它主要受资产负债率的影响。负债比例大,权益乘数就高,说明企业有较高的负债程度,能给企业带来较大的杠杆利益,同时也给企业带来较大的风险。

杜邦财务分析法还可以解释指标变动的原因和变动趋势。例如,A 公司 2011 年度和 2012 年度的净资产收益率有关数据如表 7-12 所示。

表 7-12　A 公司净资产收益率杜邦财务分析

	净资产收益率	=	总资产收益率	×	权益乘数
2011 年度	10.87%		6.65%		1.63
2012 年度	12.79%		6.62%		1.93

通过分解可以看出,A 公司净资产收益率从 2011 年的 10.87% 上升到 2012 年的 12.79%,但是总资产收益率变化不大,净资产收益率的提高主要是因为资本结构发生了变化,权益乘数从 1.63 提高到了 1.93,说明 A 公司 2012 年度的资产负债率提高了。

假定 C 公司的净资产收益率杜邦财务分析如表 7-13 所示。

表 7-13　C 公司净资产收益率杜邦财务分析

	净资产收益率	=	总资产收益率	×	权益乘数
2011 年度	9.70%		4.41%		2.20
2012 年度	15.13%		6.94%		2.18

通过分解可以看出,C 公司净资产收益率的上升不在于资本结构(权益乘数基本没有变化),而是资产利用的效果得到了提高,使总资产收益率上升。进一步,假定对总资产收益率进行进一步分解,如表 7-14 所示。

表 7-14　C 公司总资产收益率杜邦财务分析

	总资产收益率	=	销售净利率	×	总资产周转率
2011 年度	4.41%		8.78%		0.50
2012 年度	6.94%		12.60%		0.55

通过分解可以看出,总资产收益率的提高主要得益于销售净利率的大幅上升,说明销售部门的效率有了较大改进,使得资产的使用效率提高了。至于销售净利率上升的原因可以

通过进一步分解指标来揭示。

此外,通过与本行业平均指标或同类企业对比,杜邦财务分析法有助于解释变动的趋势。应当指出,杜邦财务分析法是一种分解财务比率的方法,而不是另外建立新的财务指标,它可以用于各种财务比率的分解。前面的举例,是通过总资产收益率的分解来说明问题的,我们也可以通过分解利润总额和全部资产的比率来分析问题。

本章提要

1. 对股票基本面的分析包括三大部分,分别是:宏观经济分析、行业分析和公司分析。
2. 宏观经济分析主要研究宏观经济指标、经济周期、经济政策的变化对股市的影响。
3. 行业分析主要从公司所处行业的发展阶段、在国民经济中的地位等来判断公司的投资价值。
4. 公司分析包括公司基本面分析和财务分析,以此判断公司未来的投资价值。

课后习题

1. 查找并学习十篇关于股市的宏观经济分析报告,尝试写出"当前宏观经济形势下股市预测"分析报告。
2. 查找并学习十篇关于行业的分析报告,尝试写出"某某行业分析报告"。
3. 资产负债表、利润表和现金流量表的编制方法是怎样的?其作用是什么?
4. 不同的财务报表使用者进行财务报表分析的目的各是什么?
5. 反映公司偿债能力、经营效率、盈利能力、投资收益的财务比率各有哪些?其计算方法是怎样的?其含义是什么?
6. 杜邦财务分析是一种什么分析方法?如何运用杜邦财务分析法进行财务报表分析?

第八章

证券投资技术分析

知识与技能目标

本章的主要内容是证券投资技术分析的理论和方法,学完本章,读者将能够:
1. 了解证券投资技术分析的含义和前提。
2. 理解证券投资技术分析的理论和主要指标。
3. 掌握证券投资技术分析的一般方法和技巧。

案例导入

海普瑞 IPO 估值分歧

2010年5月6日,一家总资产只有15亿元、净资产13亿元的公司——海普瑞,登陆深圳证券交易所中小板。之前海普瑞发行价定在了148元,发行市盈率高达73.27倍,成为A股市场有史以来发行价最高的新股。首日收盘价更是高达175.17元,收盘市值达700.86亿元,成为中国资本市场最大的造富神话。无论海普瑞在发行上市之前,还是在上市首日的估值,机构分歧严重:

——湘财证券认为,海普瑞未来产品价格仍处于上升期,建议询价区间为130—150元。

——中金公司认为,以148元发行价测算,海普瑞对应的估值水平处于A股原料药类似公司的估值平均水平,而公司的盈利能力和成长性则远高于平均水平,因此148元仍然在合理范围内。

——而最看好海普瑞的国泰君安,预计上市首日价格区间为160—191元。

——悲观的看法是:海普瑞从动物体上提取肝素,算不上先进技术。国都证券基于化学原料药板块2010年预测市盈率约为22倍,给出的合理估值的下限为61.2元,上限为76.5元。

(来源:选编自21世纪网,http://www.21cbh.com/HTML/2010-5-6/5NMDAwMDE3NTg

5NQ.html,2010年5月6日。)

编者按: 基本面分析对于认识证券投资价值固然重要,但是由于时空差异、信息限制以及评估者不同的判断标准和判断能力,对同一只证券的估值往往会出现较大的差异。此时,技术分析可以为投资者打开一扇新的窗口,为提高证券投资决策的及时性和准确性提供有力的帮助。

第一节 技术分析概述

进行技术分析,必须透彻领会技术分析的思想,客观看待技术分析方法,这是正确运用技术分析的出发点。

一、技术分析的含义

技术分析是依据证券市场过去和现在的市场行为,通过统计整理、数学计算和逻辑分析,预测证券市场未来变化趋势的活动。技术分析在研究的起始阶段着眼于发现市场的总体趋势,后来发展到单只证券。由于技术分析主要是采用大量而又广泛的数据资料,并且通过各种不同的数据处理方法,来对证券价格的变动趋势做出判断,因此,一般不探究证券价格变化的本质原因,而只分析价格变化的表象。技术分析的目的在于探索证券价格变化的典型规律,为证券投资决策提供参考。

二、技术分析的理论基础

技术分析的理论基础是道氏理论,该理论的创始人是美国人查尔斯·亨利·道(Charles Henry Dow)。道氏理论成为许多技术分析方法的基本思想渊源,并演化出了构成技术分析支柱的三大基本假设:市场行为涵盖一切信息、证券价格沿趋势移动、历史会重演。如同任何理论的假设一样,技术分析的基本假设既有合理性,同时也存在着一定的局限性。

(一)技术分析的基本假设

1. 市场行为涵盖一切信息

市场行为是指市场受到某些因素的影响而显现出来的表面活动,这些因素可以是外在的、内在的,也可以是政策的和心理的。在证券市场上,股票价格的变动涵盖了影响股票价格的所有因素,也就是说,证券价格的变化是市场各种信息的综合反映。但是对于技术分析人员而言,不必关心导致这些因素变化的具体原因是什么,只需关心这些因素将对市场行为产生何种影响,以及影响程度有多高。

2. 证券价格沿趋势运动

证券价格的运动是按照一定的趋势规则来运行的,这种规律性的行为,是证券价格具有的保持原来运动方向的惯性。只要供求关系确定,证券价格的变化趋势就会维持。因此,证券价格变动有迹可循,进行技术分析是有意义的。也正因为如此,投资者才会不遗余力地试图通过技术分析,探寻证券价格的变动趋势。一旦明确了证券价格的变动趋势,遵循趋势投资,将会大大提高投资的胜率。

3. 历史会重演

对比不同时期的市场运动轨迹,常常发现历史有惊人的相似之处。这一现象可以从心理学中得到解释。任何人作为证券买卖的操作者,其行为必然要受到人类心理学中某些规律的制约。证券市场的某个市场行为给投资者留下的快乐或阴影是会长期存在的。比如在某种情况下,投资者按一种方法进行操作取得成功,此后遇到相同或类似的情况时,就会按同一方法进行操作;如果失败了,以后就不会再如法炮制。这种经验主义的操作方式,是不同时间的投资者共同的心理变化特点,使得根据历史资料概括出来的规律已经包含了未来证券市场的一切变动趋势,所以可以根据历史预测未来。

技术分析的三个基本假设,在技术分析的理论中所起的作用是不同的。第一条假设肯定了研究市场行为就意味着全面考虑了影响股价的所有因素,是进行技术分析的基础。第二条假设是进行技术分析最根本、最核心的条件。第三条假设是进行技术分析的重要前提,使得通过技术分析找到的规律能够应用于股票市场的实际操作之中。

(二)技术分析基本假设的合理性和局限性

首先,第一条假设认为,在有效市场上,市场信息是公开和迅速传递的,所有投资者所获得的信息都是一致的,因此宏观面、政策面、市场面、资金面、心理面等任何因素的变化对证券市场的影响,都必然体现在证券价格的变动上。但是这一假定的背后却有着明显的不足,并不符合现实的证券市场。市场并非是完全有效的。信息的真实程度、信息传递的充分状况以及可能存在的信息损失,将造成市场行为反映的信息同原始的信息产生差异。因此,证券价格的形成并不一定包含了完整的信息内容。

其次,第二条假设从供求关系揭示证券价格趋势的存在,供求关系决定价格在市场经济中是普遍存在的。但是由于个人对信息的解读不完全相同,以及所做出的投资决策不同,因而证券价格的形成可能是随机的。就好像掷一枚硬币,某次掷出的是正面,并不代表下一次掷出的还是正面,下一次所掷出的是正面或反面各占50%的几率,没有人知道下一次一定是正面或反面。因此,技术分析的第二个假设的成立,也有其偶然性。

最后,第三条历史会重演的假设,是基于投资者心理因素会影响投资行为,进而影响证券价格,这种现象在任何时代都是存在的。但是从唯物辩证法的角度来看,一个人不可能两次跨过同一条河流,证券市场也是如此。证券市场的市场行为是变化无常的,价格走势也不可能说完全相同的情况一再重复出现,差异总是或多或少地存在着,只能是有些相似而已。

因此,技术分析的基本假设尽管有其合理性,但是也存在着明显的局限性,导致其逻辑关系不够充分、说服力不够强大,引起了不同的看法与争论。

三、技术分析的方法

(一)技术分析方法的主要种类

一百年来,为了寻找和发现证券市场中不直接显露的实质性内容,人们从不同角度,采用统计、数学以及绘图等方法对证券市场的行为进行分析,因此技术分析的方法层出不穷、五花八门。当前投资市场上最常见的技术分析方法,大体可分为以下五类:K 线类、切线类、形态类、波浪类、指标类。

1. K 线类

K 线类是依据若干天的 K 线组合情况，推测证券市场中多空双方力量的对比，进而判断证券市场行情的方法。证券市场行为具体体现在一系列的 K 线图表上，因而 K 线组合对股票买卖有着重要的指导意义。

2. 切线类

切线类是在根据股票价格数据所绘制的图表中，按照一定的方法和原则，画出一些直线，据以推测股票价格的未来趋势。所画的直线被称为切线，起到股价变化的支撑和压力作用。切线作为投资操作的参考，画法最为重要，画得好坏直接影响到预测结果。常见的切线有趋势线、轨道线、黄金分割线、甘氏线、角度线等。

3. 形态类

形态类是根据过去一段时间内股票价格走过的轨迹形态，预测其未来趋势的方法。股票价格走过的轨迹形态，是证券市场对各种信息感受之后的具体表现，是市场行为的重要部分。因此，可以从价格轨迹的形态中推测证券市场所处的大环境，为将来的投资提供指导。主要的形态有 M 头、W 底、头肩顶、头肩底等十几种。

4. 波浪类

波浪理论是把股价的上下变动和不同时期的持续涨跌，看成是起伏的波浪，认为股票的价格运动遵循波浪起伏的规律，据此推断股票价格的未来走势。波浪理论是较为典型的股票价格循环周期理论的具体化，突出优势是数清楚了各个浪，就能提前很长时间预计到行情的底和顶，但它是公认的较难掌握的技术分析方法。

5. 指标类

指标类是根据历史资料，建立数学模型，通过公式计算，得到一个指标值，用以说明证券市场某个方面的内在实质。指标反映的证券市场所处的状态，大多是无法从行情报表中直接看到的，投资者可以根据指标值的大小以及不同指标值之间的关系显示的证券价格变动方向进行操作。常见的指标有相对强弱指标(RSI)、随机指标(KDJ)、趋向指标(DMI)、平滑异同移动平均线(MACD)、能量潮(OBV)、心理线(PSY)、乖离率(BIAS)等。

(二) 应用技术分析方法时应注意的问题

技术分析方法有助于投资者研判证券投资时机，做好投资抉择。但由于任何技术分析都有其理论前提和局限性，因此在应用时须注意下列问题：

1. 技术分析应当与基本分析相结合

从理论上看，技术分析法和基本分析法分析股价趋势的着眼点不同。基本分析法是在基本面因素变动对证券市场发生影响之前展开的，属于事前分析，关注的是股票的内在投资价值，受投资者主观能力的制约较大。技术分析则是利用以往数据资料生成指标、图形的方法进行，属于事后分析，关注的是股票价格运行的表象，结论较为客观。但是任何撇开基本面的纯粹技术分析，都无法揭示股票价格走势的具体原因。基本分析法和技术分析法的研究差异，说明只有将二者结合起来进行分析，才能使分析更加全面，从而提高技术分析的可靠性。

2. 综合运用多种技术分析方法

任何一种技术分析方法都不是完美无缺的，都无法概括出股票价格走势的全貌。因此，单独运用一种技术分析方法存在较大的局限性。只有将多种技术分析方法结合起来,相互补充、印证,才能得出较为合理的多空双方力量对比的描述,从而减少失误,提高对未来预测的准确性。

3. 准确把握技术分析的基本要素

价格、成交量、时间和空间,即通常意义上所说的价、量、时、空是技术分析的要素。技术分析的四个要素之间相互联系、相互依存,准确把握这些因素的具体情况和相互关系是技术分析的关键。

(1) 价格与成交量的关系。在证券市场上,成交价格和成交量的表现是最基本的,两者之间的关系在诸多关系中也最重要,是所有技术分析方法的关注对象。在某一时点上的成交价格和成交量是买卖双方的共同市场行为促成的,是双方的暂时的态势。随着时间的推移,态势会不断变化。随着双方态势的变化,价量间的关系大体呈现价涨量增、价涨量减、价跌量增或者是价跌量减的情况。一般来说,价涨量增和价跌量减是价量关系的趋势规律。

(2) 时间与空间的关系。时间是指证券价格完成某个变化方式所经历的过程长短,通常指一个波段或一个升降周期所需要的时间。空间通常指价格升降所能够达到的程度,即价格变化有可能上升或下降到什么地方,说明了价格波动能够达到的极限。时间与空间在股票价格运行中的关系,反映的是市场价格久升必跌、跌久必升的内在规律,体现了市场能量由小变大再由大变小的过程和事物发展的周而复始的特征。

(3) 时间、空间与价格趋势的关系。研究时间、空间与价格趋势的关系,对于短线投资和长线投资的意义不同。对于短线投资者而言,时间短,价格波动空间小,但如果把握准确、频繁操作,累计收益也很可观,所以他们对短期内证券价格上升或下降的空间幅度尤为关注。而对于中长线投资者来说,时间持续越长,证券价格变化的空间可能就会越大,因此,他们更加关注周期性变化规律。

4. 技术分析要避免盲从,从实践出发,灵活运用

各种技术分析的理论和方法都是在特定环境与条件下的产物,一旦脱离具体要求,就可能会使分析者误入歧途,因此不宜对技术分析抱过高期望。但技术分析毕竟是一种认识价格变动趋势的重要手段,如果能够在实践中验证有效,对证券投资极有帮助。所以,投资者需要在实践中积极探索适合于自己的技术分析方法,同时要跟随市场的变化进行调整,灵活地加以运用。

第二节 技术分析理论

这里介绍几种常用的技术分析理论,包括道氏理论、K线理论、切线理论、形态理论、波浪理论、量价关系理论等。

一、道氏理论

道氏理论是技术分析的理论基础,是许多技术分析方法的基本思想渊源。查尔斯·亨利·道是该理论的创始人。他与爱德华·琼斯(Edward Jones)创立了著名的道琼斯平均指数。20世纪初,查尔斯·亨利·道在《华尔街日报》上发表了多篇有关证券市场的文章,经

后人整理,称为道氏理论。道氏理论的主要思想是:

(1) 市场价格平均指数可以解释和反映市场的大部分行为。道氏理论所提出的平均价格涵盖一切信息的假设,是目前技术分析的一个基本假设。道氏理论认为收盘价是最重要的价格,并利用收盘价计算平均价格指数,成为目前世界上所有证券交易所计算价格指数的方法起源。

(2) 市场波动具有某种趋势。道氏理论认为,尽管价格波动的表现形式不同,但最终可以将它们分为3种趋势:① 主要趋势(Primary Trend),指持续1年或1年以上的趋势,看起来像大潮的趋势,幅度一般超过20%;② 次要趋势(Secondary Trend),指持续3周至3个月的趋势,看起来像波浪的趋势,与基本趋势方向相反,其作用是对主要趋势的调整,幅度为基本趋势的1/3—2/3;③ 短暂趋势(Near Term Trend),指持续时间不超过3周,一般小于6天的趋势,看起来像波纹的趋势,其特点是波动幅度更小。

(3) 主要趋势有3个阶段。主要趋势无论是上升趋势,还是下降趋势,大体上划分为3个阶段,表8-1所示是上升趋势的3个阶段。

表8-1 上升趋势的3个阶段

市场阶段	市场趋势	市场行为
累积期	横盘整理,上升量能蓄积	聪明的投资者在得到信息并进行分析的基础上开始买入股票
上涨期	股价虽有回落,总体趋势上升	更多的投资者根据财经信息并加以分析,开始参与股市
鼎盛期	股价达到顶峰,盘整下降趋势	市场信息变得更加为众人所知,市场活动更为频繁

(4) 两种平均价格指数的方向一致性。道氏理论认为,工业平均指数和运输业平均指数必须向同一方向运行,才可确认某一市场趋势的形成。

(5) 趋势必须得到交易量的确认。在确定趋势时,交易量是重要的附加信息,交易量应在主要趋势的方向上放大。

(6) 一个趋势形成后将持续,直到趋势出现明显的反转信号。这是趋势分析的基础。然而,确定趋势的反转却不太容易。

运用道氏理论应注意的问题有:道氏理论的主要作用是确定股票市场的主要趋势,对于次要趋势、短暂趋势的判断作用意义不大;道氏理论从来就不是用来指出应该买卖哪只股票的,因而不能用于个股的选择;道氏理论的结论落后于价格变化,信号太迟,可操作性较差。

二、K线理论

K线理论的核心是K线图。K线图是一种常见的制图分析法,也称日式划线法。在日本,K线图称为"罫(日文音读kei)线",西方直译为英文字母"K"线,名称由此而来。K线起源于日本的德川幕府时代,当时用图示来记录米价涨跌,后经不断演化,目前已经形成了一套较为完整的K线分析理论。

(一) K线图的绘制

K线图绘制时,必须把握证券交易的开盘价、收盘价、最高价和最低价(见图8-1)。每个交易日的第一笔成交价格就是开盘价,每个交易日的最后一笔成交价格则为收盘价,最高价和最低价则对应于每个交易日成交股票的最高成交价格和最低成交价格。四个价格中,收盘价尤为重要,一般谈到的股票价格就是收盘价,是技术分析关注的重点。

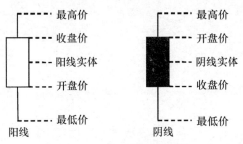

图 8-1　K 线图的基本形状

K 线图是一条柱状的线条,由实体和影线组成。日 K 线中,实体表示一日的开盘价和收盘价,影线在实体的上方或下方。上方的部分叫上影线,下方的部分叫下影线。上影线的上端顶点表示一日的最高价,下影线的下端顶点表示一日的最低价。根据开盘价和收盘价的关系,K 线分为阳(红)线和阴(黑)线两种,收盘价高于开盘价时为阳线,收盘价低于开盘价时为阴线(见图 8-1)。按照日内开盘价与收盘价的价格变动幅度百分比,一般又将阳线和阴线进一步区分为十字星(波动范围在 0.5% 左右)、小阳线和小阴线(波动范围一般在 0.6%—1.5%)、中阳线和中阴线(波动范围一般在 1.6%—3.5%)、大阳线和大阴线(波动范围在 3.6% 以上)。把一只股票每天的 K 线按时间顺序排列,就是日 K 线图,可反映该股票自上市以来每天的价格变动情况。

除了日 K 线外,还可以画周 K 线和月 K 线,差别仅在四个价格时间参数的选择上。如果是一周的 K 线,是指该周的开盘价、该周之内的最高价和最低价以及该周的收盘价。月 K 线则是一个月之内的四个价格。周 K 线和月 K 线对于反映股票价格的长期趋势与周期较为明晰。

(二) K 线的主要形状及意义

单根 K 线实体和上下影线的长度,反映了多空力量的博弈结果。一般而言,阴线实体越短或阳线实体越长,越有利于多方占优;阳线实体越短或阴线实体越长,越有利于空方占优。单就影线来说,不论实体是阳线还是阴线,上影线越长,下影线越短,越有利于空方;下影线越长,上影线越短,则越有利于多方。

1. 光头阳线和光头阴线

当收盘价与最高价相同,或开盘价与最高价相同时,就会出现没有上影线的 K 线,被称为光头阳线和光头阴线(见图 8-2 和图 8-3)。开盘后,出现先跌后涨,且收盘价与最高价相同的情况时,就会得到带下影线的光头阳线。光头阳线通常表示多方力量较大,实体部分或下影线愈长,多方力量占优意味越浓。光头阴线的开盘价就是最高价,开盘后空方力量较强,股价一路下跌,但是低位遇到多方的反击,因而形成带下影线的实体,属下跌抵抗型的 K 线。它的实体部分愈长,表明空方力量愈强;下影线愈长,表明多方反击力度越大,后市可能会反弹。

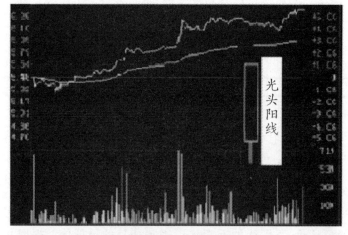

图 8-2 光头阳线

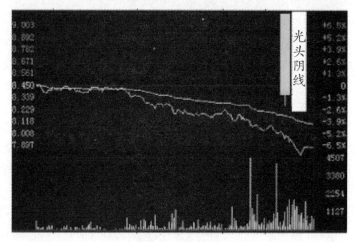

图 8-3 光头阴线

2. 光脚阳线和光脚阴线

当开盘价与最低价相等,或收盘价与最低价相等时,就会出现没有下影线的 K 线,被称为光脚阳线和光脚阴线(见图 8-4 和图 8-5)。光脚阳线表示上升势头很强,但在高价位处遇空方猛烈反击回落,上升局势不明;阳线实体愈长,说明多方上攻力度愈强;反之,则有见顶的可能。光脚阴线的含义则与之相反,表示股价虽有反弹,但上档抛压沉重,最终以阴线报收。光脚阴线的实体愈长,表明空方的力量愈强,后市趋淡的可能性愈大。

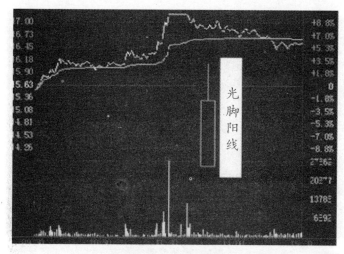

图 8-4　光脚阳线

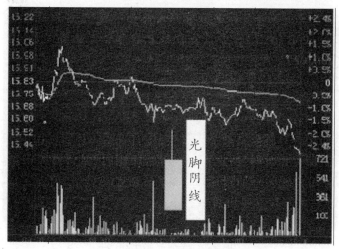

图 8-5　光脚阴线

3. 光头光脚大阳线和大阴线

当一只股票的开盘价、收盘价分别为当日交易的最低价、最高价,或者是当日交易的最高价、最低价时,就成为没有上下影线的 K 线,俗称"光头光脚"K 线。光头光脚大阳线(见图 8-6)是开盘后,多方进攻积极,占据明显优势,使价格一路上扬,直至收盘形成的。它表示多方力量高涨,出现了强烈的涨势。光头光脚大阴线(见图 8-7)则与此相反,开盘后,空方占有优势,股票大量抛出,市场呈一面倒,价格始终下跌,直至收盘。它表示股市处于低潮,出现了强烈的跌势。

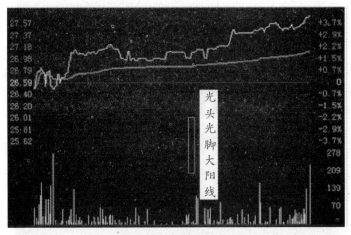

图 8-6　光头光脚大阳线

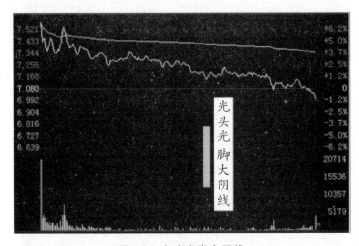

图 8-7　光头光脚大阴线

4. 十字星、T 字型和倒 T 字型

当日内股价出现波动,但收盘价与开盘价相同时,就会形成没有实体的十字星 K 线(见图 8-8)。十字星表示在交易中,股价在开盘价上下成交,但收盘价与开盘价相等,多方与空方实力相当。其中:上影线愈长,表示抛压愈重;下影线愈长,表示接盘踊跃。影线长的大十字星通常是变盘信号,被称为转机线,在高价位或低价位,意味着出现反转,因而对于该类十字星需要警惕。上下影线较短的小十字星,表明股价窄幅震荡,交易冷清。

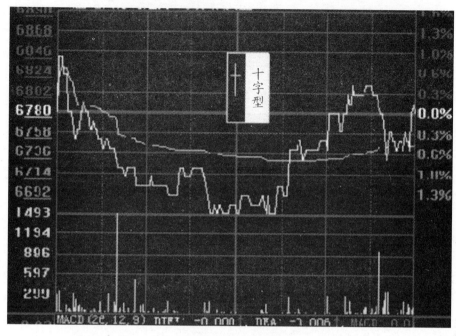

图 8-8 十字星

对于十字星,如果出现光头或光脚的现象,即没有上影线或者没有下影线,形状像英文字母 T 的,称之为 T 字型 K 线(见图 8-9)和倒 T 字型 K 线(见图 8-10)。T 字型 K 线又称多胜线,开盘价与收盘价相同。尽管当日股票在开盘价以下交易,但多方实力大于空方,因此股票又以当日最高价(即开盘价)收盘。它表示局势对多方有利,如果在股价低位出现,行情将会回升。

倒 T 字型 K 线又称空胜线,开盘价与收盘价相同。尽管当日交易都在开盘价以上,但却以当日最低价(即开盘价)收盘。它表示多空双方对决中,空方略胜一筹,如在高价区,行情可能转跌。

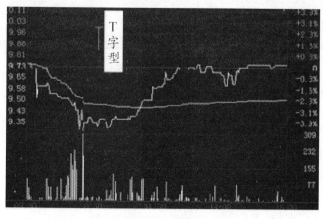

图 8-9 T 字型

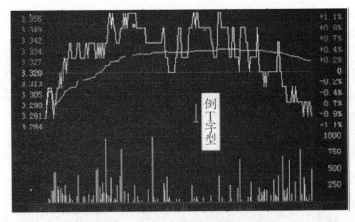

图 8-10 倒 T 字型

5. 一字型

当开盘价、收盘价、最高价和最低价相等时,就成为这种非常特别的一字型(见图 8-11)。一字型在实行证券交易涨跌停板的市场里比较常见。这种同十字星和 T 字型一样没有实体的 K 线,无法区别是阴线还是阳线。此类情形较易在突发事件出现时发生,是多方或空方的势头迅猛、暴涨暴跌形成的。

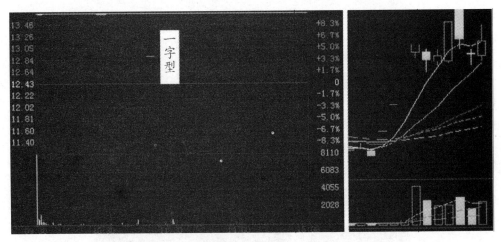

图 8-11 一字型

(三) 典型 K 线组合分析

K 线图谱中蕴含着丰富的东方哲学思想,以阴阳之变表现出了多空双方"势"的相互转换。多条 K 线的组合图谱能够更详尽地表述多空双方一段时间内"势"的转化。另外,K 线图谱要结合成交量和移动平均线共同使用。成交量展示了多空双方搏杀过程中的能量损耗,移动平均线则是双方进攻与退守的道道防线。这种图形组合是东方哲学与西方统计学的完美结合。

K 线组合形态有许多种,下面简要介绍八种基本组合图形。

1. 希望之星和黄昏之星

希望之星,也称早晨之星,由三根 K 线组成(见图 8-12):在下跌趋势中,第一天形成了一根阴线,次日跳空下跌,但 K 线实体较短,阳线和阴线均可,构成星的主体部分,上下影线并不重要,重要的是第三天必须为阳线,且其长度至少要升至第一天阴线实体的 1/2 处,若包容第一天阴线,买进信号就更为明确。需要强调的是,希望之星出现之前股价应该已经下跌了一段时间,才能预示着市场已经见底,否则不能视为买进信号。

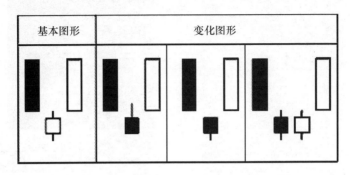

图 8-12　希望之星

黄昏之星则相反,是股价见顶回落的信号。黄昏之星也由三根 K 线组成(见图 8-13):在上涨趋势中,第一天股价拉升形成一根大阳线,第二天跳空高开,形成一根小阳线或小阴线,为星的主体部分,关键的第三天拉出一根阴线并至少下跌到第一天阳线实体的 1/2 处。需要注意的是,只有当股价已上升了较大幅度后,黄昏之星的出现才为卖出信号。

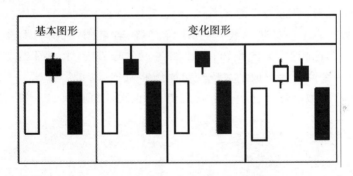

图 8-13　黄昏之星

2. 射击之星和倒锤线

射击之星是在股价已经出现较大的升幅后,出现的一个实体较小的阳线或阴线,但上影线较长,至少是实体的三倍,表示开盘价虽低,股价却被多方一路拉高,但最终又被空方打压至开盘价附近,产生的下影线短到可以忽略,如图 8-14 所示。因此,射击之星一旦出现于市场的顶部,就预示着股价将反转。

倒锤线是在一个下降趋势之后,在较低价格区域出现的一个小实体 K 线,其特点是上影线的长度一般大于实体的两倍长,下影线短到可以不计,表示当天多方上冲失败,市场最后在较低的位置收盘,如图 8-15 所示。但如果次日开盘高于倒锤线实体,则有可能形成股价走势的反转。

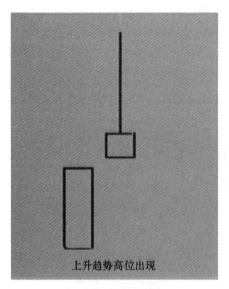

图 8-14　射击之星

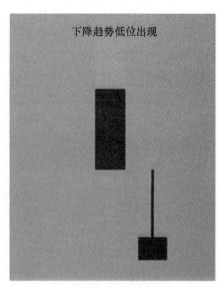

图 8-15　倒锤线

3. 包含线（鲸吞形）与被包含线（孕育形）

在股价运行趋势已经确立了相当长一段时间之后，如果出现这两种图形，则意味着趋势的反转。

包含线又称鲸吞形，是指次日的 K 线实体完全包含了上一日的实体。上一日的实体反映了前期股价趋势。若上一日是阴线，则为下降趋势；若是阳线，则为上涨趋势。包含线的颜色应与前一日的颜色相反（见图 8-16）。比如在一个升势中，上一日出现小成交量配合的小阳线实体，次日一个高开后形成的大成交量阴线将其掩盖，最后以比上一日更低的价格收盘，表明上升的趋势已被破坏。在一个下降趋势中，情况正好相反，表明跌势出现了转机。

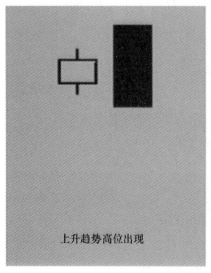

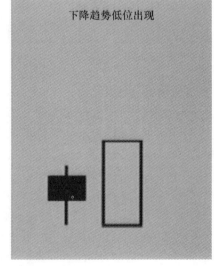

图 8-16　包含线

被包含线又称孕育形,是指上一日K线实体较长,次日是小实体,它的实体完全为上一日长实体所包含。小实体的颜色与长实体的颜色相反(见图8-17)。比如一个下降趋势中,出现了一根伴随成交量出现的长阴线,但是次日价格高开,并且超过上一日的成交量,第三日趋势反转可得到进一步确认。或在一个上升趋势中,出现一根伴随成交量的长阳线,但是次日价格低开,并且成交量超过前一日,第三日趋势反转可得到进一步确认。这种组合的特殊形态若是十字型,即次日的K线为十字星,反转意义就更强烈。

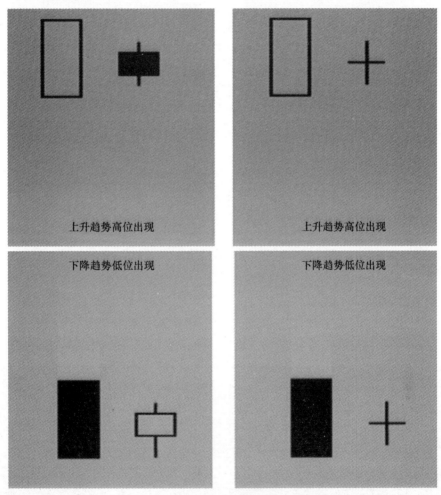

图 8-17　被包含线

4. 刺穿线与乌云盖顶

刺穿线与乌云盖顶都是在一个价格变动趋势中,由两根长实体K线构成的形态。刺穿线发生在下降趋势中,第一天是反映继续下降的长阴实体。第二天市场反弹,是阳线实体,其开盘价虽然低于前一日的最低价,但是收盘价在第一天的实体内,且高于第一天的阴线实体中点,体现出价格反转的趋势,如图8-18所示。乌云盖顶则出现在价格上升的趋势中,第一天是反映继续上涨的长阳实体。第二天市场回落,是阴线实体,其开盘价高于上一日阳线的最高价,收盘价在第一天的实体内,且低于第一天的阳线实体中点,体现出价格反转的趋势,如图 8-19 所示。

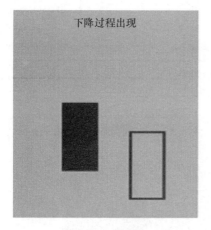

图 8-18 刺穿线

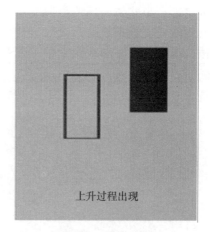

图 8-19 乌云盖顶

（四）应用 K 线理论应注意的问题

K 线作为多空双方争斗的一种描述,虽最能表现市场行为,但缺乏严格的逻辑,由它们的组合得到的结论只能是相对的,而不是绝对的。应用时,要尽量使用多根 K 线组合,并与其他分析方法结合使用。对股票投资者而言,结论只是起一种建议作用。

实战分析

1. 中航重机(600765)

2002 年 1 月 5 日、6 日、9 日,三个交易日的 K 线构成了希望之星,10 日买入即可获利。3 月 16 日、19 日、20 日三个交易日的 K 线构成了黄昏之星,是卖出时机。

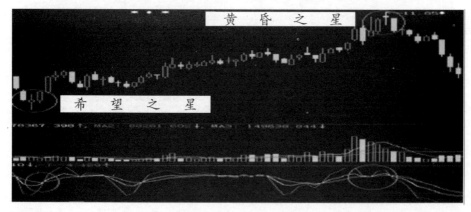

2. 同方股份(600100)

2012 年 1 月 6 日,同方股份经过数日下跌后,出现了阳包阴的包含线,当日涨幅为 6.12%,成交量放大一倍以上,比较显著,同时 K、D、J 在低位实现金叉,如果在下一个交易日开盘后买入,当日可收获涨停。3 月 14 日,该股出现了 5.92% 的跌幅,形成了乌云压顶,K、D、J 也走向死叉。

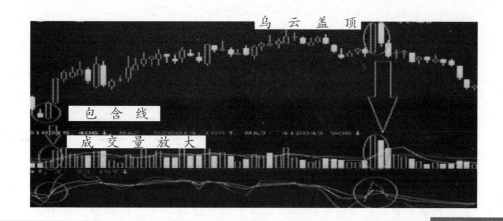

三、切线理论

从基本面来看,选股要跟随热点,但从技术面来看,选股要跟随趋势。趋势预示着市场未来的发展方向,投资者只可以"顺势而为",不可"逆势而动"。股市作为国民经济的晴雨表,不能脱离经济周期性变化的特点。经济变化的周期性倾向,隐含了股票市场的趋势性。同时,无论是行业还是企业,都要经历初创、成长、成熟和衰退的过程,其发展的阶段性特点,会对市场上不同种类的股票产生趋势性影响。

从股票市场主力操作手法来看,一般都要经过吸筹、洗筹、拉升、派发几个阶段,对个股的变化带来的影响也是趋势性的。切线理论就是试图通过趋势分析,追随股价波动的趋势。切线有多种画法,下面主要介绍趋势线和轨道线。

(一)趋势的方向与种类

1. 趋势的含义

趋势是指事物发展的动向,这里指股票价格的波动方向。技术分析的三大假设中的第二条说明价格的变化是有趋势的,没有特别的理由,价格将沿着一定的趋势继续运动下去。价格变化的形态犹如一条蜿蜒的折线,每个折点处形成了峰或谷,可以从价格起伏的相对高度进行价格运动的方向识别,这一方法已经成为证券市场上十分重要的分析方法。

2. 趋势的方向

证券价格的运动方向可以分为三种:

(1)上升方向。如图8-20(a)所示,尽管股价不时回落,但是每个后面的峰和谷都高于前面的峰和谷,呈现一底比一底高,即底部抬高的迹象,是一种震荡攀升的趋势。

(2)下降方向。如图8-20(b)所示,尽管股价不时回升,但是每个后面的峰和谷都低于前面的峰和谷,呈现一顶比一顶低,即顶部降低的迹象,是一种逐级下跌的走势。

(3)水平方向(无趋势方向)。如图8-20(c)所示,股价起伏不定,后面的峰和谷与前面的峰和谷相比,没有明显的高低之分,几乎呈水平延伸。水平方向在市场上出现的机会相当多,也极为重要。它说明多空双方处于均衡状态,观望气氛浓厚,未来走向较难预测。

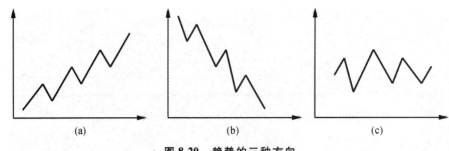

图 8-20　趋势的三种方向

3．趋势的种类

（1）长期趋势。长期趋势是指趋势的主要方向。按照技术分析的第二大假设，主要趋势是股价波动的大方向，一般持续的时间比较长。因此，所谓投资者买卖股票要把握大势，就是要掌握趋势的主要方向，方能顺势而为。

（2）中期趋势。中期趋势是趋势的次要方向，是在主要趋势过程中进行的调整。由于主要趋势是方向性的，贯穿着多空双方力量的博弈，多空双方都需要有一个力量积蓄、消耗和恢复的过程，因此在趋势的发展过程中，总要有个局部的调整和回撤。

（3）短期趋势。短期趋势是趋势的日常波动，是在中期趋势中进行的调整。短期趋势与中期趋势的关系就如同中期趋势与长期趋势的关系一样。

简单来说，就是大趋势中包含小趋势，小趋势不改变大趋势（见图 8-21）。

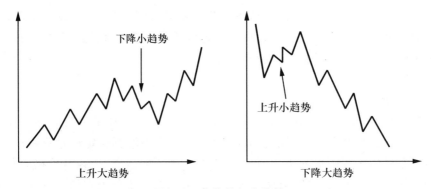

图 8-21　大趋势与小趋势

（二）压力线与支撑线

1．压力线与支撑线的含义

压力线又称阻力线，是把股价走势中两个高点连成的一条直线。当股价上涨到某一价位附近时，就会出现空头增加、多头减少的情况，股价会停止上涨，甚至回落，从技术上说就是股价触及了压力线（见图 8-22）。压力线起阻止股价继续上升的作用，是观察股价能否向上突破或继续回调的关键线。

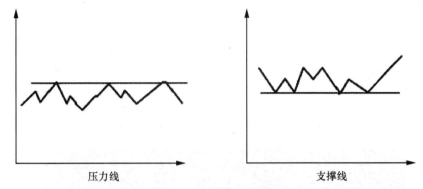

图 8-22　压力线和支撑线

支撑线又称抵抗线,是把股价走势中两个低点连成的一条直线。当股价下跌到某一价位附近时,会出现多头增加、空头减少的情况,从而使股价停止下跌,甚至有可能回升,从技术上说就是股价触及了支撑线(见图 8-22)。支撑线起阻止股价继续下跌的作用,是分析股价反弹向上或继续下跌的关键线。

2．压力线与支撑线的意义

(1) 同一条线上堆积的股票交易量越多,其显示的支撑或压力作用越强。

(2) 压力线和支撑线有彻底阻止股价按原方向变动的可能。受压力线或支撑线的影响,当一个趋势终结之后,不可能再创出新的低价或新的高价。

在上升趋势中,如果下一次未突破压力线创出新高,则这个上升趋势已处在关键位置,如果随后股价向下突破了这个上升趋势的支撑线,将产生一个很强烈的趋势有变的警告信号,下一步的走向可能是下跌。同样,在下降趋势中,如果下一次未突破支撑线创出新低,则这个下降趋势已处于关键位置,如果随后股价向上突破了这个下降趋势的压力线,将产生一个下降趋势结束的强烈信号,股价的下一步将是上升的趋势。

(3) 股价变动的趋势决定了压力线和支撑线有被突破的可能,它们不足以长久地阻止股价保持原来的变动方向,只不过是暂时停顿而已。时间跨度越长,其支持力或阻力也会削弱,被突破的可能性就会增加。

3．压力线与支撑线的相互转换

压力线和支撑线只是相对而言,其性质并非是一成不变的。对于同一条线,在一波行情中该线是支撑线,但对于另一波行情,则可能成为压力线,即压力线与支撑线可以互相转化(见图 8-23)。这种转化很大程度上是由心理因素造成的。当股价突破压力线上扬时,投资者认为是买入时机;而当股价向下跌破支撑线时,投资者认为是卖出时机,投资者在共同心理倾向下的一致行动,会在某个区域形成新的支撑或压力。例如,受市场趋势的影响,假设股价在一个区域停留了一段时间后突破压力区域开始向上移动,多方会感觉应该多买入股票,空方更是担心踏空,因此,股价每次回落,都会得到买盘的强烈支持,掉头向上,这样,原来的压力线就转化为支撑线。支撑线与压力线的转换正好与此相反。

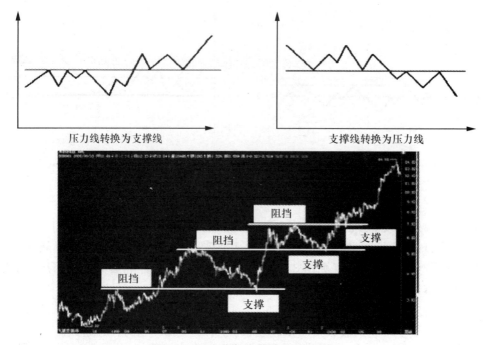

图 8-23　压力线与支撑线的相互转化

4．压力线与支撑线的重要性判断

压力线与支撑线的划分都是人为进行的,其能否在某一区域对投资决策构成重要影响,取决于以下几个方面:① 股价在该区域停留的时间长短。② 股价在该区域伴随的成交量大小。③ 该支撑区域或压力区域发生的时间距离当前时间的远近。一般而言,股价停留的时间越长、伴随的成交量越大、离现在越近,则这个支撑或压力区域对当前的影响就越大;反之就越小。

通过对现有各个压力线与支撑线重要性的确认,可以避免被"假突破"迷惑,能够清楚股价到达某区域后,就很有可能形成突破,而到了另一个区域,就不容易被突破,从而作为买卖的决策参考。如果压力线与支撑线不完全符合上述条件,就需要对压力线和支撑线做出及时的修正。

(三)趋势线与轨道线

1．趋势线

(1)趋势线的含义

趋势线是用来表示证券价格变化趋势或方向的直线。上升趋势线反映价格向上波动发展的趋势;下降趋势线反映价格向下波动发展的趋势。长期趋势线、中期趋势线与短期趋势线分别反映股票价格波动的长期趋势、中期趋势及短期趋势。由于价格波动频繁,因此在任一发展方向上的趋势线都不是只有一条,而是有若干条。不同的趋势线反映了不同时期价格波动的实际走向,研究这些趋势线的变化方向和变化特征,就能把握住价格波动的方向和特征。

(2)趋势线的画法和有效趋势线的选择

趋势线可以通过连接一段时间内价格波动的高点或低点得到。标准的趋势线必须由两个以上的高点或低点连接而成。在上升趋势中,将两个低点连成一条直线,就得到上升趋势线(见图8-24);在下降趋势中,将两个高点连成一条直线,就得到下降趋势线(见图8-25)。上升趋势线起支撑作用,是支撑线的一种;下降趋势线起压力作用,是压力线的一种。

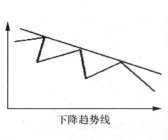
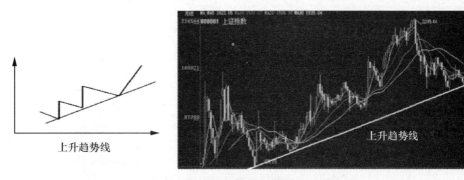

图8-24　上升趋势线

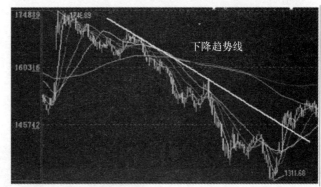

图8-25　下降趋势线

趋势线的画法虽然简单,但是要得到一条真正起作用的有效的趋势线,必然选择两个有决定意义的高点或低点,此后要经多方验证才能最终确认。一般来说,上升趋势线的两个低点应是两个反转低点,即下跌至某一低点开始回升,再下跌没有跌破前一低点又开始上升,则这两个低点就是两个反转低点。同理,决定下降趋势线也需要两个反转高点,即上升至某一高点后开始下跌,回升未达前一高点又开始回跌,则这两个高点就是反转高点。趋势线的有效性的确认,实际上就是要对用各种方法画出的趋势线进行挑选。一般来说,一条趋势线至少还应得到第三个点的验证才能确认是有效的。所画出的趋势线被触及的次数越多,其作为趋势线的有效性越被得到确认,用它进行预测就越准确。另外,这条直线延续的时间越长,有效性就越充分。此外,在若干条上升趋势线和下跌趋势线中,最重要的是原始上升趋势线和原始下跌趋势线。它决定了价格波动的基本发展趋势,有着极其重要的意义。

(3) 趋势线的作用

一条经认可的有效趋势线,有两种作用:① 对股价今后的变动起约束作用,使股价总保持在上升趋势线的上方或下降趋势线的下方。实际上,就是起到支撑和压力作用。② 趋势线被突破后,说明股价的走势将要出现反转。越重要越有效的趋势线被突破,其转势的信号越强烈。被突破的趋势线原来所起的支撑和压力作用,将反转为压力和支撑作用(见图8-26)。

需要注意的是,趋势线的突破,收盘价突破比日内最高最低价突破更重要。穿越趋势线后,股价离趋势线越远,在趋势线的另一方停留的时间越长,突破越有效。

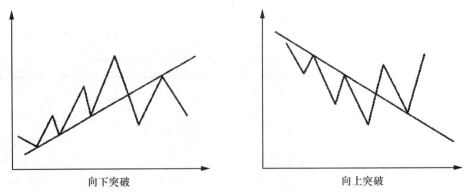

图 8-26　趋势线被突破后的相反作用

2. 轨道线

（1）轨道线的含义

轨道线又称通道线或管道线,是根据已有趋势线的第一个峰或第一个谷,所做的该趋势线的平行线(见图 8-27)。两条平行线组成一个轨道,即通常所说的上升和下降轨道。轨道的作用是限制股价的变动范围。一个轨道一旦被确认,那么价格将在这个通道里变动。轨道线的另一个作用是发出趋势转向的讯号。在一次波动中,如果价格距轨道线很远就开始掉头,往往是趋势改变的前兆。

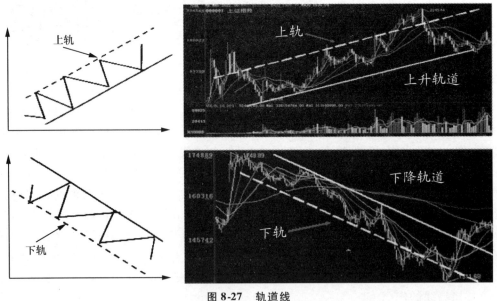

图 8-27　轨道线

轨道线是基于趋势线得到的,即先有趋势线,后有轨道线。趋势线比轨道线重要。趋势线可以单独存在,而轨道线则不能。

（2）轨道线的确认和突破

一条绘制的轨道线能否真的成为价格变动的上轨或下轨,如同趋势线的有效性一样,需要经过确认。一般而言,轨道线被触及的次数越多,延续的时间越长,其被认可的程度和重要性越高。

与趋势线突破的意义不同,轨道线突破的后果不是趋势转向,而是趋势加速,即原来的趋势线的斜率将会增加,趋势线将会更加陡峭(见图8-28)。

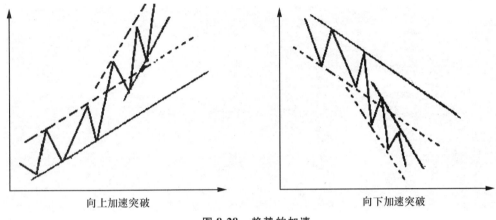

图 8-28　趋势的加速

（四）应用切线理论应注意的问题

切线的画法十分重要,画得好坏直接影响预测的结果。切线一旦画出,就成为价格移动可能存在的支撑线和压力线,具有很重要的作用。但是,支撑线、压力线有被突破的可能,并非是万能的工具,仅仅是投资操作的一种参考价位,不可机械运用。

实战分析

1. 黄海机械(002680)

2012年6月5日,黄海机械在上市后的一个月时间里,沿着趋势线上升,在7月3日到达上市最高价41.11元之后,开始下降,形成压力线。7月12日、13日连续两日突破失败后,开始步入下降趋势。

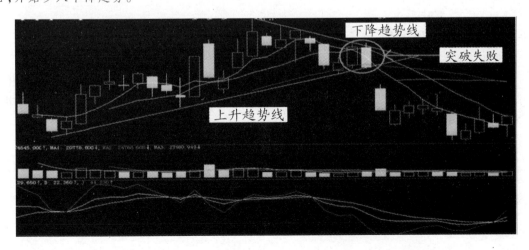

2. 哈投股份(600864)

2012年3月30日到4月27日这段时间里,哈投股份处于上升轨道之中。4月27日一根3.9%的大阴线,形成有效的向下突破。随后,到7月30日这段时间里,哈投股份处于下降轨道里。

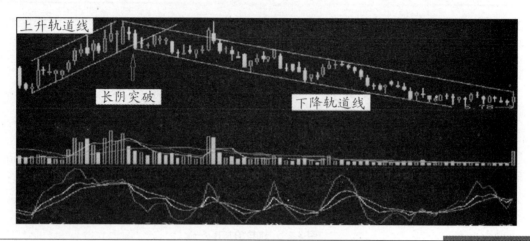

四、形态理论

形态理论是根据股价走势的具体形态,分析股价未来变动方向的方法。价格波动的轨迹是市场多空博弈的记录,多空力量的此消彼长,使市场处于不断的"平衡→不平衡→平衡→不平衡"的循环往复之中。根据股价移动的规律,股价曲线的形态可以分成两大类型:持续整理形态和反转突破形态。前者保持平衡,后者打破平衡。持续整理形态的图形显示股价走势将要停顿下来进行休整,但并不改变原先的股价走势,经过一段时间的盘整,股价可能继续原先的走势。反转突破形态的图形表示股价的原有走势将要发生逆转,即改变原先的股价运行方向。投资者可以利用股价的形态变换,在原来的平衡快要打破之时或者在打破的过程中及时行动,获取收益。

(一)反转突破形态

典型的反转突破形态图形有头肩形、双重顶形(双重底形)、圆弧形、V形和喇叭形等。

1. 头肩形

头肩形一般出现在升势末期,或者在跌势末期,是表示股价走势已经发展到顶点,并且将要逆转的一种形态。这种形态是实际股价形态中比较常见的一种形态,也是最著名和最可靠的反转突破形态。

头肩形有三种类型:头肩顶形、头肩底形以及复合头肩形。

(1)头肩顶形

头肩顶形是由一个最高点作为头部和两个次高点分别作为左肩和右肩组成的(见图8-29),是一个股价见顶形态。

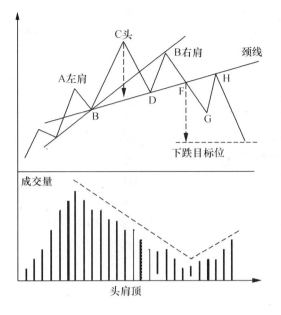
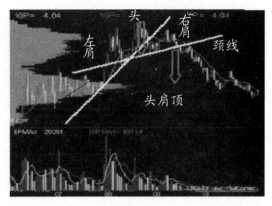
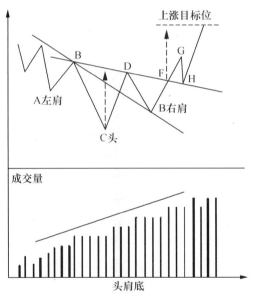
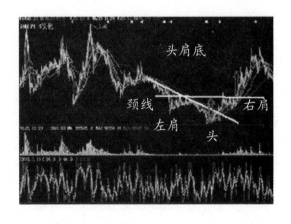

图 8-29 头肩形

伴随着股价连续上涨、成交量巨幅放大,获利回吐压力导致股价回落,形成第一个峰谷(左肩);错过上升行情的投资者买入推升股价,并突破第一个峰谷位置创出新高,但成交量未见连续放大,股价遭遇获利盘打压再度回调形成第二个峰谷(头部);在回落至第一次下跌低点附近再度受低位买盘刺激上涨,但价位在到达头部顶点之前即告回落,形成第三个峰谷(右肩),头肩顶形态即告完成。

从左肩到右肩,股价由升转降,成交量基本呈下降趋势。尤其是右肩形成后,成交量会有明显的下降。连接左肩和右肩之间的两个峰底得到的支撑线被称为颈线。颈线极为重要,一旦被跌破,而且回抽无力再超过颈线,头肩顶形反转形态便形成,股市将一路下泻,下降幅度至少等于头到颈线的垂直距离(图8-29中C点向下的箭头所示)。

大多数情况下,A、E两肩的高度不同,肩与头之间的两个低点B、D也不相等,因此颈线是一条倾斜的直线。颈线被突破后,价格可能会回踩颈线H点,但遭到压制后会继续下跌。

(2) 头肩底形

头肩底形是头肩顶形的倒转,它由一个最低点(头)和两个次低点(左肩和右肩)组成(见图8-29),是预示股价见底的形态。

在股价持续下跌之后,从左肩到右肩,股价止跌回升,交易量也逐步增加,显示多头力量在增强。在突破颈线时,交易量骤增,形成向上反转形态,未来的升幅至少等于头到颈线的垂直距离(图8-29中C点向上的箭头所示)。需要强调的是,突破时的成交量放大是必需的,而头肩顶形突破时无此要求。

一般来说,头肩形形成的过程所经历的时间越长,价格在此期间的起伏越大,将来突破颈线后,价格反转的潜力就越大。但如果头肩形形成的时间较短,则头肩形也有可能是持续整理形态而不是反转突破形态。

(3) 复合头肩形

复合头肩形不是标准的头肩形形态,而是左右肩部或者头部出现多于一次。这是由股价变化的长期性和复杂性导致的,往往出现在长期趋势的底部或顶部。其形成过程和分析意义与头肩形类似。复合头肩形一旦完成,将出现可靠性较大的买进或沽出时机。

2. 双重顶形和双重底形

双重顶形和双重底形是在实际中频繁出现的反转形态。与头肩形相比,虽然没有头部,但双顶或双底形似M头或W底。

(1) 双重顶形

双重顶形是由两个基本等高的峰组成的(见图8-30),是股市见顶的一种形态。有时股价在跌破颈线后出现回抽现象,然后才形成下降趋势;有时会继续延长而变成三重顶形。

双重顶形的两个最高点A、C点不一定处于同一水平上,但二者相差应少于3%。一般地,第二个头C点较第一个头A点稍高,原因是多头企图继续推动股价再升,但却没法使股价升逾3%的差距,表示上升的阻力较大。在多头力量耗竭后,股价向下一旦突破颈线BD,下降的幅度可能会较大。双头的最少跌幅,是由颈线开始计起,至少会再下跌从双头最高点至颈线之间的差价距离(图8-30中向下的箭头所示)。因此,当第二个高点C点形成后,即是卖出的信号,颈线的突破则是卖出的强烈信号。

(2) 双重底形

双重底形是由两个基本等高的谷组成的(见图8-30),是市场见底的一种形态。双重底形如果进一步延伸会形成三重底形。

一般双重底形的第二个低点C点都较第一个低点A稍高,原因是多方在第二次回落时已开始买入,令股价不再跌回上次的低点。当第二个低点形成后,便是买进的信号,颈线BD的突破是买进的强烈信号。双底的最少涨幅,是双底之最低点和颈线之间的距离(图8-30中向上的箭头所示)。

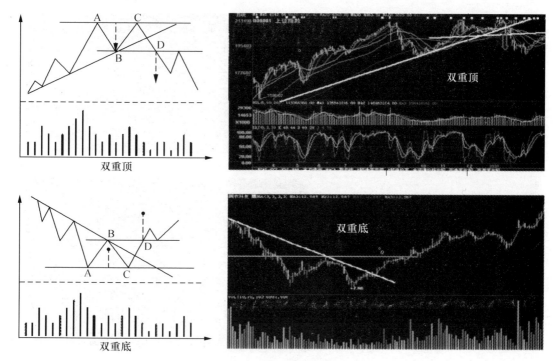

图 8-30 双重顶形和双重底形

(3) 注意问题

① 形成第一个头部或底部时的股价变动幅度。形成第一个头部(或底部)时,其回落的低点约是最高点的 10%—20%(底部回升的幅度相同)。

② 反抽的力度。颈线被突破后,股价常会出现短暂的反向移动,即反抽,双底只要反抽不低于颈线(双头的反抽则不能高于颈线),形态依然有效。

③ 成交量的变化。双顶的两个高峰都有明显的突出的高成交量,但两头相比,第二个头部的成交量显著为少,反映多方的力量已在转弱。股价向下跌破颈线时,无需成交量的上升。双底的第二个底部成交量也较少,但在股价向上突破颈线时,必须伴随成交量的激增。

双重顶(底)形的两个高点(或两个低点)形成的时间相隔超过 1 个月较为常见,如果两个峰或谷形成的时间差较短,则可能是整理形态。

3. 圆弧形

(1) 圆弧形的含义

圆弧形又称为碟形、圆形或碗形。将股价在一段时间的顶部高点(或每个局部的低点)用折线连起来,得到一条类似于圆弧的弧线,分别称之为圆弧顶和圆弧底(见图 8-31)。圆弧顶是一种市场见顶的走势形态,圆弧底则是一种市场见底的形态。圆弧形反转的价格高度和深度是不可测的,但在实际中并不多见,一旦出现则是绝佳的机会。

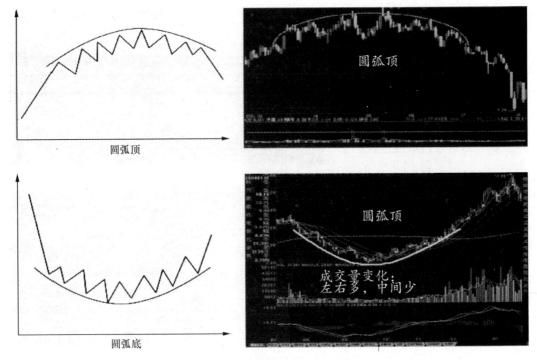

图 8-31 圆弧形

(2) 圆弧形的形成过程

圆弧形的形成过程类似前述的复合头肩形态,只是各个顶部和底部的地位都差不多,没有明显的主次区分,没有明显的头肩感觉。这种局面往往是机构大户主导形成的。在圆弧顶形态中,机构大户手中持有大量筹码,在派发时为避免股价下落太快,只能边出边拉,当接近出货完毕时,才会大幅打压,使股价下跌到很深的位置。在圆弧底形态中,机构大户手中持有大量的建仓资金,为避免吸货时股价上升过快,就分批建仓,来回拉锯,当筹码已足且实现控盘,接近圆弧右上方边缘时,用少量的资金就可一举将股价拉升到高位。圆弧形突破后,上升或下跌的过程往往是垂直式的,价格虽有反扑,但根本回不到原来的圆弧边缘的价位。形成圆弧形所花的时间越长,日后反转的力度就越大。

在识别圆弧形时,成交量是重要的参考。圆弧形在形成过程中,成交量的变化是两头多、中间少。越靠近顶部或底部成交量越少,到达顶部或底部时成交量达到最少。在突破后的一段,都有相当大的成交量。

4. V 形反转

V 形反转是股价在上升趋势或下降趋势中,于顶部或者底部区域只出现一次高点或低点,随后就改变原来的运行方向,出现急速大幅变化的形态,图形类似于英文字母的"V"字或倒"V"字(见图 8-32)。由于 V 形走势在顶部或底部没有横盘过程,可在 2—3 个交易日,有时甚至是 1 个交易日内完成整个转向过程,因此 V 形反转形态较难把握。一般 V 形反转事先没有征兆,这种剧烈动荡的形态,基本上都是由某些消息引起的。如 1994 年 8 月 1 日,受政府出台救市政策的刺激,沪指从低谷 325 点 V 形反转,一个月后涨到了 1 000 点之上。

V 形走势在转势点必须有大成交量的配合,且成交量在图形上形成倒 V 形。若成交量无此特征,则 V 形走势难言可靠。

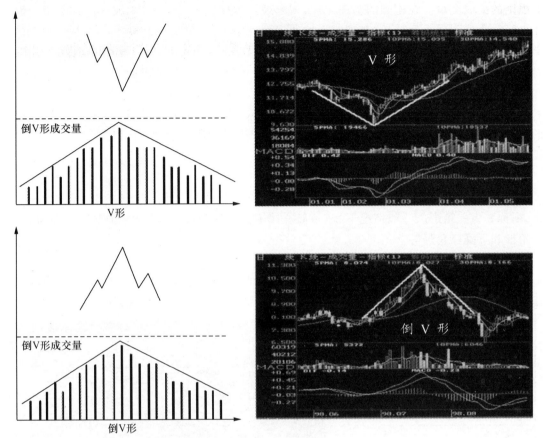

图 8-32 V 形

5. 喇叭形

喇叭形是一种股价走势的扩大形或增大形,酷似一个喇叭形状(见图 8-33)。它大多出现在顶部,虽在实际中出现的次数不多,但是一旦出现,是一种较为可靠的看跌形态。

喇叭形源于投资者的非理性行为。通常在长期上升的末端,投资者被市场浓厚的投机气氛包围,追涨杀跌,造成股价大幅起落,在震荡中完成形态的反转。

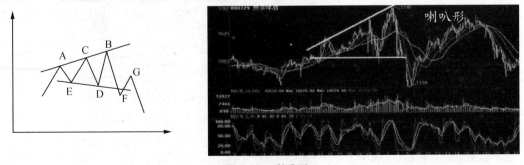

图 8-33 喇叭形

从具体形成过程来看,在股价的上升趋势中,波动幅度不断加剧,形成了 3 个攀升的高点,以及跌幅加深的 2 个低点。此时,市场受公众非理性情绪所控,交易异常活跃,频繁出现不规则的大成交量。在剧烈的动荡之后,恢复理性的投资者开始退出,股价随即下行。股价在下行时会遇到强力反扑,这是喇叭形的特殊性。但是,只要反扑高度不超过下跌高度的一半(图 8-33 中的 G 点),股价将继续下跌,而且跌幅一般都很大。投资者应该在第三峰(图 8-33 中的 E 点)调头向下时选择离场,这在大多数情况下是正确的。

(二) 持续整理形态

股价走势在上升或下降过程中,暂时停顿下来,在一定区域内上下窄幅波动,形成调整形态,而后继续原来的趋势。典型的调整形态有三角形、旗形、小旗形、矩形、楔形、钻石形、长盒形等。

1. 三角形

当股价处于某一区域时,将每次上涨的高点和每次回落的低点各自连线,形态如三角形状,则称其为三角形。一般情况下,三角形态属于持续整理形态,可以分为对称三角形、上升三角形和下降三角形等。

(1) 对称三角形

对称三角形是由于多空双方的实力均衡,股价在特定范围内上下徘徊形成的(见图 8-34)。其特点是股价每一次短期回升的高点都较上次为低,每一次短期回落的低点都较上次为高,

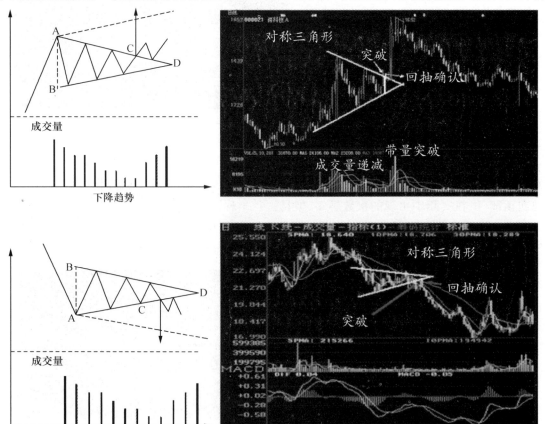

图 8-34 对称三角形

交易量相应地由多到少,但当股价向上突破时需要大成交量配合,向下突破时则不必。成交量的配合,是判断向上真假突破的重要参考。

图 8-34 中,对称三角形有两条聚拢的直线 AD、BD,交点 D 称为"顶点",AB 称为对称三角形的高度。上升趋势整理时,AD 是向下倾斜的直线,起压力作用;BD 是向上倾斜的直线,起支撑作用。下降趋势整理时,两条线的作用则相反。经验表明,突破的位置一般应在三角形的横向宽度(顶点 D 到三角形底边的高度)的 1/2 或 3/4 的某个位置。突破的位置越靠近三角形的顶点,三角形的各种功能就越不明显,对投资的指导意义就越不强。对称三角形被突破后,从突破点 C 点算起,未来股价至少要运动到与形态高度 AB 连线的长度相等的距离(图中箭头所示),或者是过 A 点做平行于下边(上边)直线的平行线,即图中的斜虚线,它是股价日后至少要达到的位置。

(2)上升三角形

上升三角形是股价在盘整期间,多方力量逐渐增强形成的(见图 8-35)。其下方依旧是一条向上倾斜的直线,起支撑作用,但是上方则是一条水平线,起压力作用。这种图形形成的原因是,当价格每次上升到某一价位时,就会遇到相当强大的抛压而回落,但是市场的承接力度却变得越来越大,价格不能回落至上次低点即告弹升,价格波动幅度日渐收窄。

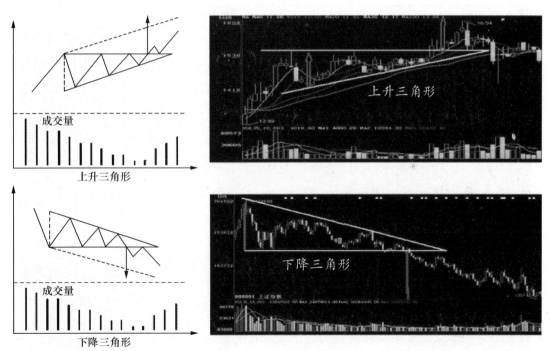

图 8-35 对称三角形的变形

与对称三角形相比,上升三角形的多方比空方更为积极,拉升欲望更加强烈。如果股价的原有趋势是向上,上升三角形出现后,基本上是向上突破。如果原有的趋势是下降末期,出现上升三角形仍以看涨为主。这时,上升三角形成为反转形态的底部。

上升三角形的交易量在股价盘整中由大到小,当股价突破阻力线向上时,交易量大幅增加,否则为假突破。突破后的升幅量度方法与对称三角形相同。

（3）下降三角形

下降三角形是股价在盘整期间，空方力量逐渐增强，每一次波动的高点都较前次为低形成的（见图8-35）。其上方是一条向下倾斜的直线，起压力作用，但是下方则是一条水平线，起支撑作用。这种图形形成的原因与上升三角形正好相反。下降三角形的交易量由大到小，当股价突破支撑线向下时，不必有大成交量配合。如果下降三角形出现在上升趋势的末期，可以视为反转形态的顶部。

> 实战分析

上证指数走势分析

2007年10月16日，上证指数最高摸至6 124.04点，之后便一路下滑，2008年10月28日探底至1 664.92点。此后到2011年5月，股指大体运行在一个三角形区域内，并最终步入一个新的下降通道。但是由于突破靠近三角形的顶部，对投资的指导意义减弱，因此，截至2013年3月，股指跌幅仍未达到三角形的高度。

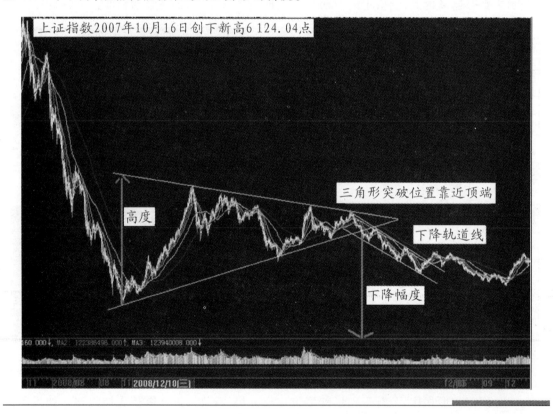

2. 旗形

旗形通常是在极度活跃的市场中，股价经过近乎直线上升或下降运动之后，产生一连串紧密的短期波动，形成一个与原来趋势方向相反的长方形或平行四边形、三角形，犹如挂在旗杆顶上的一面旗帜,由此得名。旗形走势分为上升旗形和下降旗形。

从旗形的形成来看,一般应有一个旗杆,这是由于价格的直线运动形成的。旗形的上下两条平行线起着压力和支撑作用,有点类似于轨道线。这两条平行线的某一条被突破是旗形完成的标志。旗形持续的时间不能太长,经验表明应该短于3周,否则保持原来趋势的能力将下降。旗形被突破后,旗形的测算功能为:股价运行的距离至少要达到旗形的形态高度(平行四边形上下两边的高度),但达到旗杆高度的情况居多,如图8-36中,CD = AB。

在旗形的形成过程中,成交量从左向右逐渐减少。旗形突破后,交易量大增,这是衡量旗形突破真假的重要参考。

上升旗形是一种在股价上升的走势中出现向下调整的长方形,当股价向上突破阻力线时,是买进的时机。下降旗形是一种在股价下降的走势中出现向上调整的长方形,当股价向下突破支撑线时,是卖出时机。

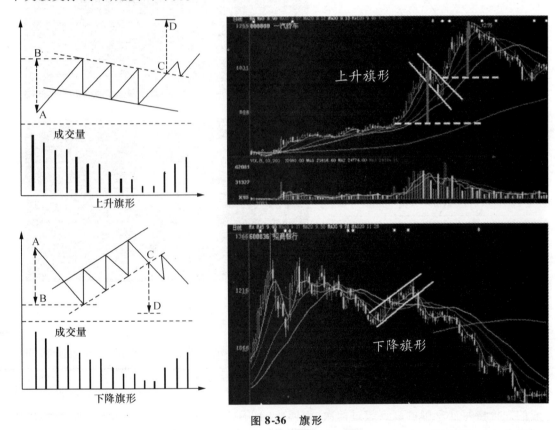

图 8-36　旗形

3. 矩形

矩形也称箱形,是股价在两条水平直线之间上下波动,呈横向延伸的状态,股价如同被限定在一个箱子里,在箱顶和箱底之间来回动荡(见图8-37)。矩形是多空双方各不相让的结果。当价格涨到某个位置时,空方就打压;当价格跌到某个位置时,多方就接货,多空双方的反复争斗,使股价形成了两条明显的上下界线。后来,多空双方在这种争斗中消耗了力量,成交量逐渐减少,突破来临,从而结束箱形震荡,继续原来的走势。当矩形突破后,其涨跌幅度通常等于矩形本身的高度,这是矩阵形态的测算功能。面对突破后股价的反扑,矩形的上下界线同样具有阻止的作用。矩形的股价走势为投资者提供了短线操作的机会,不仅可以通过矩形上下界线的卖买博取收益,而且可以利用突破良机,带来更大的收益。

需要注意的是,矩形突破的确认要结合成交量进行判断。当股价向上突破时,必须有大的成交量配合,而向下突破则无需有成交量增加。

此外,矩形的走势并非如此简单。矩形虽然是持续整理状态,但却可能演变为三重顶(底)的反转突破形态,而两者也几乎要等到突破之后才能明确,增加了实际操作的难度。

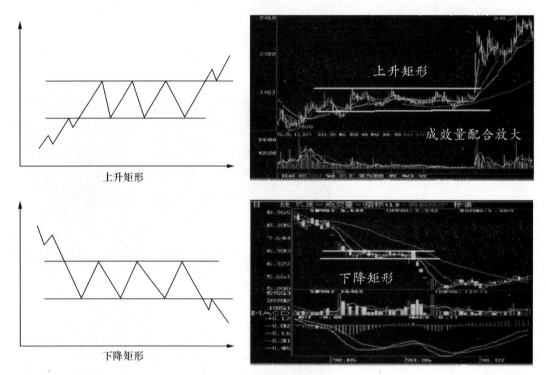

图 8-37　矩形

4. 楔形

楔形是一种股价波动处于两条收敛的直线中,这两条直线同时朝着同一方向倾斜的形态(见图 8-38)。楔形的这一形态特征,与前面的三角形整理形态有明显差异。

楔形可分成上升楔形和下降楔形两种。上升楔形是股价经过一波下跌后出现强烈反弹形成的。价格每次反弹的高点超过前次,而回落的低点也比前次高,在总体上形成一浪高于一浪的势头。因而将高点、低点分别相连,可得到两条呈上升方向的趋于收敛的直线。上升楔形表示一个技术性反弹渐次减弱的市况,显示股价尚未见底。下降楔形则正好相反,一般出现在中长期升势的中途,高点一个比一个低,低点亦一个比一个低,形成两条同时下倾的斜线。这是由于股价经过一段大幅上升后,出现了强烈的技术性回抽,但结果往往是股价继续向上突破发展。通常情况下,楔形形成这一过程需要花费 2 周以上的时间,较旗形为长。

在楔形形成过程中,成交量渐次减少,与三角形一样向顶端递减;在楔形形成之前和突破之后,成交量一般都很大。

与旗形和三角形不同的是,在一个趋势经过了很长时间、接近于尾声时,楔形偶然也作为反转形态出现在顶部或底部。

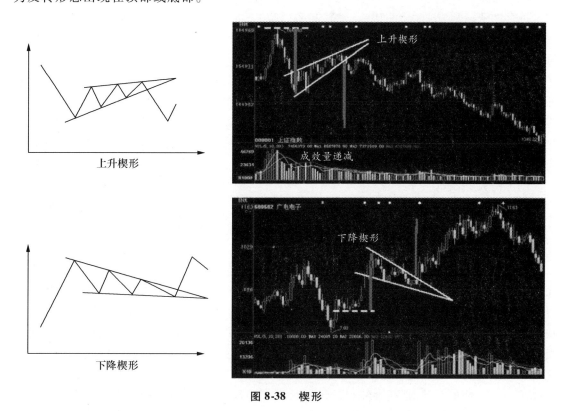

图 8-38　楔形

（三）缺口

缺口是各种形态研判的有力辅助材料,在一次上升或下跌的过程里,缺口出现得愈多,显示其趋势愈快接近终结。

1. 缺口的含义

缺口是指股价有一段区域没有任何交易,留下的真空区域(见图 8-39),因此,也称跳空。缺口是由于股价的快速大幅变动形成的,表示多方或空方的势头很猛,可以成为日后较强的支撑或阻力区域,但是这种支撑或阻力的效能需视缺口的不同形态而定。

2. 缺口的类型和意义

（1）普通缺口

普通缺口在三角形、矩形整理中尤为常见。此类缺口的支撑或阻力效能一般较弱,一般会在 3 日内,由于股价的反转,将原来的价位缺口封闭,即回补或补空。投资者可利用普通缺口短期内必回补的特征,进行高抛低吸的短线操作。

（2）突破缺口

突破缺口是突破盘局时产生的缺口,是多方或者空方力量完全占优的结果,一般预示着行情走势将要发生重大变化。突破缺口愈大,表示未来的变动愈强烈。

突破缺口的形成在很大程度上依赖于成交量的配合,尤其是向上的突破缺口,成交量必须明显增大,且缺口短期内未被封闭(至少未完全封闭),否则,可视为假突破。一旦真正的突破缺口形成,行情走势必将沿突破方向纵深发展,投资者可迎来买卖的绝佳时机。

(3) 持续性缺口

持续性缺口通常是在前一形态突破之后,在后一形态出现之前的中途产生,因此,持续性缺口是原有趋势的继续。在缺口产生的时候,交易量可能不会增加,但如果增加的话,则通常表明一个强烈的趋势。

由于持续性缺口是在一个趋势的中途发生的,因此持续性缺口能大约地预测股价未来可能移动的距离,所以又称为量度缺口。其量度的方法是从突破点开始,到持续性缺口始点的垂直距离,就是未来股价将会达到的幅度,或者可以说:股价未来所走的距离,和过去已走的距离一样。同时,这也表明短期内持续性缺口被封闭的可能性较小,因此,对于错过了前期突破缺口的投资者,可抓住持续性缺口买卖证券获益。

(4) 消耗性缺口

消耗性缺口也称竭尽缺口、衰竭缺口,一般发生在行情趋势的末端,是行情即将转向的讯号。如果在上升趋势中出现,表示快要下跌;如果在下跌趋势中出现,表示即将回升。投资者应把握时机,及时卖买。

虽然消耗性缺口并不是所有股票在行情结束前都会产生,但是绝大部分的情形是在消耗性缺口出现之前,至少会呈现一个持续性缺口。若一轮行情走势中已经出现过突破性缺口与持续性缺口,那么随后出现的缺口很可能就是消耗性缺口。判断消耗性缺口和持续性缺口的简单方法是看成交量,消耗性缺口出现时常伴随着大的成交量。如果在缺口发生的当日或次日成交量特别大,而且未来也不可能出现比这更大的成交量或维持此成交量水准,该缺口属于消耗性缺口的可能性就非常大。假如在缺口出现的次日其收盘价停在缺口边缘形成了一天行情的反转,消耗性缺口的讯号就更加明确。如果缺口在2—5天的短期内被封闭,那就基本可以确认该缺口属于消耗性缺口。

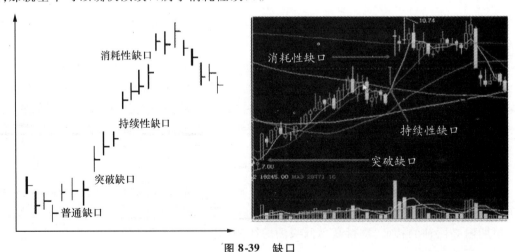

图 8-39 缺口

(四) 应用形态理论应该注意的问题

形态分析理论是从价格轨迹的形态中,推测股票市场所处的大环境,据此对投资者提供指导,应用较早,方法也比较成熟。但是,在应用中,首先需要注意的是,对于同一形态的性质区分并不是一成不变的,如果站在不同的角度,可能产生不同的解释。例如,头肩形是反转形态,但如果从更大的范围去观察,则有可能成为中途持续形态。其次,发出实际操作的信号相对滞后。形态理论要求形态完全明朗才能行动,有错失机会的可能。此外,同其他技术分析方法一样,形态分析得出的结论也仅是一种参考。以下实战分析案例说明了形态理论的灵活运用。

实战分析

1. 安琪酵母(600298)

2012年2月3日,安琪酵母走出了一波上升趋势,随后又出现了下跌趋势,到5月4日,基本形成了一头多肩的复合头肩形态。

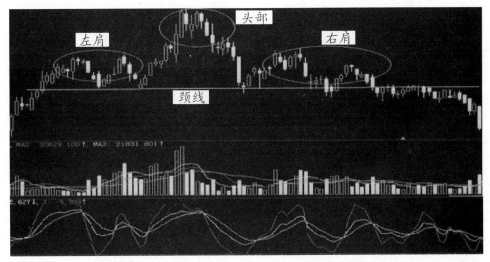

2. 中铁二局(600528)

2012年5月21日,中铁二局跳空高开,封于涨停。此后,一波升势,到达8.88元的高点后,垂直滑落,延续到7月10日,形成倒V形走势。随后,又走出了一个小的倒V形走势。

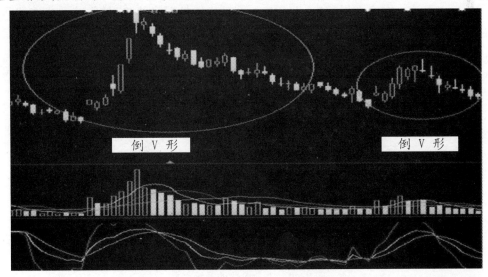

五、波浪理论

波浪理论主要用于分析指数,而不适用于个股,可以在市场趋势确立之时预测趋势何时结束,是世界上股市分析运用最多、预测最好,同时也是最难以理解和精通的分析工具。

(一)波浪理论的形成

20世纪30年代,R. E. 艾略特(R. E. Elliot)在一份杂志上接连发表了12篇文章,宣传自己的理论。他独创了一种价格趋势分析工具,被称为波浪理论,又称艾略特波浪理论。1946年,他完成了关于波浪理论的集大成之作《自然法则——宇宙的奥秘》。1978年,查尔斯·J. 柯林斯(Charles J. Collins)在艾略特思想的基础上,发表了《波浪理论》,从而使该理论受到重视,广为流传。

(二)波浪理论的基本思想

艾略特利用道琼斯工业平均指数作为研究对象,提炼出市场重复出现的13种形态,他发现虽然形态本身在不断重复,但这些形态出现的时间间隔及幅度大小并不一定重复。随后,他又发现了这些呈结构性形态的图形可以连接起来形成同样形态的更大的图形,从而展现出不断变化的股价结构形态的历史风貌。股价结构形态变化所具有的规律性、周期性特点,犹如潮汐形成的波浪一样,体现了自然和谐之美。他由此提出了一套相关的市场分析理论,运用演绎法则来解释市场行为,并特别强调波浪原理的预测价值。

1. 波浪理论的核心思想

(1)周期循环。一个周期由8浪构成(见图8-40)。当一个周期结束之后,新的周期就接着开始了。每个周期都是"8浪循环",并不因周期的时间长短而改变。具体来看,在一个周期内,会交替出现"8浪",即上升(或下降)的5个过程(一般用第1浪、第2浪、第3浪、第4浪、第5浪表示)和下降(或上升)的3个过程(通常用a浪、b浪、c浪表示)。如果是上升阶段的8浪,第1浪、第3浪和第5浪被称为"上升主浪",而第2浪和第4浪被称为是对第1浪和第3浪的"调整浪"。第1浪属于营造底部。如果是下降阶段的8浪,情形正好相反。

(2)浪中有浪。在每个周期内,不管是上升趋势还是下降趋势,处于较低层次的几个浪可以合并成一个较高层次的大浪,而处于较高层次的一个浪又可以细分成几个较低层次的小浪,即所谓"浪中有浪"。如图8-40中,从0到5我们可以认为是一个大的上升趋势,而从5到c可以认为是一个大的下降趋势。如果5到c是2浪的话,那么c之后一定还会有上升的过程,该2浪只是一个更大的8浪结构中的一部分。

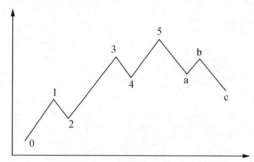

图8-40 上升阶段的8浪结构

从世界范围看,股市上涨是主流,因此,波浪理论的最主要形态由上涨5浪与下跌3浪组成。

2. 波浪理论的数学基础

弗波纳奇数列是波浪理论的数学基础,利用该数列可以获得神奇的预测作用。如股价运行至弗波纳奇数列的天数时,股价可能产生变化;波浪个数与弗波纳奇数列有关;股价运行到黄金分割数字时,可能是支撑点或压力位;黄金分割数是计算波浪可能上升高度或调整深度的工具;等等。

(1) 弗波纳奇数列的通项公式

$$A_{n+2} = A_{n+1} + A_n$$
$$A_0 = 0, A_1 = A_2 = 1$$

上式中,$n = 0, 1, 2, \cdots$。当n趋向于无穷大时,可以得到下列数列:0,1,1,2,3,5,8,13,21,34,…

(2) 弗波纳奇数列产生的黄金数字

根据弗波纳奇数列,可得到黄金分割比率:

$$\lim_{n \to \infty} \frac{A_n}{A_{n+1}} \approx 0.618 \qquad \lim_{n \to \infty} \frac{A_{n+1}}{A_n} \approx 1.618$$

$$\lim_{n \to \infty} \frac{A_n}{A_{n+2}} \approx 0.382 \qquad \lim_{n \to \infty} \frac{A_{n+2}}{A_n} \approx 2.618$$

3. 波浪理论考虑的因素

形态、比例和时间是波浪理论考虑的三个方面,其中形态最为重要。

(1) 股价走势所形成的形态。波浪的形状和构造,是波浪理论赖以生存的基础。

(2) 股价走势图中各个高点和低点所处的相对位置。高点和低点所处的相对位置是波浪理论中各个波浪的开始和结束位置。通过计算这些位置,可以把握各个波浪之间的相互关系,确定股价的回撤点和将来股价可能达到的位置。

(3) 完成某个形态所经历的时间长短。波浪理论中各个波浪之间在时间上是相互联系的,掌握完成某个形态的时间,可以验证某个波浪形态是否已经形成,并预知某个大趋势是否即将来临。

波浪理论的基本思想,明显受到了道氏理论的影响,是对道氏理论极为必要的补充。较之道氏理论对股市的发展趋势主要所做的定性解释,艾略特突出表现了在定量分析上的见解。因此,在趋势把握上,波浪理论对投资者带来了更大的帮助,投资者可以根据波动预测价格未来的走势,在买卖策略上加以运用。

(三) 应用波浪理论需要注意的问题

按照艾略特波浪理论,股票价格运行如波浪起伏,浪浪相连,浪中有浪,准确地识别5浪结构和3浪结构,就能把握股市周期运行,预测股市的变动,从而指导投资活动。但是要做到这一点是很困难的。

首先,波浪形态复杂多变,浪的起始点的确认和浪的层次的划分带有很大的主观随意性,不同的人往往会存在偏差,莫衷一是。

其次,股市波动并非一如波浪理论所描述的5升3跌的机械模式。浪的无限延伸,使得在推测浪顶浪底的运行时间方面变得难以捉摸。

因此,教条地应用波浪理论必然招致失败,还需要借助其他方法,综合判断。

六、量价关系理论

量价关系在技术分析中居于十分重要的地位。价格变动量为先,成交量是推动股价上涨的原动力,是价格的先行指标。价格是成交量变动追求的目标,成交量只是实现目标的载体,成交量应当能够支持价格的运行方向,否则,价格运行方向将发生变化。总之,市场价格的有效变动必须有成交量配合。投资者可以通过量价的配合状况,分析市场多空双方力量的消长,有助于对股价涨跌和指数升降的把握。

(一)逆时钟曲线法

逆时钟曲线是利用股价与成交量变动的各种关系,观测市场供需力量的强弱,从而研判未来的走势方向。逆时钟曲线可构成完整的八角形(见图8-41),有八个阶段的运用原则。

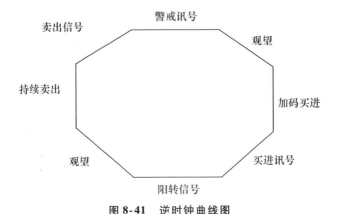

图8-41 逆时钟曲线图

(1)阳转信号:股价经一段跌势后,下跌幅度缩小,甚至止跌转稳,在低档盘旋,成交量明显地由萎缩而递增,表示低档接手转强,此为阳转讯号。

(2)买进讯号:成交量持续扩增,股价回升,量价同步走高,逆时针方向曲线由平转上,在由左下方向右转动时,进入多头位置,为最佳买进时机。

(3)加码买进:成交量扩增至高水准后,维持于高档,不再急剧增加,但股价仍继续涨升,此时逢股价回档时,宜加码买进。

(4)观望:股价继续上涨,涨势趋缓,但成交量不再扩增,走势开始有减退的迹象,此时价位已高,宜观望,不宜追高抢涨。

(5)警戒讯号:股价在高价区盘旋,已难再创新的高价,成交量无力扩增,甚至明显减少,此为警戒讯号,心里宜有卖出的准备,应抛出部分持股。

(6)卖出信号:股价从高档滑落,成交量持续减少,量价同步下降,逆时针方向曲线的走势由平转下或由右上方朝左转动时,进入空头倾向,此时应卖出手中持股,甚至融券放空。

(7)持续卖出:股价跌势加剧,同时成交量均匀分布,未见萎缩,此谓出货行情,投资者应果断抛售。

(8)观望:成交量开始递增,股价虽下跌,但跌幅缩小,表示谷底已近,此时多头不宜再往下追杀,空头也不宜放空打压,应俟机回补。

（二）葛兰碧九大法则

（1）量增价升为市场行情的正常特性,表示股价将继续上升。

（2）在一个波段的涨势中,量价齐升,股价创下新高,继续上扬。然而,整个成交量水准却低于前一个波段上涨的成交量水准。此时量价背离,是股价趋势潜在的反转信号。

（3）股价随着成交量的递减而回升,股价上涨,成交量却逐渐萎缩,显示出股价趋势潜在的反转信号。

（4）股价随着缓慢递增的成交量而逐渐上升,突然成为垂直上升的喷发行情,成交量也急剧增加,股价暴涨；紧接下来的走势是成交量大幅萎缩,同时股价急速下跌。它表明涨势已到末期,上升乏力,显示出趋势有反转的迹象。反转所具有的意义,将视前一波股价上涨幅度的大小及成交量增加的程度而言。

（5）股价走势因成交量的递增而上升,并无特别暗示趋势反转的信号。

（6）在一波段的长期下跌形成谷底后,股价回升,成交量并没有随股价上升而递增,股价上涨欲振乏力,然后再度跌落至原先的谷底附近,或高于谷底。当第二谷底的成交量低于第一谷底时,是股价将要上升的信号。

（7）股价往下跌落一段相当长的时间,市场出现恐慌性抛售,此时随着日益放大的成交量,股价大幅度下跌；继恐慌卖出之后,预期股价可能上涨,同时恐慌卖出所创的低价,将不可能在极短的时间内突破。因此,随着恐慌大量卖出之后,往往是(但并非一定是)空头市场的结束。

（8）股价下跌,向下突破股价形态、趋势线或移动平均线,同时出现了大成交量,是股价下跌的信号,明确表示出下跌的趋势。

（9）当市场行情持续上涨数月之后,出现急剧增加的成交量,而股价却上涨无力,在高位整理,无法再向上大幅上升,显示了股价在高位大幅振荡,抛压沉重,上涨遇到了强阻力,此为股价下跌的先兆,但股价并不一定必然会下跌。股价连续下跌之后,在低位区域出现大成交量,而股价却没有进一步下跌,仅出现小幅波动暗示进货,通常是上涨的前兆。

第三节 技术分析指标

技术指标分析是技术分析中极为重要的方法,其考虑的方面众多,具有其他技术分析方法无法比拟的优势。

一、技术指标概述

技术指标是应用一定的数学公式,对行情数据进行处理后得到的,用来说明股市特征的数值的名称。它通过对原始数据的加工整理,从定量的角度反映了股市的某一方面深层次的内涵,克服了定性分析方法的不足,为股市操作提供了更为精确的指导方向。其本质是通过数学公式产生技术指标。

技术指标的种类很多,按照技术指标的用途不同,大体上可以分为市场趋势指标、市场强弱指标、市场大盘指标和市场人气指标四类。

在运用技术指标时,应注意以下问题:

(1) 技术指标本身的适用性。任何一个技术指标,都是在一定的范围和条件下计算得到的,具有客观性和准确性,但是一旦脱离这些条件和要求,结论就可能不成立,因此,对技术指标的结论不能盲从。

(2) 多个技术指标需结合运用。单独的一个技术指标,只是反映了股价变化的一个方面,而要得到股价变化的全面认识,就需要多个不同指标结合运用,相互补充,相互印证,以提高决策水平。

二、主要技术指标

(一) 市场趋势指标

市场趋势指标是用于判断未来一段时间内价格运动方向的指标,有移动平均线、指数平滑异同移动平均线等。

1. 移动平均线

移动平均线(MA)是将一定时期内的价格(指数)排成数列,逐项递移计算的一系列平均数的连线,用以观察价格变动趋势的技术指标。由于数据具体处理方法的差异,移动平均线可分为简单算术移动平均线、加权算术移动平均线和指数平滑移动平均线。

(1) 移动平均线的计算

① 简单算术移动平均线

简单算术移动平均线(SMA)是根据一定时期内的价格(指数)数列,将 n 日内的收盘价加总,然后除以天数 n,逐项递移得到的一系列平均数的连线。在平均数的计算过程中,把每天价格对平均数的影响给予相同的权重。

计算公式为:

$$MA(n) = \frac{\sum_{t=1}^{n} C_t}{n}$$

式中,C_t 为收盘价,t 表示时间顺序,n 是 MA 的参数,表示时间周期,例如 5 日的 MA 简称为 5 日线,表示为 MA(5)。

② 加权移动平均线

加权移动平均线(WMA)是基于移动平均线中,距离当前时间越近的收盘价对未来价格波动的影响越大计算的,因此在平均数的计算过程中,给予距离当前时间较近的收盘价以较大的权重。

计算公式为:

$$MA(n) = \frac{\sum_{t=1}^{n} C_t W_t}{\sum_{t=1}^{n} W_t}$$

式中,W_t 为权数,表示不同时间的收盘价对平均数的影响程度。

③ 指数平滑移动平均线

在实际中,指数平滑移动平均线(EMA)最为常用。若以 C_t 表示收盘价,EMA_t 表示移动平均数,其计算公式为:

$$EMA_t = C_t \times \frac{1}{n} + EMA_{t-1} \times \frac{n-1}{n}$$

在上式中,第一天的移动平均值可用第一天的收盘价代替。

常见的移动平均线有 5 日、10 日、30 日、60 日、90 日、180 日和 250 日均线等,其中 250 日长期移动平均线常被看作牛市与熊市的分界线。根据期限的不同,移动平均线又可分为短期(5 日、10 日)、中期(30 日、60 日)和长期(13 周、26 周)移动平均线。由于短期移动平均线较长期移动平均线更易于反映行情价格的涨跌,所以一般又把短期移动平均线称为快速移动平均线,长期移动平均线则称为慢速移动平均线。

(2) 移动平均线的特点

移动平均线(以下简称 MA)最基本的思想是消除偶然因素的影响,并含有平均成本价格的意味,因而可以用来说明价格变动的一般趋势。MA 具有下列特点:

① 追踪趋势

原始数据的股价图表不具备追踪趋势的特性,但 MA 能够表示股价的趋势方向,并追踪这个趋势。如果从股价的图表中找出上升或下降趋势,MA 将与趋势方向保持一致。

② 滞后性

这是 MA 的显著弱点。由于 MA 追踪趋势的特征,其在股价原有趋势发生反转时反应迟缓,调头速度落后于实际趋势。

③ 稳定性

由于 MA 是股价几天变动的平均值,当天的股价必须有很大的变化,才会较大地改变移动平均的数值。移动平均线的计算方法使其具有稳定性的优点,由此也使其具有对股价反应滞后的缺点,在应用时需多加注意。

④ 助涨助跌性

当股价向上或向下突破移动平均线时,股价都有继续向突破方向发展的愿望。

⑤ 支撑线和压力线的特性

由于上述四个特性,MA 在股价走势中起支撑线和压力线的作用。MA 被突破,实际上是支撑线和压力线被突破。

MA 的参数的作用就是加强 MA 上述几方面的特性。参数选择得越大,上述特性就越大。比如,突破 5 日线和突破 10 日线的助涨助跌的力度,10 日线要强于 5 日线。

(3) 移动平均线的运用

① 葛兰威尔法则

葛兰威尔根据每日股价平均值与 MA 在不同位置的偏离关系,提出了买卖股票的八条法则,其中四条是买进法则,四条是卖出法则(见图 8-42)。

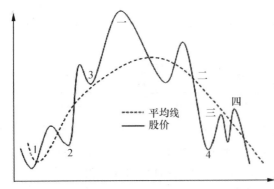 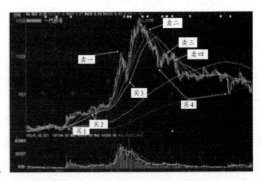

图 8-42 葛兰威尔买卖八大法则

买入法则是:平均线从下降开始走平,股价从下而上穿越平均线(1 点处);股价跌破平均线,但平均线呈上升态势(2 点处);股价连续上升远离平均线,突然下跌,但在平均线附近再度上升(3 点处);股价跌破平均线,并连续暴跌,远离平均线(4 点处)。

卖出法则是:平均线呈上升状态,股价突然暴涨且远离平均线(一点处);平均线从上升转为盘局或下跌,而股价向下跌破平均线(二点处);股价走在平均线之下,且朝着平均线方向上升,但未突破平均线又开始下跌(三点处);股价向上突破平均线,但又立刻向平均线回跌,此时平均线仍持续下降(四点处)。

② 组合运用法则

根据短、中、长期移动平均线的交叉状况,进行组合运用,决定买卖时机。

第一,把握"黄金交叉"与"死亡交叉"。当股价处于长期与短期 MA 之下,短期 MA 向上突破长期 MA 形成交叉时,称为"黄金交叉",为买进信号;反之,若股价处于长期与短期 MA 之上,短期移动平均线向下突破长期 MA 形成交叉,则称为"死亡交叉",为卖出信号(见图 8-43)。

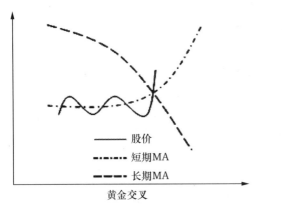 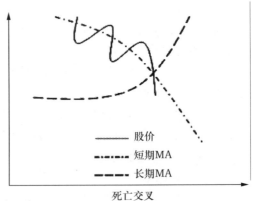

图 8-43 移动平均线的交叉

第二,区别对待移动平均线的同向和异向。短期 MA(10 日)、中期 MA(50 日)、长期 MA(250 日)三条线的方向同同,具有不同的市场含义。

同向情况。在长期下跌的空头市场中,股价与 10 日平均线、50 日平均线、250 日平均线的排列关系,从下到上依次为股价、10日均线、50日均线和250日均线。若股市出现转机,则从最低位的股价开始,向上依次呈上升方向,若250日平均线的方向改变,则意味着股市基本趋势的转变,多头市场的来临。当上升趋势终结后,股价则率先向下运动,平均线则从短期均线、中期均线依次向下移动。在长期上升的多头市场中,情形则相反。

异向情况。异向情况有二:一种是当股价进入整理区域后,短期平均线、中期平均线与股价缠绕在一起,方向有异,行情趋向不明。另一种是趋势中的短暂调整。如上升趋势中,中期平均线向上移动,股价和短期平均线向下移动,表明股市上升趋势并未改变,暂时出现回档调整现象。只有当股价和短期均线相继跌破中期均线,并且中期均线亦有向下反转迹象时,上升趋势才会改变。若是下降趋势,中期平均线仍向下移动,股价与短期平均线却向上移动,表明下跌趋势并未改变,中间出现一段反弹情况而已。只有当股价和短期均线都回到中期均线之上,并且中期均线也向上反转,趋势才会改变。

MA的组合情况可以为买卖提供参考,但是存在一些盲点,尤其在盘整阶段或趋势形成后中途休整阶段以及局部反弹或回落阶段,极易发出错误的信号。此外,MA作为支撑线和压力线,站在某线之上可能助涨,但未必就能涨,支撑线也有被击穿的可能。

2. 指数平滑异同移动平均线

指数平滑异同移动平均线是利用快速移动平均线和慢速移动平均线之间的分离与交叉特征,通过平滑运算后得到的。

(1) 平滑异同移动平均数的计算

指数平滑异同移动平均线(MACD)由正负差(DIF)和异同平均数(DEA)两部分组成,DIF是核心,DEA是辅助。DIF是快速平滑移动平均线与慢速平滑移动平均线的差,DIF的正负差名称就是由此而来的。下面以常用的12日EMA为快速移动平均线,26日EMA为慢速移动平均线为例,说明DIF和9日DEA的计算方法。目前,通常意义上人们常用$2/(n+1)$这个值作为平滑因子。

$$EMA(12) = \frac{2}{12+1} \times 今日收盘价 + \frac{11}{12+1} \times 昨日EMA(12)$$

$$EMA(26) = \frac{2}{26+1} \times 今日收盘价 + \frac{25}{26+1} \times 昨日EMA(26)$$

$$DIF = EMA(12) - EMA(26)$$

$$DEA(9) = \frac{2}{10} \times 今日DIF + \frac{8}{10} \times 昨日DEA$$

MACD得到后,可以观察到DIF的如下性质:在持续的涨势中,12日EMA线在26日EMA线之上,其间的正离差值(+DIF)会愈来愈大。反之,在跌势中,离差值可能变负(-DIF),其绝对值也愈来愈大。而当行情开始回转时,正或负离差值将会缩小。在实际应用中,单独一个DIF也能进行行情预测,但为了使信号更可靠,就引入了DEA。在股票软件上,MACD还有一个辅助指标叫柱状线(BAR),它是DIF值减去DEA值的差再乘以2,即BAR = (DIF - DEA) × 2,用红柱和绿柱的收缩来研判行情。

(2) MACD的应用法则

① 指标取值和均线交叉法则

DIF和DEA均大于0时,为多头市场。此时,DIF向上突破DEA是买入信号;DIF向下跌破 DEA,只能认为是回档,做获利了结。

DIF 和 DEA 均小于 0 时,为空头市场。此时,DIF 向下突破 DEA 是卖出信号;DIF 向上穿破 DEA 只能认为是反弹,做暂时补空。

当 DIF 向下跌破 0 轴线时,为卖出信号,即 12 日 EMA 与 26 日 EMA 发生死亡交叉;当 DIF 上穿 0 轴线时,为买入信号,即 12 日 EMA 与 26 日 EMA 发生黄金交叉。

MACD 的实际应用如图 8-44 所示。

② 指标背离原则

利用股价走向与 MACD 的走向相背离,作为买卖讯号。具体地,当股价出现 2 个或 3 个近期低点时,而 DIF(DEA)并不配合出现新低点,可做买;当股价出现 2 个或 3 个近期高点时,而 DIF(DEA)并不配合出现新高点,可做卖。

(3) MACD 的优点与不足

MACD 的优点是克服了移动平均线频繁出现的买卖信号现象,避免了一部分假信号的出现,用起来比移动平均线更有把握。

MACD 的缺点与移动平均线相同,在股市没有明确波段趋势、处于盘整区域时,失误较多。另外,对股价未来上升和下降的深度不能提供有效帮助。

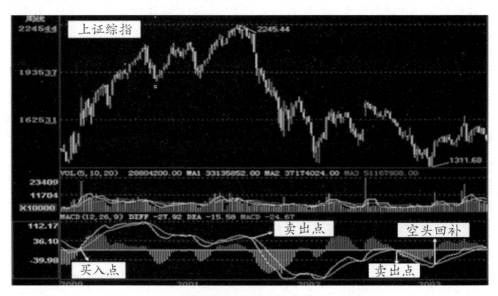

图 8-44　MACD 的应用

(二) 市场强弱指标

市场强弱指标是用于反映市场交易的能量强弱,说明多空双方力量对比的指标,有威廉指标(WMS)、相对强弱势指标(RSI)、随机指标(KDJ)等。

1. WMS

WMS 是利用一段时间内股价高低价位和收盘价数据,分析当天的收盘价在过去一段时日全部价格范围内所处的相对位置,来量度股市的超买超卖状态。

（1）WMS 的计算公式

$$\text{WMS}(n) = \frac{H_n - C_t}{H_n - L_n} \times 100$$

式中，C_t 为当天的收盘价；H_n、L_n 分别为最近 n 日内（包括当天）出现的最高价和最低价；n 表示时间参数，一般为 14 日或 20 日。n 的选择应该至少是股市循环周期的 1/2。但中国股市的循环周期尚不明确，可通过若干参数尝试确定。

WMS 的取值范围为 0—100。如果 WMS 的值比较小，则当天的价格处在相对较高的位置，要提防回落；如果 WMS 的值较大，则说明当天的价格处在相对较低的位置，有可能反弹。

（2）WMS 的应用法则

① WMS 的取值大小法则

从经验上看，80 和 20 是 WMS 取值的重要界限。当 WMS 高于 80 时，市场处于超卖状态，行情即将见底，应当考虑买进；当 WMS 低于 20 时，市场处于超买状态，行情即将见顶，应当考虑卖出。但是要注意这并不是绝对的，需要结合其他指标进行判断。在盘整过程中，WMS 的准确性较高；而在上升或下降趋势当中，却不能只以 WMS 的超买超卖信号作为行情判断的依据。

② WMS 撞顶和撞底的次数法则

前文已知，WMS 的顶部数值为 0，底部数值为 100。WMS 在连续几次撞顶（底），局部形成双重或多重顶（底）之后，则为卖出（买进）的信号。

③ WMS 与股价的背离法则

在 WMS 进入低数值区位后，市场处于超买状态，一般要回头。如果这时股价还继续上升，就会产生背离，是卖出时机；在 WMS 进入高数值区位后，市场处于超卖状态，一般要反弹。如果这时股价还继续下降，就会产生背离，是买进时机。

2. RSI

RSI 是以一特定时期内股价的变动情况推测价格未来的变动方向，并根据股价涨跌幅度显示市场强弱的指标。

（1）RSI 的计算

RSI 是以一定时期内（n 天）的收盘价（或收盘指数）为研究对象，计算逐日价差。如果当日数据减去前日数据为正值，显示买方力量较强；如果当日数据减去前日数据为负值，则说明卖方力量较强。合计正值和负值，就可得到买方总力量 A 和卖方总力量 B，即

$$A = n \text{ 个数字中正数之和}$$
$$B = n \text{ 个数字中负数之和} \times (-1)$$

则有：

$$\text{RSI}(n) = \frac{A}{A + B} \times 100$$

式中，A 表示 n 日中股价向上波动的大小；B 表示 n 日中股价向下波动的大小；$A + B$ 则是股价总的波动大小。n 是 RSI 的时间参数，一般取 5 日、9 日、14 日等。

RSI 的取值范围介于 0—100 之间，实际上是表示股价向上波动的幅度占总波动的百分比。比例大就是强市，否则就是弱市。

(2) RSI 的应用

① RSI 的取值大小法则

当 RSI 处在极高和极低位时,显示超买或超卖,可以不考虑别的因素而单方面采取行动。如当 RSI > 80 时,反映市场严重超买,买势过强,股价有可能遭获利盘打压而下跌;而当 RSI < 20 时,表明市场卖盘势力过强,股价有可能出现反弹。

② RSI 的曲线形状法则

当 RSI 位于较高或较低的位置形成头肩形和多重顶(底)时,是采取行动的信号。此外,也可利用 RSI 上升和下降的轨迹画趋势线,起支撑线和压力线作用。

③ RSI 的多线结合法则

两条或多条 RSI 曲线结合使用时,参数小的 RSI 为短期 RSI,参数大的 RSI 为长期 RSI。RSI 曲线联合使用的法则与两条均线的使用法则相同,即:短期 RSI > 长期 RSI,应属多头市场;短期 RSI < 长期 RSI,则属空头市场。

④ RSI 与股价背离法则

RSI 处于高位,并形成一峰比一峰低的两个峰,而此时,股价对应的却是一峰比一峰高,为顶背离,是比较强烈的卖出信号。与此相反的是底背离:RSI 在低位形成两个底部抬高的谷底,而股价还在下降,是可以买入的信号。

3. KDJ

K、D 是在 WMS 的基础上发展起来的,所以 K、D 有一些 WMS 的特性。在反映股市价格变化时,WMS 最快,K 其次,D 最慢。K 指标反应敏捷,但容易出错;D 指标反应稍慢,但稳重可靠。

(1) KDJ 的计算

K、D 产生以前,出现了未成熟的随机值 RSV(Raw Stochastic Value)。其计算公式为:

$$RSV(n) = \frac{C_t - L_n}{H_n - L_n} \times 100$$

式中,C_t 是当天的收盘价;H_n、L_n 分别为最近 n 日内(包括当天)出现的最高价和最低价;n 表示时间参数。

对 RSV(n)进行 3 日指数平滑移动平均,得到 K 值;

今日 K 值 = 2/3 × 昨日 K 值 + 1/3 × 今日 RSV;

对 K 值进行 3 日指数平滑移动平均,得到 D 值;

今日 D 值 = 2/3 × 昨日 D 值 + 1/3 × 今日 K 值。

式中,1/3 是平滑因子,目前已经约定俗成,固定为 1/3;初始的 K、D 值,可以用当日的 RSV(n) 值或以 50 代替。

J 指标是 D 加上一个修正值,计算公式为:

$$J = 3D - 2K$$

(2) KDJ 的应用

KDJ 指标是 3 条曲线,主要利用 K、D 指标从以下几方面进行应用:

① K、D、J 的取值大小法则

K、D 的取值范围都是 0—100,通常的划分是:80 以上为超买区,20 以下为超卖区,其余为徘徊区。当K、D超过80时,是卖出信号;低于20时,是买入信号。J指标的取值超过100和低于0,都属于价格的非正常区域,大于100为超买,小于0为超卖。

② K、D、J曲线的形态法则

J指标常领先于K、D值显示曲线的底部和头部。当K、D指标在较高或较低的位置形成头肩形和多重顶(底)时,是采取行动的信号。对于K、D曲线,也可以画趋势线,以明确K、D的趋势。也可以引进支撑和压力的概念,某一条支撑线和压力线被突破,也是采取行动的信号。

③ K、D指标的交叉法则

K线与D线之间,也存在死亡交叉和黄金交叉的关系,但较为复杂。例如,K线从下向上与D线交叉是金叉,为买入信号,但是否应该买入,首先要注意金叉的位置应该比较低,是在超卖区的位置,越低越好;其次是交叉的次数以2次为最少,越多越好;最后是交叉点相对于K、D线低点的位置,这就是常说的"右侧相交"原则。K线在D线已经抬头向上时才同D线相交,比D线还在下降时与之相交要可靠得多。

④ K、D指标的背离法则

K、D与股价走向的背离,包括顶背离或底背离。顶背离是当K、D处在高位,并形成两个依次向下的峰,而股价还在一个劲儿地上涨时,为卖出的信号;底背离是当K、D处在低位,并形成一底比一底高,而股价还继续下跌时,为买入信号。

另外,KDJ还有一些理论上的转向讯号:当K线和D线上升或下跌的速度减慢,出现屈曲,通常表示短期内会转势;K线在上升或下跌一段时期后,突然急速穿越D线,显示市势短期内会转向;K线跌至0时通常会反弹至20—50,短期内应回落至0附近,然后才开始反弹;如果K线升至100,情况则刚好相反。

KDJ的实际应用如图8-45所示。

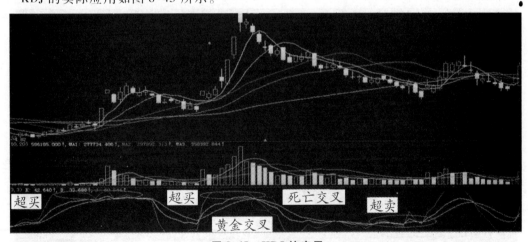

图8-45 KDJ的应用

(三)市场大盘指标

市场大盘指标是对整个证券市场的多空状况进行描述的指标。对于大盘的反映,除了股市综合指数,大多数技术指标都可以适用。但股市的复杂性,使得任何一个指数或指标都无法做到面面俱到。因此,为了克服大盘研究存在的缺陷,引入腾落指数(ADL)、涨跌比率(ADR)、超买超卖指标(OBOS)等。这些指标只能用于大盘,不能用于个股。

1. ADL

ADL 是以股票每天上涨与下跌之家数推测大势强弱,研判股市未来动向的指标。

(1) ADL 的计算

ADL 是将逐日收盘价上涨股票家数与收盘价下跌股票家数(无涨跌不计)相减后合计得到的,即

$$ADL = 昨日 ADL + NA - ND$$

式中,NA 表示当天上涨的股票家数,代表多方力量;ND 则是当天下跌的股票家数,代表空方力量。ADL 的初始值可取为 0。

(2) ADL 的应用

ADL 只看相对趋势,不看取值大小。

ADL 不能单独使用,要与价格曲线结合运用,主要运用法则如下:

第一,ADL 与指数同升(同降),印证了趋势,短期内该趋势反转的可能性不大,此为一致法则。

第二,ADL 与指数持续背离了一段时间(一般是 3 天),至少是短期转向信号;指数进入高位(低位),ADL 未同步,是趋势末期信号,此为背离法则。

第三,股市处于多头市场时,ADL 在上升时突然急速下跌,接着又立即扭转向上,显示多头市场可能再创新高;股市处于空头市场时,ADL 呈现下降趋势,其间如果突然出现上升现象,接着又回头,下跌突破原先所创低点,则表示另一段新的下跌趋势将产生。经验证明,ADL 对多头市场的应用比对空头市场的应用效果好。

第四,形态学和切线理论的内容也可以用于 ADL 曲线。

ADL 的实际应用如图 8-46 所示。

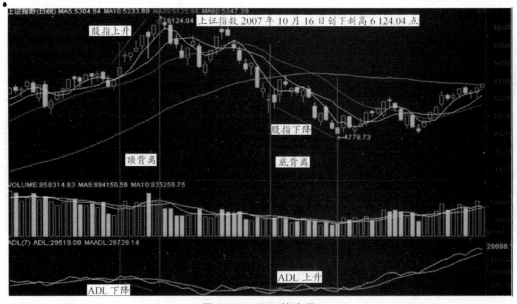

图 8-46 ADL 的应用

2. ADR

ADR 是根据股票的上涨家数和下跌家数的比值,来反映当前股市多空双方力量的强弱。

(1) ADR 的计算

$$\mathrm{ADR}(n) = \frac{P_1}{P_2}$$

式中，$P_1 = \Sigma\mathrm{NA}$，为 n 日内股票上涨家数之和；$P_2 = \Sigma\mathrm{ND}$，为 n 日内股票下跌家数之和；n 为时间参数。目前，比较常用的 n 为 10 日。参数选择的大小决定了 ADR 的波动幅度。ADR 的图形以 1 为中心上下波动，参数选择得越小，ADR 波动的空间就越大，曲线的起伏就越剧烈；参数选择得越大，ADR 波动的幅度就越小，曲线上下起伏越平稳。

(2) ADR 的应用

① ADR 的取值大小法则

ADR 的取值不小于 0。ADR 常态情况下，取值处于区间 (0.5, 1.5) 之内，此时多空双方处于均衡状态，买进或卖出股票都没有太大的把握。在利多、利空消息突发的极端特殊情况下，ADR 的常态值区间可修正为 (0.4, 1.9)。此时，ADR 区间值若被突破，股价将有回头的可能，是采取行动的信号。

② ADR 的一致和背离法则

ADR 可与综合指数配合使用，也有一致与背离两种情况，其应用法则与 ADL 相同。在大势短期回档或反弹方面，ADR 有先行示警作用。若股价指数与 ADR 成背离现象，则大势即将反转。

③ ADR 的曲线形态法则

ADR 从低向高超过 0.5，并在 0.5 上下来回移动几次，是空头进入末期的信号。ADR 从高向低下降到 0.75 之下，是短期反弹的信号。ADR 先下降到常态状况的下限，但不久就上升并接近常态状况的上限，则说明多头已具有足够的力量将综合指数拉上一个台阶。

ADR 的实际应用如图 8-47 所示。

图 8-47　ADR 的应用

3. OBOS

OBOS 是用一段时间内上涨和下跌的股票的家数之差来反映当前股市多空双方力量和强弱的指标。

(1) OBOS 的计算

$$OBOS(n) = \Sigma NA - \Sigma ND$$

式中,NA、ND 的含义与前文相同,n 一般取值为 10,OBOS 多空平衡点为 0。若 OBOS > 0,表示多方力量占优;若 OBOS < 0,表示空方力量占优。

(2) OBOS 的应用

① OBOS 的数值区域划分。OBOS 超买超卖区域的划分,受上市股票家数、参数大小的直接影响。其中,参数选择得越大,OBOS 一般越平稳;但上市股票的总家数则是不能确定的因素。这是 OBOS 的不足之处。所以,OBOS 超买超卖区域对于不同市场没有一定的标准,需要通过实践得出相应的经验数据。

当 OBOS 的取值在 0 附近变化时,市场处于盘整时期;当 OBOS 为正数时,市场处于上涨行情,当 OBOS 达到经验值时,市场处于超买阶段,可择机卖出;当 OBOS 为负数时,市场处于下跌行情,当 OBOS 达到经验值时,大势超卖,可伺机买进。

② 当 OBOS 的走势与指数背离时,大势可能反转,是采取行动的信号。

③ 形态理论和切线理论中的结论也可用于 OBOS 曲线。

④ OBOS 曲线对大势有先行指标之功能,但当其第一次进入发出信号的区域时,应该特别注意是否出现错误。

⑤ OBOS 比 ADR 的计算简单,意义直观易懂,所以使用 OBOS 的时候较多,使用 ADR 的时候较少,但并不应放弃 ADR 的使用。

OBOS 的实际应用如图 8-48 所示。

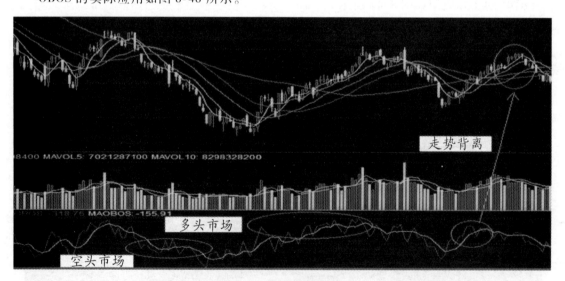

图 8-48　OBOS 的应用

(四) 市场人气指标

市场人气指标是反映投资者参与市场交易情绪的指标,是影响股市升跌的最直接因素,有心理线（PSY）、乖离率（BIAS）、能量潮（OBV）、人气意愿指标（AR、BR、CR）、动态买卖气（ADTM）等。

1. PSY

PSY 是按照投资者的心理趋向，将一定时期内投资者看多或看空的心理事实转化为数值，分析股价未来走向的指标。

（1）PSY 的计算

$$\mathrm{PSY}(n) = \frac{A}{n} \times 100$$

式中，A 为 n 天内股价上涨的天数；n 一般设定为 12 日，最大不超过 24 日，PSY 的取值范围是 0—100。

（2）PSY 的应用

① PSY 的取值大小法则

PSY 的取值处于区间（25,75）内时，说明多空力量平衡。一旦超出这个取值范围，说明市场处于超卖或超买状态。如果出现 PSY(n) < 10 或 PSY(n) > 90 的极端情况，则为强烈的买入或卖出信号。

② PSY 在高位或低位出现的次数

一般要求 PSY 进入高位(75 以上)或低位(25 以下)两次以上才能采取行动。

③ PSY 的曲线形态

PSY 在高位出现 M 头或低位出现 W 底，就是卖出和买入的信号。

④ PSY 与股价曲线的配合

PSY 一般可与股价曲线配合使用，背离原则与前文所述相同。

PSY 显示的买卖信号相对滞后，在投机气氛浓厚、投资者心态不稳的市场里，难以把握和运用。PSY 的实际应用如图 8-49 所示。

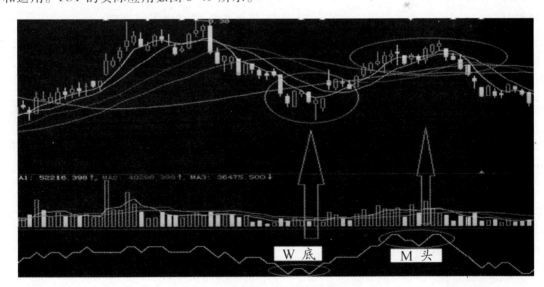

图 8-49　PSY 的应用

2. BIAS

BIAS 是描述股价与移动平均线偏离程度的指标,由股价的移动平均衍生而来。股价与移动平均线关系的原理是:不管股价在移动平均线的上方还是下方,如果偏离移动平均线太远,都有向平均线回归的要求。因此,BIAS 的作用在于:可以发现股价在剧烈波动时,因偏离移动平均趋势而产生的可能的回档或反弹,以及股价在正常范围内波动时继续原有趋势的可信度。

(1) BIAS 的计算

$$\text{BIAS}(n) = \frac{C_t - \text{MA}(n)}{\text{MA}(n)} \times 100\%$$

式中,C_t 表示 n 日中第 t 日的收盘价;$\text{MA}(n)$ 表示 n 日的移动平均价;n 是时间参数。

股价远离平均线的程度随着参数的大小而变化。一般来说,参数选得越大,则允许股价远离 MA 的程度就越大。例如,参数为 5 时,BIAS 到了 4% 股价就可能回头;而参数为 10 时,BIAS 超过 5% 时股价才可能回调。

BIAS 的取值可以是正值、负值和零,衡量的是股价偏离平均价的相对距离,而不是绝对距离。

(2) BIAS 的应用

① BIAS 的取值大小法则

BIAS 的正值愈大,显示短期多方的获利愈多,股价因获利回吐下落的可能性愈大;BIAS 的负值愈小,则股价因空头回补上升的可能性愈大。因此,使用 BIAS 时需要找到一个正负值作为采取行动的分界线。该分界线与三个因素有关:BIAS 的参数、选择的具体股票和所处的时期。一般来说,参数越大,股票越活跃,采取行动的分界线就越大。该分界线并无统一的标准,一些经验数据可资借鉴,如在突发事件的影响下,对于综合指数,BIAS(10) > 30% 为抛出时机,BIAS(10) < -10% 为买入时机;对于个股,BIAS(10) > 35% 为抛出时机,BIAS(10) < -15% 为买入时机。在实际应用中,投资者需要通过实践把握。

② BIAS 的曲线形态法则

BIAS 也适用于形态学和切线理论,分析指标的背离情况。若 BIAS 形成从上到下的两个或多个下降的峰,而此时股价还在继续上升,则是抛出的信号;若 BIAS 形成从下到上的两个或多个上升的谷,而此时股价还在继续下跌,则是买入的信号。

③ BIAS 的多线结合法则

当短期 BIAS 在高位下穿过长期 BIAS 时,是卖出信号;当短期 BIAS 在低位上穿过长期 BIAS 时,是买入信号。

BIAS 的实际应用如图 8-50 所示。

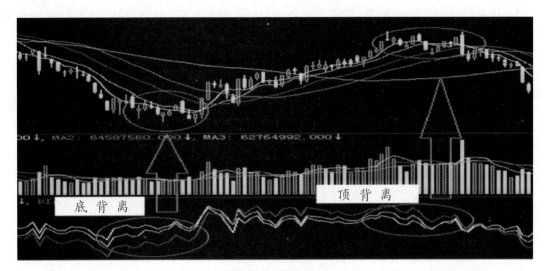

图 8-50　BIAS 的应用

3. OBV

OBV 是运用成交量验证股价走势可靠性的指标,由葛兰威尔于 20 世纪 60 年代提出。OBV 的理论基础是"先见量、后见价",市场价格的有效变动必须有成交量的配合。OBV 线是预测股市短期波动的重要指标。

(1) OBV 的计算

计算 OBV 时,初始值可以自定,常用第一日的成交量代替。这里的成交量是指成交股票的手数。

假设已知昨日的 OBV,则:

$$今日 OBV = 昨日 OBV \pm 今日成交量$$

其中,今日成交量计入当日 OBV 的方法是:当今日收盘价 > 昨日收盘价时,取"+"号;当今日收盘价 < 昨日收盘价时,取"-"号;当今日收盘价 = 昨日收盘价时,则今日成交量不计入。它表明 OBV 实际上就是一个累积成交量。

(2) OBV 的应用

① OBV 不能单独使用,必须与股价曲线结合使用。

② OBV 的一致和背离法则。当股价上升(下降),而 OBV 也相应地上升(下降)时,则可确认当前的上升(下降)趋势。当股价上升(下降),但 OBV 并未相应地上升(下降)时,出现了背离现象,则提前警示了后劲不足,趋势有可能反转。

③ 形态学和切线理论的内容也同样适用于 OBV 曲线。

④ 在股价进入盘整区后,OBV 曲线会率先显露出脱离盘整的信号,向上或向下突破,且成功率较高,这是 OBV 曲线最大的用处。

本章提要

1. 证券投资技术分析是基于三大前提建立的:市场行为涵盖一切信息、证券价格沿趋势运动、历史会重演。

2. 技术分析的方法有很多,常用的有:K线分析、形态分析、趋势分析、波浪分析和技术指标分析。

3. 技术分析不是万能的,要从实践出发,灵活运用。

课后习题

1. 技术分析的基本假设是什么？试就这些基本假设对技术分析的可靠性做一评价。
2. 常用的技术分析方法有哪些种类？
3. 试列举 K 线分析中 K 线组合的典型形态,并说明其意义。
4. 什么是压力线与支撑线？如何用其来进行技术研判？
5. 形态理论的主要内容是什么？什么是缺口？区分不同缺口有何意义？
6. 价量关系的基本理论是什么？
7. 波浪理论的主要内容有哪些？
8. 简述技术指标的作用和类型,并说明其在使用时应注意的事项。
9. 什么是移动平均线？其运用法则有哪些？
10. 试举例说明技术指标一致和背离法则的应用方法。
11. 讨论：

炒股为什么要懂得止损？

波动性是股市与生俱来的属性,人们对其所做的所有分析和预测都仅仅是一种可能性,由此导致投资结果同样具有不确定性。对不确定性状况必须采取止损措施。止损虽然不能规避风险,但可以避免遭到更大的风险。犹如汽车行驶时的刹车装置,遇到突发情况及时踩"刹车",才能确保安全,避免小错变大错甚至车毁人亡。世界投资大师索罗斯说过,投资本身没有风险,失控的投资才有风险。作为投资者,一定要遵循风险控制原则,绝不要"爱上"已有的亏损而不放。

然而,止损常会出错。止损带来的损失不仅仅是金钱,而且有屡遭市场愚弄带来的心理上的打击。因而正确理解止损是必要的。止损是对市场不确定性规避的自然规则,即便是错误的止损,投资者也应学会坦然接受。试想,如果每次投资后的止损都是正确的,那又何必去进行投资呢？投资的目的是盈利,但就止损与盈利而言,止损比盈利更重要,因为任何时候保存实力都是第一位的。此外,从盈利的综合付出看,包括错误止损在内的所有止损,都可以视同盈利的一种成本。

止损的代价决定了止损必须谨慎。止损是一把双刃剑,一方面,止损终止了错误的继续,但另一方面,止损也意味着损失的产生,如果频繁止损,大户将变成小户,而小户最终只能销户了。因此,把握一定的止损方法很重要。

根据上述内容,讨论如下问题：

（1）为什么证券投资时需要止损？一旦需要止损,你情愿吗？

（2）如何看待失败的止损？怎样才能提高止损技术？

（3）寻找一些有效的止损方法。

第九章

证券投资组合分析

知识与技能目标

本章对证券投资组合的相关概念和理论进行学习,学完本章后,读者将能够:
1. 了解证券组合的概念和组合管理的意义。
2. 了解证券组合收益与风险的衡量。
3. 了解 CAPM 模型和 APT 模型关于证券及其组合的定价原理。

案例导入

全球投资是明智的

1997年国际股市大冲击之后,一些人认为该把自己的资金放在离家门不远的地方,下面是他们的观点:

——历史已经破碎

——没有像家里这样好的地方了

——货币可以杀人

但是,我们愿意持有国外的股票是因为他们相反的业绩。正如1997年所证明的,国外的市场与美国的市场可以有完全不同的表现。去年,这种相反的业绩对你不利,1998年,它可能就会对你有利了。在很长一段时间里,美国和国外的股票是不会捆绑在一起同涨同跌的,所以,你可以通过同时持有二者来获得更好的资产组合业绩。

(来源:《华尔街日报》,1998年11月。)

第一节 证券投资组合概述

一、证券投资组合的含义

证券投资组合指个人或机构投资者所持有的,至少两种以上有价证券的总称,包括债券、股票、存单等。例如:

组合1:包含股票A和股票B,各占总投资的50%;

组合2:包含股票A、国债B和股指期货合约C,各占1/3;

组合3:包含本国股票、国外债券,各占60%和40%;

组合4:某股票型基金,该基金将所募集的资金投资于各种股票,因此基金本身就是一个证券投资组合。

实施证券组合管理的核心步骤是构建证券组合,该过程一般包括如下环节:

(1)界定证券组合的范围。大多数投资者的证券组合主要是债券、股票。但是,近年来,国际上投资组合已出现综合化和国际化的趋势。

(2)分析判断各个证券和资产的预期回报率及风险。在分析比较各证券及资产的投资收益和风险的基础上,选择何种证券进行组合则要与投资者的目标相适应。

(3)确定各种证券资产在证券投资组合中的权重。这是构建证券组合的关键性步骤。

(4)组合的修正。构建好的证券组合,经过一段时间的运作,随着市场行情的变化,可能已经不再是最优组合了,这可能是投资者对风险和收益的偏好发生了变化,也可能是其预测发生了改变,此时,投资者有必要对现有组合进行调整,以确定一个新的最佳组合。

对证券组合进行管理的方法可以分为两大类,分别是被动管理法和主动管理法,前者指长期稳定持有模拟市场指数的证券组合以获得市场平均收益的管理方法;后者指经常预测市场行情或寻找定价错误证券,并借此频繁调整证券组合以获得尽可能高的收益的管理方法。

二、证券投资组合的意义

(1)有助于控制投资风险。证券投资组合能最大限度地降低投资风险,将风险控制在投资者可以承受的范围内。我们说证券组合可以最大限度地降低风险,是指那些合理有效的证券投资组合。

(2)有助于提高投资收益。一个有效的证券投资组合可以在一定的风险条件下实现收益的最大化,或在一定的收益水平上使投资风险最小化。

(3)有助于推动投资管理的专业化发展。随着资本市场的发展,证券组合管理具有越来越重要的意义。随着证券投资组合管理专职人员的增加及机构的增多,证券投资组合管理也成为一种专门的行业。

第二节　均值—方差投资组合理论

证券投资组合理论的基本模型是由哈里·马柯维茨(Harry Markowitz)提出来的。1952年,他在"投资组合选择"(Portfolio Selection)一文中,通过一系列合理假设,讨论了有效集和最佳投资组合,得出了投资者应该通过同时购买多种证券而不是一种证券来进行分散化投资,从而可以在不降低预期收益的情况下降低投资组合的风险的结论。他采用的均值—方差模型成为现代投资组合理论(MPT)的开端。

一、证券投资组合的风险与收益

(一) 单个证券的风险与收益

在确定条件下的投资,投资者可以得到确定的结果。比如投资国债并持有到期,收益必然是确定的。但是在不确定条件下,投资决策将面临着一定的风险,投资收益不再是一个确定的数值,而是表现为一系列可能结果的收益分布或频率函数。例如,某一股票有3种可能的收益,假定每种收益出现的可能性均为1/3(见表9-1),那么,应该如何描述该股票的收益和风险情况呢?通常我们使用的指标是平均值和方差(或标准差)。

表 9-1　某一股票的风险收益机会

机会	可能性(概率)	收益 $R(\%)$
1	1/3	10
2	1/3	8
3	1/3	5

1. 收益的计算

我们用平均收益或期望收益来衡量该股票的收益,则该股票的收益为:

$$\bar{R} = E(R) = \frac{1}{3} \times 10\% + \frac{1}{3} \times 8\% + \frac{1}{3} \times 5\% = 7.67\%$$

一般而言,单个证券的收益公式如下:

$$\bar{R} = E(R) = \sum_{i=1}^{n} P_i R_i$$

其中,P_i 表示出现第 i 种情况的概率,R_i 表示第 i 种情况下的收益。

2. 风险的计算

我们用该股票收益的方差或标准差来衡量风险,则该股票的风险为:

$$\sigma^2 = \frac{(10\% - 7.67\%)^2 + (8\% - 7.67\%)^2 + (5\% - 7.67\%)^2}{3} = 0.04\%$$

或者 $\sigma = \sqrt{0.04\%} = 2.05\%$

一般而言,单个证券的风险公式如下:

$$\sigma^2 = \sum_{i=1}^{n} (R_i - \bar{R})^2 \times P_i$$

或者

$$\sigma = \sqrt{\sigma^2}$$

其中,P_i 表示出现第 i 种情况的概率,R_i 表示第 i 种情况下的收益,$\bar{R}$ 表示平均收益。

(二) 两个及以上证券组合的风险与收益

首先,我们讨论两个证券构成的组合。假设组合 P 包含两个证券 A 和 B,在 A 上投资的比例是 x_A,在 B 上投资的比例是 x_B。其中,A 的收益为 $E(R_A)$,风险为 σ_A^2,B 的收益为 $E(R_B)$,风险为 σ_B^2,则组合 P 的收益和风险公式如下:

$$E(R_P) = x_A E(R_A) + x_B E(R_B)$$
$$\sigma_P^2 = x_A^2 \sigma_A^2 + x_B^2 \sigma_B^2 + 2 x_A x_B \sigma_A \sigma_B \rho_{AB}$$

其中,ρ_{AB} 是证券 A 和 B 的相关系数。

例如,组合 P 由证券 1 和证券 2 组成,在这两只股票上的投资比例分别为 60% 和 40%。且已知这两只证券的相关系数是 0.5,根据已知条件(表 9-2 的上半部分),求组合 P 的收益和风险(见表 9-2 的下半部分)。

表 9-2 组合的收益和风险计算

	概率	证券 1	证券 2	组合 P
		收益(元)		
市场状况	好(1/3)	1.16	1.21	
	一般(1/3)	1.10	1.20	
	差(1/3)	1.04	1.19	
	均值	1.10	1.20	1.14
收益和风险	方差	0.0024	0.0001	0.0010
	标准差	0.0490	0.0082	0.0312

接下来,我们可以扩展到由 N 个证券构建的组合 P,其收益和风险的一般公式为:

$$E(R_P) = \sum_{i=1}^{N} x_i E(R_i)$$
$$\sigma_P^2 = \sum_{i=1}^{N} \sum_{j=1}^{N} x_i x_j \sigma_i \sigma_j \rho_{ij}$$

其中,x_i 表示在第 i 个证券上投资的比例,ρ_{ij} 表示第 i 个与第 j 个证券的相关系数。

二、理性投资者的选择

首先,我们假设投资者都是理性的,表现如下:在收益一定的情况下,追求风险最小;而在风险一定的情况下,追求收益最大。

其次,我们作一张坐标图,以风险 σ 为横轴,以收益 $E(R)$ 为纵轴(见图 9-1)。那么,市场上的任何一只股票或任何一项投资组合,根据其特定的收益和风险,都可以在该坐标平面上找到对应的点。

下面的问题是,在这样一个由坐标平面表示的证券集合中,理性投资者会选择哪一类证券呢?如果我们把证券集合分为 A、B、C、D 四个部分,请投资者选择其中一个部分作为自己的投资目标,毫无疑问,投资者肯定会选择 B 区域的证券,理由是,如果选择其他区域的证券,就不满足"在收益一定的情况下,追求风险最小;而在风险一定的情况下,追求收益最大"

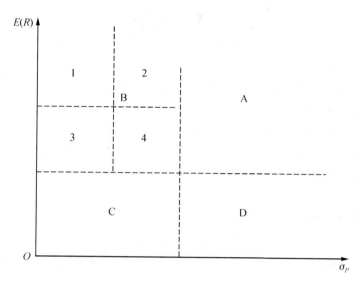

图 9-1 期望收益—风险坐标图

的理性人假设。

更进一步,如果把 B 区域再划分为 1、2、3、4 四个区域,投资者又会进一步选择落入 1 区域内的证券,因为只有这里的证券才符合"在收益一定的情况下,风险最小;而在风险一定的情况下,收益最大"。

于是我们得出结论:在收益—风险坐标平面上,投资者会尽量选择左上边界的证券作为自己的投资目标。

三、市场有效边界与最优组合

(一)证券组合的可行域①

1. 两个证券的组合是连线

已知 A、B 两只股票具有如表 9-3 所示的属性,考察这两只股票构成的资产组合,在不同的相关系数下,分析组合的投资效果。

表 9-3　A、B 两只股票的期望收益和标准差

	期望收益(%)	标准差(%)
A	14	6
B	8	3

假设对这两只股票的投资比例分别为 X_A 和 X_B,且投资比例之和等于 1,对应的期望收益记为 $\bar{R}_A$、$\bar{R}_B$,方差记为 σ_A^2、σ_B^2,协方差为 σ_{AB},相关系数为 ρ,根据以上条件和组合的收益、风险度量公式,可以得出以下算式:

$$X_A + X_B = 1$$

---

① 此处讨论的组合都不考虑卖空的情况。

$$\overline{R}_P = X_A \overline{R}_A + X_B \overline{R}_B$$

$$\sigma_P^2 = X_A^2 \sigma_A^2 + X_B^2 \sigma_B^2 + 2 X_A X_B \sigma_{AB}$$

其中，$\sigma_{AB} = \rho \sigma_A \sigma_B$，则

$$\sigma_P = [X_A^2 \sigma_A^2 + (1 - X_A)^2 \sigma_B^2 + 2 X_A (1 - X_A) \rho \sigma_A \sigma_B]^{1/2}$$

首先，考虑完全正相关($\rho = +1$)时的组合效果：

当 $\rho = +1$ 时，投资组合的风险可以简化为

$$\sigma_P = [X_A^2 \sigma_A^2 + (1 - X_A)^2 \sigma_B^2 + 2 X_A (1 - X_A) \sigma_A \sigma_B]^{1/2}$$

上式括号内等价于 $[X_A \sigma_A + (1 - X_A) \sigma_B]^2$，则投资组合的标准差为

$$\sigma_P = X_A \sigma_A + (1 - X_A) \sigma_B \tag{9-1}$$

同时，投资组合的期望收益可表达为

$$\overline{R}_P = X_A \overline{R}_A + (1 - X_A) \overline{R}_B \tag{9-2}$$

由式(9-1)和式(9-2)可见，当两个证券的相关系数为 +1 时，投资组合的风险和收益都是单个证券的风险和收益的线性组合，于是，在收益—风险坐标平面上，所有组合都位于一条直线上。以表9-3的数据为例，当 $\rho = +1$ 时，随着在 A、B 上投资比例的变化，由 A、B 构成的投资组合的收益与风险如表9-4所示，不难证明：所有的点均落在以 $\overline{R}_P = 2 + 2\sigma_P$ 为函数的直线上的 AB 段，如图9-2所示。

表 9-4 A、B 组合的期望收益与标准差

X_A	0.0	0.2	0.4	0.5	0.6	0.8	1.0
$\overline{R}_P$	8.0	9.2	10.4	11.0	11.6	12.8	14.0
σ_P	3.0	3.6	4.2	4.5	4.8	5.4	6.0

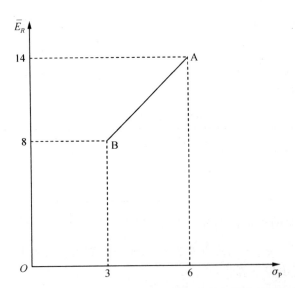

图 9-2 当 $\rho = +1$ 时 A、B 组合的期望收益与标准差的关系

于是，我们得到：

结论1：当两个证券完全正相关（$\rho = +1$）时，它们的所有可能组合都位于连接两个证券的一条直线上。与购买单个证券相比，持有这样两个证券的组合并不能降低风险，分散化投资并没有带来更好的效果。

以此类推，我们得到如下结论（见图9-3）：

结论2：当$\rho = -1$时，A、B两只证券的所有可能组合都位于连接两个证券的一条折线上。持有这样的组合能降低风险，而且有一个组合可以使风险降为0。

结论3：当$\rho = 0$时，A、B两只证券的所有可能组合都位于连接两个证券的一条曲线上。并且能找到多个组合，其风险小于$\min(\sigma_A, \sigma_B)$。

结论4：当$0 < \rho < 1$时，A、B两只证券的所有可能组合仍然位于连接两个证券的一条曲线上。但与$\rho = 0$相比，只能找到较少组合，其风险小于$\min(\sigma_A, \sigma_B)$。

结论5：当$-1 < \rho < 0$时，A、B两只证券的所有可能组合仍然位于连接两个证券的一条曲线上。但与$\rho = 0$相比，会有更多的组合，其风险小于$\min(\sigma_A, \sigma_B)$。

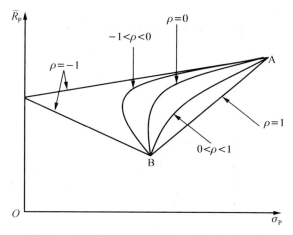

图9-3　不同相关系数的两个证券组合的连线

综上所述，两个证券的组合必定是连线，只是随着两个证券的相关系数不同，连线的形状发生了变化。

2. 三个及以上证券的组合是平面

在图9-4中，假设已有三个证券A、B、C，根据前面所述"两个证券的组合是连线"可知：A和B的组合位于弧线AB上，B和C的组合位于弧线BC上，A和C的组合位于弧线AQC上，此时，弧线AB上的一点M，与弧线BC上的一点N如果再组合，就会出现弧线MN，以此类推，在区域AQCB中，就会充斥着各种各样的向左凸的弧线，直到占满整个AQCB区域。而且，整个区域的左边界一定是向左凸的，或者呈线性，但不会出现凹陷。理由是：如果出现凹陷，如图9-5所示，则因为UV之间的组合是向左弯曲的连线，所以必然还是会出现向左凸的边界。

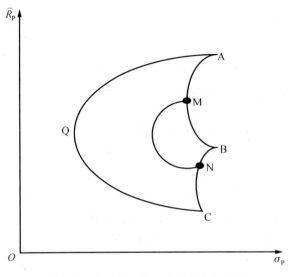

图 9-4　由多个证券构成的组合可行域

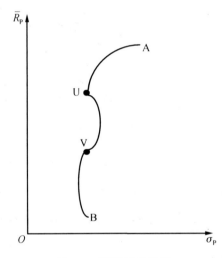

图 9-5　可行域的边界

综上所述,三个及以上证券的组合是一块平面区域,该区域的左边界一定是向左凸的。

(二) 市场有效边界和最优组合

1. 有效边界

在证券市场中有成百上千个证券(如上海 A 股市场),在收益—风险坐标平面上,这些证券以及它们的组合构成了一个平面区域,如图 9-6 中的 AQCB 区域。正如上面分析的,该区域的左边界是向外凸的。前面我们已经论证得到:"在收益—风险坐标平面上,投资者会尽量选择左上边界的证券作为自己的投资选择。"那么,在 AQCB 区域,显然,理性投资者的最终选择应该是落在这条 QA 边界上。我们把弧线 QA 称为市场有效边界,它是所有理性投资者的最终选择。有效边界对整个市场而言是唯一的,不随投资者个人偏好差异而改变。

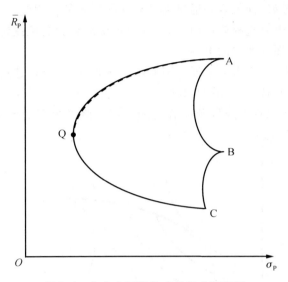

图 9-6 由多个证券构成的组合可行域

2. 无差异曲线

弧线 QA 是整个市场的有效边界,但投资者甲的选择到底会落在 QA 上的哪一点呢?这与甲的个人偏好有关,我们把这种个人偏好用投资者的无差异曲线来表征。所谓无差异曲线,是指这样的一组曲线簇:在同一条曲线上的组合给投资者带来的满意程度相同;不同曲线上的组合给投资者带来的满意程度不同,位于左边的无差异曲线带来的满足程度更高。如图 9-7 所示,甲与乙有着不一样的无差异曲线,也就说明两人的风险偏好程度不一样,乙的风险容忍度高于甲。

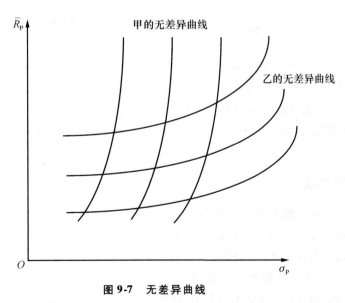

图 9-7 无差异曲线

3. 最优组合

最优组合是指对投资者个人而言,他在市场有效边界中选择的令自己最满意的组合。

这种选择依赖于他的偏好,而偏好是通过无差异曲线反映的。因此,当投资者需要在有效边界中,根据自己的风险偏好选择最优组合时,这个最优组合就是该投资者的无差异曲线与市场有效边界的切点,即图9-8中的P点。

通过以上分析可得,投资者应该通过同时购买多种证券,即构建投资组合来优化投资策略,而不是只投资于一只证券。如图9-8中的P点,大概率情况下,P代表的是一个证券组合而非单只证券。这样可以在不降低预期收益的情况下降低投资的风险,或者在承受同样风险的条件下使得收益最大化。

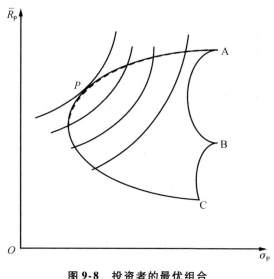

图9-8 投资者的最优组合

第三节 资本资产定价模型

在马柯威茨以均值—方差模型为基础提出了证券投资组合理论后,包括他的学生威廉·夏普在内的多位学者开始思考这样一个问题:如果市场上所有投资者都按照马柯威茨的证券组合理论来选择他们的投资,将会对证券定价产生怎样的影响?结果,威廉·夏普和另两位学者分别于1964年、1965年和1966年,各自独立地提出了资本资产定价模型(CAPM)。

一、资本市场线

一般来说,市场上既包含风险证券,也包含无风险证券(记为F,如国债)。由前面的分析已知:风险证券及其组合的可行域是一个左边界向外凸的区域,如图9-9中AB弧所夹的右边区域。那么,当加上无风险证券F后,证券组合的可行域就是由FA和FB所夹的开口的三角形区域。在这个三角形区域里,有效边界是射线FA,也就意味着,如果所有投资者都按照马柯威茨的证券组合理论来选择他们的投资,则所有的投资都会落在射线FA上。显然,射线FA仅包括两个证券,一是无风险证券F,二是风险证券A。投资者甲和乙在选择上的区别仅仅在于甲持有F的比例高一些,而乙持有A的比例高一些。于是,我们得到两个结论。

结论一:风险证券 A 就是市场组合 M。因为当所有投资者都以 A 的形式持有风险证券时,市场最终的表现只能是 A,而所谓"市场的最终表现"就是我们常说的市场组合,通常记为 M。M 的风险收益状态通常用市场指数的风险收益情况来衡量。

结论二:图 9-9 中的射线 FA(即 FM)涵盖了所有投资者的投资选择,因此可以以此射线反映所有投资者的收益—风险关系,也就是所有投资的定价。该射线及其函数式就是我们要介绍的资本市场线。

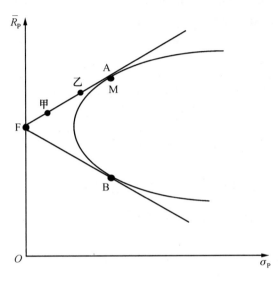

图 9-9　资本市场线

关于资本市场线,需要了解的是:

(1) 资本市场线方程。资本市场线方程为 $E(r_P) = r_F + \dfrac{E(r_M) - r_F}{\sigma_M} \times \sigma_P$。

(2) 资本市场线的含义。有效组合 P 的收益由两部分构成:① 无风险收益 r_F;② 风险溢价,与组合 P 所承担的风险 σ_P 呈正比。

最后,对本节一开始提到的问题,也有了答案:当每一个投资者都按照马柯威茨的最优组合原则决定投资组合时,结果就是每个投资者都会持有同样的风险资产组合,这一组合也就是市场组合 M。

二、证券市场线

资本市场线解决了有效组合的定价问题,即有效组合的收益—风险关系。那么,我们现在关心的是:对于有效组合之外的、市场上任意的一个证券或组合,其收益—风险关系又是如何确定的呢? 这就是证券市场线要分析和解决的问题。下面是我们的分析思路:

第一,我们已经有了这样的共识:一项投资的风险溢价,是源自其承担的风险。换句话说,一项投资如果能获得超出无风险收益的那部分收益,那一定是因为它承担了风险。而不承担风险的投资(如国债),只能获得无风险收益。

第二,对于市场组合 M 来说,它的风险溢价是 $E(r_M) - r_F$,它承担的风险是 σ_M。这部分知识我们已经从资本市场线的内容中了解了。

第三,我们现在关心的是:当整个市场(用 M 来表示)的风险是 σ_M 时,市场上的单个证券或组合的风险是多少?从数学上可以证明,整个市场的风险 σ_M^2 可以分解为:

$$\sigma_M^2 = w_1\sigma_{1M} + w_2\sigma_{2M} + \cdots + w_i\sigma_{iM} \cdots + w_N\sigma_{NM}$$

其中,w_i 表示市场组合在第 i 只证券上的资金分配比例;N 表示市场上共有 N 只证券;σ_{iM} 表示第 i 只证券与市场组合 M 的协方差。

于是我们得出:单个证券承担的风险就是 $w_i\sigma_{iM}$,而一个单位资金的该证券承担的风险则是 σ_{iM}。

第四,当单个证券 i 承担的风险是 σ_{iM} 时,其对应的收益 $E(r_i)$ 该是多少呢?这可以借助等比关系:

(1) 对市场组合 M 来说,其单位风险的溢价是:$\dfrac{E(r_M) - r_F}{\sigma_M^2}$。

(2) 对单个证券 i 来说,其单位风险的溢价是:$\dfrac{E(r_i) - r_F}{\sigma_{iM}}$。

在同一个市场上,我们认为这两个比值应该是相等的,即:

$$\frac{E(r_M) - r_F}{\sigma_M^2} = \frac{E(r_i) - r_F}{\sigma_{iM}}$$

于是得到:

$$E(r_i) = r_F + [E(r_M) - r_F]\frac{\sigma_{iM}}{\sigma_M^2}$$

记 $\beta_i = \dfrac{\sigma_{iM}}{\sigma_M^2}$,则上述方程可以改写为:

$$E(r_i) = r_F + [E(r_M) - r_F]\beta_i \tag{9-3}$$

进一步地,对于任一组合 P,假设其投资于各种证券的比例分别是 $w_1, w_2, \cdots, w_n$,则上述公式可以改写成:

$$E(r_P) = r_F + [E(r_M) - r_F]\beta_P \tag{9-4}$$

其中,$\beta_P = \sum_{i=1}^{n} w_i\beta_i$。

式(9-3)和式(9-4)表达的就是证券市场线方程。

关于证券市场线(以单个证券为例),需要了解的是:

(1) 证券市场线方程。证券市场线方程为 $E(r_i) = r_F + [E(r_M) - r_F]\beta_i$。

(2) 证券市场线的含义。任一证券的收益由两部分构成:① 无风险收益 r_F;② 风险溢价,与该证券的 β 系数呈正比,或者说与该证券对整个市场风险的贡献程度呈正比。

(3) 证券市场线的作图。证券市场线是画在这样一个平面上的:横轴表示单个证券(或证券组合)的 β 系数,纵轴表示单个证券(或证券组合)的预期收益(见图9-10)。而资本市场线是画在这样一个平面上的:横轴表示单个证券(或证券组合)的标准差,纵轴表示单个证券(或证券组合)的预期收益(见图 9-9)。

证券市场线对市场上任一证券或组合的定价给出了答案,相比资本市场线具有更加普遍的意义。

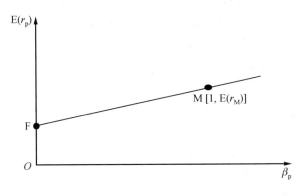

图 9-10 证券市场线

下面举例说明证券市场线的应用。

例 9-1:假设市场组合的预期收益率是 10%,无风险利率是 6%,股票 A 的 β 系数是 0.85,股票 B 的 β 系数是 1.2。求出证券市场线以及股票 A 和股票 B 的均衡收益率。

解:已知 $E(r_M) = 10\%$,$r_F = 6\%$;

所以证券市场线方程为:$E(r_i) = 6\% + 4\%\beta_i$;

股票 A 的均衡收益率为:$E(r_i) = 6\% + 4\% \times 0.85 = 9.4\%$;

股票 B 的均衡收益率为:$E(r_i) = 6\% + 4\% \times 1.2 = 10.8\%$。

第四节 套利定价模型

套利定价理论由史蒂芬·罗斯(Stephen Ross)在其 1976 年的一篇论文中提出,其基础是一个统计模型。与资本资产定价模型从投资者的风险偏好入手分析投资的定价问题不同,套利定价理论是从投资者的套利行为和市场达到套利均衡的角度出发,得出资产的定价模型。

一、套利和套利组合

套利是指利用一个或多个市场存在的各种价格差异(即违背一价法则的情况),在不冒风险的情况下赚取收益的交易活动。比如西瓜在农村集市卖 5 角一斤,在城市水果店卖 2 元一斤,两地的运费平均为 3 角一斤,则水果商从农村采购西瓜,在自家的城市水果店出售,便可以毫无风险地获得收益(假设全部卖出),这种行为就是套利。

套利组合是指满足以下三个条件的资产组合:

条件一:套利组合的资产占有为零,即用卖空一种(或几种)资产的资金,去买进另一种(或几种)资产。数学表达式为:$w_1 + w_2 + \cdots + w_n = 0$,这里,$w_i$ 表示在每种资产上的投资比例。

条件二:套利组合不具有风险,即对因素的敏感系数为零。其数学表达式为:

(1) 对于单因素模型:$r_i = a_i + b_i F_1 + \varepsilon_i, \quad i = 1, 2, \cdots, n$

该条件可以表述为:$b_1 w_1 + b_2 w_2 + \cdots + b_n w_n = 0$

说明在一个仅有单因素 F_1 影响风险的市场上,该组合对 F_1 的敏感度为零,即该组合不存在风险。

(2) 对于多因素模型:$r_i = a_i + b_{1i} F_1 + b_{2i} F_2 + \cdots + b_{ki} F_k + \varepsilon_i, \quad i = 1, 2, \cdots, n$

该条件可以表述为:
$$\begin{cases} b_{11} w_1 + b_{12} w_2 + \cdots + b_{1n} w_n = 0 \\ b_{21} w_1 + b_{22} w_2 + \cdots + b_{2n} w_n = 0 \\ \cdots \cdots \\ b_{k1} w_1 + b_{k2} w_2 + \cdots + b_{kn} w_n = 0 \end{cases}$$

说明在一个由 K 个因素 F_1—F_k 影响风险的市场上,该组合对每个因素的敏感度都为零,即该组合不存在风险。

条件三:套利组合的预期收益率一定为正。其数学表达式为:

$$E(r_P) = w_1 E(r_1) + w_2 E(r_2) + \cdots + w_n E(r_n) > 0$$

二、套利定价理论

(一) 套利定价理论的假设

(1) 资本市场是完全竞争的,没有价格操纵现象。

(2) 投资者总是偏好更多的财富。

(3) 不同资产的收益率都是一个线性函数,其中包含 k 个影响该资产收益率的因素,函数表达式如下:

$$r_i = a_i + b_{1i} F_1 + b_{2i} F_2 + \cdots + b_{ki} F_k + \varepsilon_i, \quad i = 1, 2, \cdots, n$$

其中,F_i 表示影响收益率的第 i 个因素。

(二) 套利定价模型的推导

首先,投资者都是追求套利收益最大化的,即追求 $E(r_P)$ 最大化。并受到前述的条件一和条件二的约束。

其次,在一定的约束条件下,求函数 $E(r_P)$ 的极大值,可以运用拉格朗日定理,得到下式(以单因素模型为例):

$$\max L = [w_1 E(r_1) + w_2 E(r_2) + \cdots + w_n E(r_n)] - \lambda_0 (w_1 + w_2 + \cdots + w_n) \\ - \lambda_1 (b_1 w_1 + b_2 w_2 + \cdots + b_n w_n)$$

上式对 w_i 和 λ_i 分别求偏导,并使之等于零,得到:

$$\begin{cases} \dfrac{\partial \max L}{\partial w_i} = E(r_i) - \lambda_0 - \lambda_1 b_i = 0, \quad i = 1, 2, \cdots, n \\ \dfrac{\partial \max L}{\partial \lambda_0} = w_1 + w_2 + \cdots + w_n = 0 \\ \dfrac{\partial \max L}{\partial \lambda_1} = b_1 w_1 + b_2 w_2 + \cdots + b_n w_n = 0 \end{cases}$$

如此可得:当投资者都追求套利收益最大化时,定价公式为:
$$E(r_i) = \lambda_0 + \lambda_1 b_i$$
这就是套利定价模型。此时,套利组合的收益为:
$$E(r_P) = w_1 E(r_1) + w_2 E(r_2) + \cdots + w_n E(r_n)$$
$$= \sum_{i=1}^{n} w_i E(r_i)$$
$$= \sum_{i=1}^{n} w_i (\lambda_0 + \lambda_1 b_i)$$
$$= \lambda_0 \sum_{i=1}^{n} w_i + \lambda_1 \sum_{i=1}^{n} w_i b_i$$
$$= 0$$

也就是市场最终无利可套,或称达到套利均衡。

关于套利定价模型,需了解的是:

(1) 套利定价模型的表达式: $E(r_i) = \lambda_0 + \lambda_1 b_i$。

(2) 套利定价模型中系数的含义:当 $b_i = 0$ 时,$E(r_i) = \lambda_0$,意味着对风险敏感度为 0 的证券,其收益是 λ_0。而所谓的"对风险敏感度为 0 的证券"当然就是无风险证券。于是 λ_0 就是无风险收益率。当 $b_i = 1$ 时,$\lambda_1 = E(r_i) - \lambda_0$,意味着 λ_1 就是风险敏感度为 1 的证券的风险溢价。

本章提要

1. 证券组合管理的目的是分散投资风险。

2. 用收益的平均值(或数学期望)、收益的方差(或标准差)来衡量证券或组合的收益与风险。

3. 资本资产定价模型是基于投资者具有共同风险偏好的前提下,得出的证券(及组合)的定价模型。它包括资本市场线和证券市场线。

4. 套利定价模型是基于投资者追求套利最大化的前提下,得出的证券(及组合)的定价模型。

课后习题

1. 证券 A 的收益率的概率分布如下:

概率	0.2	0.1	0.3	0.2	0.2
收益(%)	10	20	6	5	12

求证券 A 的期望收益和风险。

2. 已知证券 A 的期望收益和方差分别为 15% 和 10%,证券 B 的期望收益和方差分别为 25% 和 10%,C 是由这两只证券构成的组合,其中,A 占比为 1/3,B 占比为 2/3,A 和 B 的相关系数为 0.8。求组合 C 的收益和风险。

3. A 公司今年每股股息是 1 元,预期今后将以每年 5% 的速度稳定增长。当前的无风险利率为 0.03,市场组合的风险溢价为 0.08,A 公司股票的 β 值为 1.5。那么当前 A 公司股票的合理价格应该是多少?

4. 假设市场组合由证券 A 和证券 B 组成,它们的预期收益率、标准差和市值比重如下表所示,A 和 B 的相关系数为 0.3,当前的无风险利率为 5%,请给出资本市场线。

证券	预期收益率(%)	标准差(%)	比重
A	10	20	0.4
B	15	28	0.6

5. 有关两种证券、市场组合和无风险利率的信息如下:

证券	收益率(%)	与市场组合的相关系数	标准差(%)
A	15.5	0.9	20
B	9.2	0.8	9
市场组合	12.0	—	12
无风险利率	5.0	—	—

要求:(1) 给上表三个空白处填空。
(2) 计算证券市场线。
(3) 求证券 A 和证券 B 各自的 β 系数。

6. 对于一个单因素 APT 模型,股票 A、股票 B 的期望收益率分别为 15% 和 18%,无风险利率是 6%,股票 B 的 β 系数为 1。如果不存在套利机会,股票 A 的 β 系数应该是多少?

第十章

行为金融分析

知识与技能目标

本章对行为金融的相关概念和理论进行学习,学完本章后,读者将能够:
1. 了解行为金融的含义及起源。
2. 了解证券市场中的异象,并从行为金融角度对这些异象进行解释。
3. 了解行为组合理论与行为资产定价模型。

案例导入

股权分置改革革不了股市的命

中国的股市,包括世界其他各国的股市,有别于有形商品市场的一个重要特点是:它更要受到众多投资者心理作用的影响。我们分析股市,除了关注实实在在的公司基本面、技术面以外,一定不要忘记支撑股市大起大落的另一个不可忽视的因素是投资者的心理预期。

股权分置试点推出伊始,大盘连创历史新低,对市场今后走向持悲观态度的人有增多趋势。从投资者心理预期的角度来看,这种局面(指大盘创新低)的出现也是在情理之中,股权分置改革蕴念已久,早在2002年、2004年,管理层就试行国有股减持计划,但最后不了了之,这次试点的出台,基于前两次尝试的经验,同时又担负着提振自2002年7月以来股市熊态的重任,市场各方都对此次改革寄予厚望。另外,2004年年初中央提出的"国九条"开宗明义要求改革要首先"保护中小投资者的利益",4月29日,中国证监会发布《关于股权分置试点有关问题的通知》中重申"保护中小投资者的利益",广大股民在这些因素的影响下,不啻于将股权分置改革当作救星来看待,期望着自己在这些年中的亏损能借着这场改革的东风连本带利全部收回。但是,试点方案出台后,非流通股股东的让利幅度让广大投资者大失所望,投资者心态一前一后的强烈反差,非理性的情感自然上升,于是以点带面,整个市场预期未来走势悲观的气氛加重,导致投机心态升温,大盘节节走低。

投资者是人,而人的心理承受能力是非常具有弹性的,也就是说,随着时间的推移,原来觉得生命中无法承受之重到后来成为可以承受之重,直至最后习以为常。从投资者的心态上看,他们对股权分置改革的预期会更加切合实际;从市场的各个参与者看,管理层、非流通股股东、流通股股东没有一个希望股市从此一蹶不振,推倒重来更是谁都不愿意看到的局面。流通股股东也应该明白,股市的破产除了给自己前期极大的投入争取到可怜的些许补偿之外,就连一点翻本的希望都没有了。有了上面的共识,流通股股东就不会由着性子胡闹,他们会逐渐意识到:股权分置改革是中国股市今后健康发展的必由之路。

我们认为,在股市极度熊态下,非理性行为的出现有其必然性,但从长期来看,股权分置改革不仅不会置股市于死地,而且在经过改革阵痛期之后,股市将会得到更加健康的发展。

(来源:魏慧君,"股权分置改革革不了股市的命",《证券导刊》,2005年第20期。)

编者按:股权分置改革作为解决中国股市历史遗留问题,推动股市公开、公正、公平发展的重大举措,理应是股市的极大利好。但在改革推出伊始却遭到了很多投资者用脚投票。针对这一现象,如果从传统金融学"理性人假定"出发显然是无法解释的。本文从行为金融角度剖析这一现象,并由此得出投资者最终会克服恐惧情绪,使得市场回归正常价值的判断。而后来的股市发展也证明了这一结论的正确性。因此,行为金融学对股市分析有着重要意义。

20世纪中叶,以理性人假设和有效市场假说为基础的标准金融学理论逐渐确立了在金融投资领域的主导地位。但是这一理论不断受到现实的挑战:大量的实证研究不支持有效市场假说;证券市场中的各种异象无法用标准的金融学理论做出解释;等等。在此背景下,学者们开始提出一些新的理论对此进行解释,行为金融理论就是其中的一个重要流派。

行为金融理论是一门综合性交叉学科理论,它是金融经济学家融合金融学、心理学、人类学以及决策科学等学科的研究成果及研究范式,在探讨金融市场出现的异常现象的过程中发展起来的理论体系,它对传统金融学所不能解释的资本市场现象做出了更贴近现实的诠释。行为金融理论从人的角度来解释市场行为,充分考虑市场参与者的心理因素的作用,以人们的实际决策心理为出发点讨论投资者的投资决策对市场价格的影响。

第一节 有效市场假说及缺陷

一、标准金融学的起源

标准金融学以理性人假设和有效市场假说为前提,主要是由现代资产组合选择理论、资本资产定价模型、套利定价理论、期权定价理论等构成的理论体系。

(一)资产组合理论和有效市场假说的提出

1952年,马柯威茨在"投资组合选择"一文中,运用数理统计方法论证了在不确定条件下,理性人可以通过组合投资降低风险。他将性质不同的资产组合选择的复杂多维问题,简化为一个简单的二维问题——均值方差分析。均值—方差模型的诞生标志着现代投资组合理论(MPT)的开端,马柯威茨也因此被誉为现代投资组合理论之父。

1959 年,基于罗伯茨(Roberts)和奥斯本(Osborne)的研究成果,有效市场假说(EMH)提出。有效市场假说最基本的内涵就是:资产的市场价格可以迅速并充分地反映所有相关信息;价格的变化速度应该是迅速的而不是迟缓的,价格的变化大小相对于信息价值而言应当是充分的而不是反应过度或反应不足。此后的 20 年里,资产组合选择理论和有效市场假说在彼此影响下发展。

(二)资本资产定价模型的出现

1964 年,威廉·夏普提出了单因素模型,简化了均值—方差模型,使马柯威茨模型便于应用,构建了著名的资本资产定价模型(CAPM),它给予资产的收益、风险以及二者关系的精确描述,回答了关于资产在均衡条件下的定价问题,被看作金融理论中的一块基石。资本资产定价模型是一个建立在理想的或称之为完善的资本市场上的理论模型。它广泛应用于投资绩效评价、证券估价、确定资本预算等领域。

(三)套利定价理论和期权定价理论的形成

1976 年,斯蒂芬·罗斯提出了多因素定价模型——套利定价理论(APT)。罗斯认为任何资产的价格都可表示为诸如通货膨胀率、人口出生率和汇率等共同因素的线性组合。套利定价理论的基本思路是:两种具有相同风险和收益率的资产其价格不能是不同的,即"一价定律"。套利定价理论主要是对组合投资决策在实践中起支持作用。此后,迈伦·斯克尔斯、费雪·布莱克和罗伯特·C.默顿提出了著名的期权定价理论(OPT),构建了 Black-Scholes-Merton(BSM)期权定价模型。

在 20 世纪 70 年代初,有效市场假说发展成熟,随后资产定价理论也趋于完善,从而使标准金融学具备了一个较为完备的理论框架,进入了发展成熟阶段。

二、有效市场假说

有效市场假说作为资本市场价格对信息的反应能力、程度和速度的学说,是标准金融学的重要前提和组成部分。其主要思想是,如果证券价格能够迅速充分地反映所有有关证券价格的信息,则证券价格的变化就完全是随机的,投资者不可能利用某些分析模式和相关信息始终如一地在证券市场上获取超额利润。

(一)有效市场的水平划分

有效市场假说的集大成者是尤金·F.法玛(Eugene F. Fama)。1970 年,法玛的"有效资本市场:理论和实证研究回顾"一文,既系统总结了过去有关有效市场假说的研究,又提出了研究有效市场假说的一个完整的理论框架。法玛根据罗伯茨(1967)所做的与资产定价有关的信息分类,给出了区分市场有效性的三种水平:弱式有效市场、次强式有效市场和强式有效市场(见图 10-1)。

1. 弱式有效市场

弱式有效市场(Weak-form Market Efficiency)是最低层次的有效市场。在弱式有效市场中,股价已经及时充分地反映了与价格变动有关的历史信息,包括过去的历史股价水平和波动性、交易量、短期利率等。因此,对任何投资者而言,不论他们借助何种分析工具,都无法依靠历史信息赚取超常收益。

2. 半强式有效市场

半强式有效市场(Semi-strong Form Market Efficiency)是指股价反映了全部公开的信息，包括公司财务报告、临时性公告、宏观经济状况通告、交易市场信息等。由于这些信息都已充分反映在股票价格中，不再有任何影响，因此对投资者而言，任何公开的信息都不具备获利的价值。

3. 强式有效市场

强式有效市场(Strong Form Market Efficiency)是最高层次的有效市场。它表明所有与资产定价有关的信息，不管是已经公开的还是内部未公开的，都已经充分及时地包含在资产的价格中，即股价反映了历史的、当前的、内幕的所有信息。此时，投资者不可能利用此类信息获得超常收益。

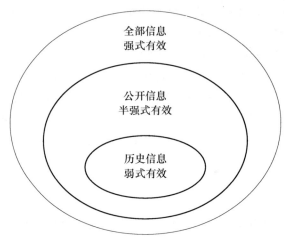

图 10-1　有效市场及信息示意图

（二）有效市场假说的理论基础

有效市场假说的成立依赖于三个逐渐放松的基本假设：

1．资本市场上的所有投资者都是理性人

这一假设表明，投资者能够根据获得的关于资产价值的信息进行交易，并理性地评估资产的价值。投资者理性竞争的结果将使市场实现动态均衡，而动态均衡暗含了投资者不可能获得超额收益，只能得到一个平均收益。

2．投资者的非理性行为会相互抵消

即使有些投资者不是理性的，由于市场上此类投资者的大量存在，当其交易随机进行且交易策略相互独立时，个人之间的非理性行为将相互抵消，不至于对资产的价格产生影响，因而不会形成系统性的价格偏差。

3．投资者的非理性行为会受到投资者的理性行为和市场竞争的制约

即使投资者的非理性行为并非随机而是具有相关性，其在市场中将遇到理性的套利保值者，后者将消除前者对价格的影响，使资产的价格回归基本价值，从而保证了市场的有效性。同时，非理性的交易者在以非基本价值的价格交易时，即使理性的套利者不能及时消除其对证券价格的影响，市场力量也会使其财富逐渐减少，以致其不能在市场上生存。因此，

从长远看,因为套利的存在和竞争的选择,市场有效性会一直持续下去。

由以上分析可以看到,理性投资者假设和有效市场假说紧密相连。当市场由理性投资者构成时,投资者的理性预期和理性决策保证了资本市场的有效性;当市场是由交易策略互不相关的非理性和理性投资者共同组成时,交易的随机性和理性投资者的干预决定了市场的有效性;当市场由交易策略相关的非理性和理性套利者构成时,套利交易的有效性和市场选择保证了市场的有效性。因此,投资者的理性是有效市场假说成立的必要条件。

(三)有效市场假说的缺陷

有效市场理论是经济学的完全竞争均衡思想在金融领域的体现,对现代金融学产生了深远的影响。但是该理论也存在着明显的不足,主要表现在:

首先,投资者都是理性人的假设存在着明显的缺陷。按照理性人假设的逻辑,投资者理性将使市场交易停止。因为若投资者都是理性的且这种理性已成为公开信息,理性投资者是不会和同样的理性投资者做交易的(既然他要买,我为什么要卖?)。事实上,投资者是有限理性的,原因一是每个人的认知水平和处理信息能力不同,二是个人心情的好坏也会影响判断。

其次,金融市场并非完全竞争的市场。在一个完全竞争的市场上,所有交易方都应具备完全知识和完全信息,但在金融市场上这一点明显得不到满足。单就机构投资者与个人投资者相比,他们在资金、知识、信息和市场影响力等方面就存在显著差异。因此,投资者往往是在信息、知识都不完全的情况下对证券做出预期的,当某个不合理的预期占主导地位时,投资者的平均预期就偏离了证券的基础价值。

最后,套利的有限性。套利就是不必付出成本就可以得到无风险收益。在有效市场上,套利活动是实现市场价格均衡的重要力量。但是,现实中套利活动往往受到很多限制。例如,套利所做的对冲交易需要有替代品或近似替代品,有些金融产品存在替代品,比如期权、期货等,然而许多资产没有替代品;又如,一些国家对卖空还存在着法律限制。这些都将使投资者的套利能力受到限制。

第二节 证券市场中的异象

有效市场假说是以人们行为的理性为前提的,理性的人总是能够最大化其预期效用,并能掌握和处理所有可得的信息,形成均衡预期收益。然而,大量的实证研究和观察结果表明股票市场存在收益异常现象,这些现象无法用有效市场理论和现有的定价模型来解释,因此被称为"异象"(Anomalies)。行为金融学则从投资者心理角度较好地解释了这些"异象"。

一、日历效应

股票收益率与时间有关,即在不同的时间,投资收益率存在系统性的差异,这种现象称为"日历效应"。

(一)一月效应

所谓一月效应是指一月份的股票收益率与其他月份相比,有显著的区别。表10-1的数据显示,1802—2004年间,纽约股票交易所的股价指数的统计表明,其一月份股票的平均月收益率为1.10%,而其他11个月的月平均收益率为0.7%,一月份比其他月份的投资回报率高出0.4%,如果将时间进行分段计算,发现股票市场的一月效应更加明显,在最近的时间段1987—2004年间,其一月份的平均收益率为2.16%,而其他月份的平均收益率为0.92%,收益率差异高达1.24%。而日本东京证券交易所1952—1980年近30年的统计数据也表明其股票指数一月份的收益率比其他月份高出3.3%。

这种现象并非个别国家股票市场的特例,1983年Gultekin研究了17个国家1959—1979年的股票收益率,发现其中13个国家一月份的股票收益率高于其他月份。

此外,研究还发现公司的规模效应与一月效应有密切的关系。Keim将纽约股票交易所的股票按规模分为10组,然后逐月算出规模最小的公司和规模最大的公司的收益率之差。一月份规模最小的公司比规模最大的公司的收益率高出14%左右。而且较高的收益率又主要集中在12月底的最后一个交易日和一月的头五个交易日。

表10-1 证券交易的一月效应 (单位:%)

交易所	时间	一月份平均收益率(%)	其他月份平均收益率(%)	差异(%)
美国证券市场	1802—2004	1.10	0.70	0.40
	1802—1926	0.65	0.60	0.05
	1927—2004	1.81	0.87	0.94
	1927—1952.6	1.93	0.79	1.14
	1952.7—2004	1.75	0.92	0.83
	1952.7—1986	1.53	0.91	0.62
	1987—2004	2.16	0.92	1.24
日本证券市场	1952—1980	4.50	1.20	3.30

来源:Mark Haug and Mark Hirschey,"The January Effect 2006", *Financial Analysts Journal*, September/October 2006, Vol.62, No.5:78—88.

(二) 周一效应

周一效应是指在每周的股票交易中,周一的收益率有显著的不同,有悖于投资者股票的日回报率在一周的任何交易日都相同的假定。对纽约证券交易所挂牌证券的日投资回报率统计研究表明,周一的平均回报率比其他交易日要低得多。同样,对东京证券交易所14年的统计结果表明,周一的平均日收益率为负,而周三至周六的交易日平均收益率为正,不同于美国股市的是,日本股市周二的平均收益率也为负,该特点是否因为东京证券交易所周六上午依然开市的特殊性还不得而知,但周一效应在日本股市的存在是不容置疑的(见表10-2)。

表10-2 证券交易平均日投资收益率比较 (单位:%)

交易所	年份	周一	周二	周三	周四	周五	周六
纽约证券交易所	1953—1977	-0.17	0.02	0.10	0.04	0.09	
东京证券交易所	1970—1983	-0.01	-0.06	0.12	0.03	0.06	0.10

来源:戴军,"股市效应的国际实证研究",《中国证券报》,2001年第10期。

但是,需要注意的是,当周一效应广为人知后,投资者可能纷纷进行套利,经过长时间的交易,目前股票市场的周一效应正逐渐消失。

(三) 对日历效应的解释

对于上述两种日历效应,行为金融学给出了一些解释,代表性的观点有:

1. 信息披露制度说

Ross(1989)认为,价格波动和市场信息直接相关,而且,不仅交易日的信息影响价格波动,非交易日的信息也对价格波动造成影响。因此,星期一的股价波动实际上包含了3天的信息量,从而星期一的价格波动幅度较大,出现了周一效应。

2. 应税损失销售假说

根据美国的税法,资本利得或损失只有在实现时才被确认。Dyl(1977)和Givoly等(1983)认为,纳税人在年末更倾向于卖出市价低于成本的股票(赔钱的股票)来确认损失,并保留市价高于成本的股票来推迟确认利得,从而减少资本利得税。这种应税损失销售的投资策略在年末会增加股票的供应量,从而使得股票价格在年末的时候下跌。此外,这种年末对股票的抛售仅仅是出于税收方面的考虑,投资者在新的纳税年度将会等量购回相应的股票,从而导致股票价格在年初的上升,出现一月效应,即一月份股市的日均收益率显著高于其他月份。

3. 财产的代际交接

Kahneman和Tversky(1982)在发现一月效应时,认为一种可能的解释是由于在圣诞节至新年期间赠送礼物的时尚,造成了一个对现金的特别需求量。Kahneman和Tversky认为一月效应产生于投资者季节性的投资偏好,以及投资者成分的变化。根据这一假设,在圣诞节期间,财产从年老的风险厌恶型投资者转移到年轻的风险偏好型投资者。老年投资者在年末卖掉他们持有的低风险低收益的大公司的股票,将现金交给年轻投资者,年轻投资者在年初投资于小规模高风险的公司。这就导致在一月份小公司的股票收益率的超常。这种情况正好符合Keim(1983)指出的一月效应中的规模现象。

二、动量效应与反转效应

(一)动量效应

动量效应(Momentum Effect)亦称惯性效应,是指在较短时间内表现好的股票将会持续其好的表现,而表现不好的股票也将会持续其不好的表现。Jegadeesh和Titman(1993)报告了股票收益显示出短期的持续性,这一结论引致很多学者开始对其他市场上的动量效应进行研究。

动量效应的市场表现主要是:股票的价格走势在短期内具有持续性;即使当公司业绩公告、股份回购、红利派发和股票拆分等消息公布后,公司股票价格在事件宣布后的短期内并不受消息影响,而仍然沿原有方向运动。

(二)反转效应

反转效应(Reversal Effect)则与动量效应相反,是指在一段较长的时间内,表现差的股票有强烈的趋势在其后的一段时间内经历相当大的好转,而表现好的股票则倾向于其后的时间内出现差的表现。DeBondt和Thaler(1985)以及Chopra、Lakonishok和Ritter(1992)等学者相继发现了这一现象。另外的一些文章,如Fama和French(1988),Poterba和Summers(1988),以及Cutler、Poterba和Summers(1991)等也发现股票收益在时间序列上呈负相关关系,股票价格长期内呈反转趋势。

反转效应主要表现为:股票收益与未来第3—5年该股票的收益存在弱的负相关现象;

连续盈利不佳的股票收益随后会明显超过连续盈利良好的公司,长期盈利增长率最看好的公司股票的收益要低于那些最不被看好的公司股票的收益,并且预期高成长的股票在公司发布盈利公告后收益为负,而预期成长缓慢的股票却可以获得高收益。

(三) 动量效应与反转效应的成因

动量效应与反转效应产生的根源在于市场对信息的反应速度。当投资者对信息没有充分反应时,信息逐步在股价中得到体现,股价因此会在短期内沿着初始方向变动,即表现出动量效应;而当投资者受到一系列利好消息或利空消息的刺激,可能对股票未来的投资收益表现出过度乐观或者悲观的判断,从而导致股票定价过高或过低,而随后投资者又普遍意识到他们高估或低估了股票收益时,股价则会表现出相反方向的变动,即出现反转效应。

三、过度反应与反应不足

过度反应与反应不足是证券市场中投资者存在的对信息反应的异常现象。

(一) 过度反应与反应不足的含义

过度反应(Over-reaction)是指投资者对最近的价格变化赋予过多的权重,对近期趋势的外推导致与长期的平均值不一致。反应不足(Under-reaction)是指证券价格对影响公司价值的基本面消息没有做出充分的、及时的反应。这两种现象都会导致价格与价值的偏离。

(二) 过度反应与反应不足的表现

过度反应的投资者通常过于重视新的信息而忽略老的信息,在市场上升时表现得过于乐观而在市场下降时变得过于悲观。因此,价格在好信息刺激下上升过度,而在坏信息刺激下下跌过度。一般来说,在所有的时间内过于紧密地跟踪经济或市场的变动可能导致投资者对新的信息反应过度。互联网提供了24小时进入市场的通道,投资者往往注重价格在每小时、每天或每个星期内的波动,密切追踪行情使投资者变得十分敏感,可能会因为恐慌而卖掉股票,或买进已经过热的股票。

投资者对信息的反应不足表现为:当影响价格的消息到来后,证券价格在最初价格反应的基础上,没有调整到其应有的水平,或者需要很长的时间才调整到其应有的水平。例如,证券分析师对成长股收益的新信息通常反应不足,那是因为他们没有根据新信息对他们的盈利预测做出足够的修正,当一个公司摆脱困境时,他们因为锚定于对公司曾经的预期而总是低估其价值。

(三) 过度反应与反应不足的成因

代表性启发和保守主义是造成这一现象的重要心理因素。人们进行投资决策时,代表性启发法使投资者过分重视近期数据的变化模式,而对产生这些数据的总体特征重视不够,而且代表性启发法使人们太过于使用小样本的形式进行推断,于是可能造成人们对某种类型的信息过度反应。而保守主义使投资者不能及时根据变化了的情况修正自己的预测模型,导致股价反应不足。一般来说,人们会对很容易处理的信息做出过度反应,而对难以获取或处理成本高的信息反应不足。

过度自信和自我归因偏差是导致这一现象的另一个重要的心理和行为因素。过度自信导致投资者夸大自己对股票价值判断的准确性,自我归因偏差则使他们低估关于股票价值的公开信息。随着公共信息最终战胜行为偏差,对个人信息的过度反应和对公共信息的反应不足,就会导致股票回报的短期连续性和长期反转。

投资者对信息处理的方式不一样,也可能导致这一现象。投资者分为"观察消息者"和"动量交易者"两类。观察消息者根据获得的关于未来价值的信息进行预测,其局限是完全不依赖于当前或过去的价格,这就导致了反应不足;而动量交易者则完全依赖于过去的价格变化,其局限是他的预测必须是过去历史价格的简单函数,这样做的结果恰好走向了另一个极端——反应过度。

四、股票溢价之谜

(一)股票溢价之谜的含义和表现

股票溢价是指股票相对债券所高出的那部分资产收益。诚然,股票比债券的风险大,作为风险厌恶的理性投资者,必须要求一定的溢价来补偿持有股票所带来的高风险。但问题是理论模型在定量分析中难以解释现实中如此高的股票溢价,即理论模型的数值模拟和实际经济数据间存在难以解释的差距。

自从梅赫拉(Mehra)和普雷斯科特(Prescott)在 1985 年提出"股权溢价之谜"(Equity Premium Puzzle)之后,股权溢价一直是资产定价这一特定金融研究领域的重要议题。Mehra 和 Prescott 发现,1889—1978 年这 90 年的时间内,无风险短期证券的实际收益仅为 0.8%,而同期标准普尔综合指数的年均实际收益则高达 6.98%,因此年均溢价为 6.18%。这一数值是基于理性预期的传统定价理论所难以解释的,因为根据传统定价模型进行推算就意味着投资者具有高得难以置信的风险厌恶系数,而这与事实显然不相符。Mehra 在随后的研究中对美国证券市场不同的时间跨度下,股票指数的历史平均收益率相对无风险证券平均收益率进行了比较,发现存在无法用标准金融理论解释的"风险溢价",而且这一特征值在英国、日本、德国、法国证券市场中同样存在(见表 10-3 和表 10-4)。

表 10-3 1802—2005 年美国证券市场收益 (单位:%)

年份	市场指数平均收益率	无风险证券平均收益率	风险溢价
1802—2004	8.38	3.02	5.36
1871—2005	8.32	2.68	5.64
1889—2005	7.67	1.31	6.36
1926—2004	9.27	0.64	8.63

来源:Rajnish Mehra, *Handbook of the Equity Risk Premium*, 2008.

由表 10-3 可知,在过去的 200 多年里,美国股票市场年平均实际收益率大约为 8.38%,而同期无风险证券的收益率仅为 3.02%,两者之差即股票溢价高达 5.36%。将对比时间缩短,在过去的 100 多年里也存在这样的风险溢价,并且呈现上升的趋势。1926 年以后,股票溢价变得更加显著,股票和无风险证券收益率之差高达约 8.63%。

表 10-4　英国、日本、德国和法国证券市场收益　　　　　　　　（单位：%）

国家	年份	市场指数平均收益率	无风险证券平均收益率	风险溢价
英国	1900—2005	7.4	1.3	6.1
日本	1900—2005	9.3	-0.5	9.8
德国	1900—2005	8.2	-0.9	9.1
瑞典	1900—2005	10.1	2.1	8.0
澳大利亚	1900—2005	9.2	0.7	8.5
印度	1991—2004	12.6	1.3	11.3

来源：Rajnish Mehra, *Handbook of the Equity Risk Premium*, 2008.

由表 10-4 可知，股票溢价不仅发生在美国，英国、日本、德国、瑞典和澳大利亚等发达国家以及印度等新兴市场国家的证券市场也存在显著的股票溢价，由此可见高股票溢价的普遍性。

（二）股票溢价之谜的解释

为什么股票的收益率会高于无风险证券的收益率呢？传统金融学的解释是，股票相对于无风险证券承担了更高风险，由于风险溢价的存在，股票应该获得更高的收益率。以美国为例，股票收益的标准差约为每年 20%，而同期短期国债的收益率标准差仅为 4%，这表明股票的风险确实大大超过了无风险证券，所以股票的长期平均收益理应超出债券。但人们不禁要问：既然股票收益高出如此之多，为什么人们还要投资于债券？用理性行为来解释股票溢价的观点指出：短期股票市场回报率存在的风险很大，因此股票必须提供更高的回报率来吸引投资者。但股票短期风险并不能对股票溢价做出完整的解释，因为我们中的大部分人希望活几十年，他们会进行长期投资以期望用投资的未来收益度过晚年。而在长期内，实际上是固定收入的长期债券而不是股票拥有更高的风险，因为消费价格指数尽管每月变动很小，但在长时间间隔里变化是很大的，因而具有很高的购买力风险。所以，从风险角度无法解释股票溢价之谜，也无法解释为什么在股票的长期收益高于债券，而长期风险低于债券的条件下，人们还会大量地投资于债券。

Benartzi 和 Thaler（1995）对股票溢价之谜的解释是，如果投资者经常性地评价他们的投资组合，短视的损失厌恶就会令很大一部分投资者放弃股票投资的长期高回报率，而投资于具有稳定回报率的债券，因为股票收益在短期内具有很大的波动性和不确定性。

五、封闭式基金折价之谜

（一）封闭式基金折价之谜的含义

封闭式基金折价之谜是指封闭式基金的单位份额交易价格不等于其净资产现值。虽然有时候基金价格与资产净值比较是溢价交易，但更多时候是折价交易，即交易价格低于其资产净值（见表 10-5）。实证表明，折价 10%—20% 已经成为一种普遍的现象。这是一种与有效市场假说相矛盾的价格表现。原因是封闭式基金作为信托基金，其典型的特征就是持有其他公开交易的证券。与开放式基金不同的是，封闭式基金只发行固定份额在股票市场上交易，投资者为了转手持有的封闭式基金份额，就必须把基金转卖给其他投资者，而不能以赎回的方式卖出。在有效市场的前提下，基金的收益满足 CAPM 的假设，基金无法获得超额收益。不同基金收益之间的差异仅仅是由于各自风险偏好 β 的不同。基金在较高的风险下将获得相应较高的收益；反之，基金在较低的风险下将获得相应较低的收益。既然封闭式基金不能获得超额收益,就应该按照每份基金份额的净资产现值进行转让交易。但实际情况却是,在国内外证券市场上,长期存在着封闭式基金的交易价格远低于其基金净值的情况。

表 10-5　部分封闭式基金折价情况表

基金名称	溢折价值(元)	溢折价率(%)	最新净值(元)	市场价格(元)	基金规模(亿元)
基金普惠	-0.0390	-4.06	0.9600	0.921	20
基金同益	-0.0602	-6.08	0.9902	0.930	20
基金景宏	-0.0691	-7.37	0.9381	0.869	20
基金裕隆	-0.0589	-6.56	0.8979	0.839	30
基金普丰	-0.0616	-7.44	0.8276	0.766	30
基金天元	-0.0839	-9.16	0.9159	0.832	30
基金同盛	-0.1137	-10.21	1.1137	1.000	30
基金景福	-0.1216	-11.86	1.0256	0.904	30
基金丰和	-0.2114	-19.53	1.0824	0.871	30
基金久嘉	-0.1829	-20.86	0.8769	0.694	20
基金鸿阳	-0.1615	-20.46	0.7895	0.628	20
基金泰和	-0.0745	-5.87	1.2685	1.194	20
基金汉盛	-0.0602	-4.76	1.2642	1.204	20
基金安顺	-0.0762	-6.75	1.1282	1.052	30
基金金鑫	-0.1399	-10.23	1.3669	1.227	30
基金汉兴	-0.1091	-11.21	0.9731	0.864	30
基金兴和	-0.0752	-7.78	0.9672	0.892	30
基金通乾	-0.1964	-17.75	1.1064	0.910	20
基金科瑞	-0.2086	-19.14	1.0896	0.881	30
基金银丰	-0.2070	-22.00	0.9410	0.734	30

来源:和讯网基金频道,http://funds.hexun.com/,2013 年 8 月 13 日。

(二) 封闭式基金折价之谜的解释

针对封闭式基金价格长期偏离其内在价值的现象,金融学家提出了各种不同的观点,试图解释这一令人困惑的现象。

传统金融学一般用代理成本理论、资产的流动性缺陷理论、资本利得税理论、业绩预期理论等予以解释,但却遭到了各种各样的质疑,或存在无法完全解释的局限性。

行为金融学认为,基金折价率的变化反映的是个人投资者情绪的变化,由此认为具有相同投资者结构的投资品种,将会受到类似的投资者情绪的影响。

行为金融学家从市场交易参与者的行为角度出发,认为市场的交易者并非都是理性的,也就是说市场存在非理性交易者,称之为"噪声交易者"。由于噪声交易者的长期存在,持有封闭式基金的风险包含两部分:持有基金投资组合的风险和噪声交易者风险。其中,噪声交易者风险为当基金折价时,理性的套利者若要购买基金,必须考虑不久的将来噪声交易者可能会更加悲观,并驱使基金市场价格进一步下跌的风险。如果套利者在基金价格恢复理性之前卖出清算,他就会遭受损失。对这一损失的担心会限制他初始的套利行为。由于这一额外风险的存在,投资者持有封闭式基金比持有基金投资组合的风险更高,从这个意义上讲,基金的市场价格应低于其投资组合的资产净值,由此产生了封闭式基金的长期折价现象。

六、规模效应

(一) 规模效应的市场表现

规模效应是指股票收益率与公司规模大小有关。Banz 最早在 1981 年发现,在美国,无论是总收益率还是风险调整后的收益率都与公司规模大小呈负相关关系,即股票收益率随着公司规模的增大而减小。

Fama 和 French 对 1963—1990 年间,在纽约证券交易所、美国证券交易所和纳斯达克交易的股票,每年按市值进行分类,然后算出每一类股票下一年的平均收益。他们发现在样本期内,市值最小的 10% 的股票比市值最大的 10% 的股票的年平均收益率要高,且每月平均要高出 0.74%。此外,经济学家们对各主要发达国家的市场进行了广泛检验,除了加拿大和法国外,其他国家均存在规模效应,如日本东京证券交易所小盘股与大盘股的平均收益率差异高达 8.47%。中国学者研究了深圳证券交易所在 2000—2002 年间的股票规模与收益率之间的关系,发现深圳证券市场也存在规模效应,股票的规模越大,其超常收益率和最小规模组合的超常收益率之间的差异就越大。

(二) 规模效应的解释

从行为金融学的观点来看,人们作为群体,相比个体往往具有更加狂热和疯狂的行为。纵览社会的动乱和历史上出现的大股灾,可证实群体效应使本来较小的负面作用无限扩大化,而多数的投资者都未能站在正确的一面。其根源在于人们具有从众心理,当一种群众趋势形成并得到认同时,本来犹豫甚至反对的人都可能加入到此行列中,趋势得到了急剧的放大。盲目投资和信息不对称造成投资者希望能跟随别人的投资决策来弥补自己所缺乏的信息,这就形成了市场上的羊群效应。羊群效应不仅存在于尚不成熟的中国证券市场,同样也存在于历史悠久、制度完善的欧美证券市场。Lakonishok、Shleifer 和 Vishny(1992)曾以 1985—1989 年间美国的 769 家股票基金为对象研究羊群效应。他们发现这些基金并没有呈现显著的羊群行为,但在小公司股票交易方面则具有轻微的羊群行为。这主要是因为小公司的公开信息较少,因此基金经理在买卖小公司股票时比较注重观察其他基金的交易行为。此外,由于中国证券市场长期存在着庄股现象,跟庄也就成为广大投资者的一种正常投资策略,其中,小公司由于盘子小,更容易被操纵股价,从而成为市场中股价波动最为剧烈的部分。

综上分析,对证券市场上的各种异常现象,标准金融学常常无法给出合理的解释,或解释效果不能令人信服。而行为金融学从投资者的心理活动和行为特征出发,对市场上的各种"异象"做出了更为贴近现实的诠释。

第三节 行为投资决策与管理理论

如前所述,金融市场的"异象"使得标准金融学不断受到质疑和挑战,行为金融理论在与传统金融理论争论的同时,基于"行为人假说"和"市场无效假说"对传统的资产组合理论及定价模型进行了拓展,提出了"行为资产定价模型"和"行为资产组合理论",为投资决策和管理注入了新的知识。

一、行为资产定价模型

Shefrin 和 Statman(1994)在行为金融理论的框架内提出"行为资产定价模型"(Behavioral Asset Pricing Model,BAPM)。BAPM 将证券市场上的投资者分为"信息交易者"(Information Traders)和"噪声交易者"(Noise Traders)。信息交易者类似于CAPM下的投资者,他们从不犯认知错误,而且不同个体之间的表现有良好的统计均值—方差特性。而噪声交易者会犯各种认知错误,且不同个体之间具有显著的异方差性。将信息交易者和噪声交易者以及两者在市场上的交互作用同时纳入资产定价框架是BAPM的一大创举。两类交易者互相影响,共同决定资产价格。当信息交易者在市场上起主导作用的时候,市场是有效的;当噪声交易者在市场起主导作用的时候,市场是无效的。也就是说,在一个完全由信息交易者组成的市场上,CAPM是成立的,证券的风险溢价由 β 系数以及市场组合的收益分布决定。但在一个由噪声交易者占据主导的市场上,BAPM是适用的,此时决定证券预期收益的是"行为 β ",是均值方差有效边界的切线的斜率。大量的实证研究表明,证券市场上存在与CAPM不符的异常收益,这就说明市场上确实存在噪声交易者。

二、行为资产组合理论

现代资产组合理论(Behavioral Portfolio Theory,BPT)认为,投资者应把注意力集中在整个组合而非单个资产的风险和预期收益上,最优的组合配置处在"均值—方差有效边界"上,这就需要考虑资产之间的相关性。然而在现实中,大部分投资者都无法做到这一点。他们实际构建的资产组合是一种金字塔状的行为资产组合,位于金字塔各层的资产都与特定的目标和特定的风险态度相联系,而各层之间的相关性被忽略了。

Wall(1993)提出了行为资产组合的金字塔结构,金字塔是在与安全性、潜力性和期望值这三者相关的投资需求上构建起来的。金字塔的底部是为投资者提供安全性而设计的证券,包括货币市场基金和银行存款保证(CD,含可转让定期存单);上一层是债券;再上一层是股票和房地产。Wall认为,这是按增值的潜力排列的。金字塔结构的投资组合如图10-2所示。

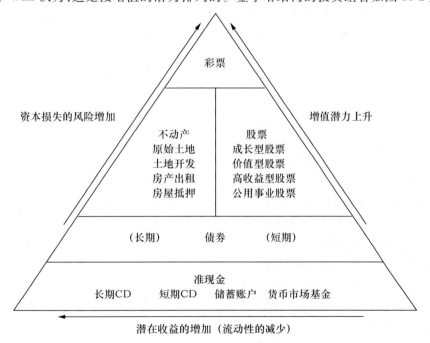

图10-2 金字塔结构的投资组合

第四节 行为金融的发展方向

行为经济学使经济学的分析之手伸到了原来不曾触及的地方——人的种种行为模式，显示了经济学对人类生活惊人的解释力。但是，由于行为经济学和行为金融学用描述可控实验的方式，发现传统经济学和金融学的理论漏洞并将其击破，因此，传统主流经济学，包括传统的金融学，从未停止过排斥行为经济学和行为金融学，而行为金融学的发展也确实存在着诸多不足之处。

一、行为金融学的不成熟方面

首先，行为经济学和行为金融学自身的假设或理论比较随意，仅通过若干实验的说服力有限。因为实验本身就带有很多人为因素，尤其是经济学等社会科学的实验，很难保证理想的实验条件。因此，主流经济学认为行为经济学和行为金融学反驳自己的理由不够充分。相比而言，传统经济学基于亚当·斯密提出的极具开创意义的"理性人假设"，这一高度抽象概括的"理性人假设"对于构建模型极为有利。

其次，在分析工具上，行为经济学和行为金融学过多地借助于心理学，缺乏精巧的模型构造和深厚的数学功底，因而在分析经济问题上欠缺力度。而传统经济学借助于数学，使其对经济的研究描述趋于精确，因为数学是独立于语言之外的另一种语言（思维方式），它可以不经过现实检验，所以它显得很单纯，正因为单纯，它可以很精确、很严谨。

最后，从理论的系统性上看，行为经济学和行为金融学的理论分散零碎，缺乏完整的理论体系。行为金融学的现实性，使得各个模型都以解释某一现实问题为导向，模型之间存在很大分歧，无法进行进一步的抽象。到目前为止，行为金融学还无法像传统金融学一样建立一个统一的理论框架。而传统经济学通过构建数学模型，起到了深化理论的作用，传统的经济学理论大致都是如此构建的。

二、行为金融学的发展成就

尽管行为金融学存在着诸多缺陷，但是已对传统经济学理论形成冲击。主要表现有：一是认为人是有限理性的。近半个世纪的心理学研究表明，人类的理性往往受到生理和心理的种种限制，因而是有限的。投资者理性的有限性导致他们对不确定市场的认知和行为偏离最优化原则。二是认为市场并非有效。传统金融学理论认为理性的投资者有能力通过无限的套利行为，使市场趋于有效。但是，金融市场上存在的种种"异象"表明了市场的无效性。因此，在近几十年的研究中，经济学家们将心理学的研究成果应用到金融学理论的创新中，旨在解决市场的无效性和投资者的非理性行为。

行为金融学基于有限理性和有限套利这两大基石，构建出了一套与传统金融学相对的金融理论。由于行为金融学的基本假设更加贴近现实，因此能够从新的角度解释传统金融学所无力解释的市场异象。从这个意义上说，行为经济学和行为金融学的诞生是对传统主流经济学的有益补充。

在解释投资者行为方面，行为金融学已通过模型从投资者有限理性的角度解释股价的动量效应和长期反转。在行为公司金融方面，它已作为行为金融学的一门子学科逐渐发展起来，形成了一些理论框架并且能用这些框架进一步解释实证研究中的种种现象。行为资产定价理论和行为资产组合理论在解释资产价格和投资组合与传统理论的偏离上，取得了长足的进步。但从整体来看，行为金融学离一个成熟的理论还有明显的差距。

三、行为金融学的发展展望

对于行为金融学如何进一步发展，Hong 和 Stein(1999)认为在经典金融理论之后，较完善的行为金融理论应该满足的要求是：第一，对投资者行为的假定符合观察；第二，能够简明而统一地解释尽可能多的现象；第三，能够提出可以进行统计检验的假说，并且通过假设检验。这样的理论并不是终极理论，但对人们理解金融市场的运行还是大有裨益的。行为金融学的发展不仅需要研究者们进一步探寻资本市场上人们的心理特征，将心理学同经济学更好地结合起来构建比较统一的假设前提和研究范式，还需要找到统一的理论，将理性的投资者、非理性的管理者与理性的管理者、非理性的投资者这两个极端的情况统一起来，以增强其解释现实的能力。

从中国来看，行为金融学的发展还处于起步阶段。自20世纪90年代末以来，从一开始的对国外行为金融理论与传统金融理论基础冲突、期望理论等的介绍，转向了对行为金融理论的应用及最新研究成果的介绍和研究，并逐渐开始运用行为金融理论，结合中国证券市场上的公开数据，进行实证分析和检验。行为金融学的现实性、开放性对中国金融市场的异象提供了富有说服力和创造性的解读，而中国金融发展的特殊性，也为行为金融学的发展提供了良机。

本章提要

1. 标准金融学的理论基础是理性人假设和有效市场假说，但是证券市场上各种各样的异常现象却无法用传统金融学理论来解释，于是出现了行为金融学，它将人的心理活动引入金融学分析框架，所做的解释更加贴近市场实际。

2. 与标准金融学的CAPM相对应的，是行为金融学的BAPM，它认为证券的预期收益取决于"行为β"，而CAPM则认为预期收益率取决于β系数。

3. 相对于标准金融学的均值—方差组合理论的，是行为资产组合理论，它认为投资者构建的资产组合是一种金字塔状的行为资产组合，金字塔各层之间的相关性并不被考虑。而均值—方差组合理论则强调不同证券之间的相关性。

参 考 文 献

[1] 埃尔顿等著,余维彬译,《现代投资组合理论与投资分析》(第7版),机械工业出版社,2008。
[2] 董志勇,《行为金融学》,北京大学出版社,2009。
[3] 丁忠明,《证券投资学》,中国金融出版社,2006。
[4] 巩磊,"基于行为金融的中国股市日历效应分析",山东大学硕士学位论文,2008。
[5] 霍文文,《证券投资学》(第3版),高等教育出版社,2008。
[6] 杰拉尔德·怀特、阿什温保罗·桑迪海、德夫·弗里德著,杜美杰、陈宋生改编,《财务报表与分析》(第3版),中国人民大学出版社,2002。
[7] 陆剑清,《行为金融学》,清华大学出版社,2013。
[8] 李向科,《证券投资技术分析》(第4版),中国人民大学出版社,2012。
[9] 廖静池、李平、曾勇,"中国股票市场停牌制度实施效果的实证研究",《管理世界》,2009年第2期。
[10] 饶育蕾、盛虎,《行为金融学》,机械工业出版社,2010。
[11] 吴晓求,《证券投资学》(第3版),中国人民大学出版社,2009。
[12] 威廉·夏普著,赵锡军等译,《投资学》(第5版),中国人民大学出版社,2002。
[13] 夏伟,《证券投资理论与实务》,东北财经大学出版社,2009。
[14] 谢百三,《证券投资学》,清华大学出版社,2005。
[15] 杨朝军,《证券投资分析》,上海人民出版社,2002。
[16] 易宪宗、黄少军,《现代金融理论前沿》,中国金融出版社,2005。
[17] 约翰·赫尔著,《期权、期货和其他衍生品》(第7版),清华大学出版社,2011。
[18] 中国证券业协会,"证券从业资格考试系列教材",中国财政经济出版社,2012。
[19] 张宗新,《投资学:证券分析与投资管理》,复旦大学出版社,2012。
[20] 张龄松、罗俊,《股票操作学》(第2版),中国大百科全书出版社,1997。
[21] 邹小芃、来君,"深圳证券市场'规模效应'研究——基于行为金融学的解释",《浙江学刊》,2004年第5期。
[22] 兹维·博迪著,陈收、杨艳译,《投资学》(第7版),机械工业出版社,2010。
[23] Werner F. M. De Bondt, *The Foundations of Behavioral Finance*, 2009.
[24] Baker H. Kent, *Behavioral Finance:Investors, Corporations, and Markets*, 2010.
[25] Reilly Frank K., *Investment Analysis and Portfolio Management*, 9th ed, 2008.
[26] Thomas R. Robinson, *Equity Asset Valuation Workbook*, 2010.
[27] Frank J. Fabozzi, *Fixed Income Analysis Workbook*, 2007.

教师反馈及教辅申请表

　　北京大学出版社本着"教材优先、学术为本"的出版宗旨,竭诚为广大高等院校师生服务。为更有针对性地提供服务,请您认真填写以下表格并经系主任签字盖章后寄回,我们将按照您填写的联系方式免费向您提供相应教辅资料,以及在本书内容更新后及时与您联系邮寄样书等事宜。

书名		书号	978-7-301-	作者	
您的姓名				职称职务	
校/院/系					
您所讲授的课程名称					
每学期学生人数	＿＿＿＿人＿＿＿年级			学时	
您准备何时用此书授课					
您的联系地址					
邮政编码		联系电话(必填)			
E-mail(必填)		QQ			
您对本书的建议:				系主任签字 盖章	

我们的联系方式:

北京大学出版社经济与管理图书事业部

北京市海淀区成府路 205 号,100871

联系人:徐冰

电话:010-62767312 / 62757146

传真:010-62556201

电子邮件:em_pup@126.com　　em@pup.cn

Q Q:5520 63295

新浪微博:@北京大学出版社经管图书

网址:http://www.pup.cn